"十四五"职业教育国家规划教材

国家新闻出版署出版融合发展（北师大出版社）重点实验室
重点课题"教育出版融合发展的理论与实践研究"优秀成果

新形态教材
入眼·入脑·入手·易教·乐学
融媒体版

U0659647

托幼机构保育与保健实务

TUOYOUJIGOU BAOYU
YU BAOJIAN SHIWU

主　编：邓祖丽颖　刘居峰　田　蕊
副主编：郑国香　杨　丽　王海霞
　　　　朱庆华　马丽娜
参　编：梅　雪　付菁菁　韩立维
　　　　刘亚如　楚媛媛

北京师范大学出版集团
BEIJING NORMAL UNIVERSITY PUBLISHING GROUP
北京师范大学出版社

图书在版编目(CIP)数据

托幼机构保育与保健实务 / 邓祖丽颖,刘居峰,田蕊主编. —北京:北京师范大学出版社,2021.11(2024.8 重印)
ISBN 978-7-303-27546-5

Ⅰ. ①托… Ⅱ. ①邓… ②刘… ③田… Ⅲ. ①幼教人员—教学工作 ②托儿所—卫生保健 Ⅳ. ①G617 ②R175

中国版本图书馆 CIP 数据核字(2021)第 262341 号

教 材 意 见 反 馈　　gaozhifk@bnupg.com　　010-58805079
营 销 中 心 电 话　　010-58802755　　58800035
编 辑 部 电 话　　010-58802833

出版发行:北京师范大学出版社　www.bnupg.com
　　　　　北京市西城区新街口外大街 12-3 号
　　　　　邮政编码:100088
印　　刷:唐山玺诚印务有限公司
经　　销:全国新华书店
开　　本:889 mm×1194 mm　1/16
印　　张:14.25
字　　数:335 千字
版　　次:2021 年 11 月第 1 版
印　　次:2024 年 8 月第 3 次印刷
定　　价:44.80 元

策划编辑:姚贵平　　　　　责任编辑:安　健
美术编辑:焦　丽　　　　　装帧设计:焦　丽
责任校对:陈　民　　　　　责任印制:陈　涛　赵　龙

前　言

　　《托幼机构保育与保健实务》坚持以习近平新时代中国特色社会主义思想为指导，贯彻党的二十大精神，落实"以人民为中心"的思想，着力打造助力"幼有所育、学有所教"的好教材。本教材依据《托儿所幼儿园卫生保健管理办法》和《托儿所幼儿园卫生保健工作规范》的基本内容，结合《河南省省级示范幼儿园评估标准》保育保健部分，以《幼儿园工作规程》《幼儿园教育指导纲要（试行）》《3-6 岁儿童学习与发展指南》为参照，密切结合托幼机构保育保健的工作实践进行编写，内容全面涵盖托幼机构保育保健工作及管理，旨在规范托幼机构保育保健工作及管理，切实提高托幼机构保育保健工作质量，方便托幼机构工作人员在实际工作中进行实践。

　　本书是 2021 年度河南省高等教育教学改革研究与实践项目"基于 1＋X 证书制度与托育需求双重背景下早教专业人才培养模式研究与实践"（项目编号：2021SJGLX902）的研究成果之一，由长期从事儿童保育保健理论与实践研究的高校学者、具有丰富实践经验的托幼机构保育保健管理人员及企业从事儿童营养保健工作的人员共同编写。本书由郑州幼儿师范高等专科学校邓祖丽颖、田蕊以及郑州立德中天健康科技有限公司刘居峰担任主编，邓祖丽颖负责拟定写作框架和全书的统稿及修改。各章编写分工如下：郑州幼儿师范高等专科学校王海霞编写模块一、模块二单元 1、模块八，并负责模块二的统稿与修改；刘居峰编写模块二，其中，单元 1 为与王海霞共同编写；邓祖丽颖、河南省委机关幼儿园杨丽共同编写模块三；郑州大学护理与健康学院朱庆华编写模块四单元 1、单元 2、单元 3；邓祖丽颖编写模块四单元 4、模块五、模块六、模块七、模块九单元 2 和单元 3、模块十一单元 3；四川师范大学教育科学学院马丽娜编写模块九单元 1；田蕊编写模块十，并整理二维码资源；郑州幼儿师范高等专科学校郑国香编写模块十一单元 1、单元 2，并协助进行全书的统稿。

　　在本书编写过程中，编者多次深入托幼机构、妇幼保健机构进行调研，拜访河南省著名儿保专家、学者，将精益求精的工作态度贯穿于研讨、编写、修改、定稿的整个过程中，在坚持教学实践和总结经验的基础上，将多年来的积淀进行梳理、建构，历经近四年终于完成《托幼机构保育与保健实务》。本书中的儿童如无特殊说明指托幼机构中的儿童，保育人员不仅包括保育员，还包括从事保育工作的教师及其他人员。

　　在本书编写过程中，编者查阅了大量相关政策、法规、标准、规范、指导性文件，参考、引用、借鉴了国内外同行的最新研究成果，同时参考、借鉴了其他出版社的同类教材，在此一并致以衷心的感谢！

　　同时特别感谢郑州大学公共卫生学院韩萍教授、郑州市妇幼保健院周梦泥主任、郑州市金水区妇幼保健所张友芳主任、郑州立德中天健康科技有限公司刘居峰总经理、河南省委机关幼儿园杨丽主任、河南省实验幼儿园梅雪主任、郑州市实验幼儿园付菁菁主任、河南省直机关第一幼儿园韩立维、周口市实验幼儿园刘亚如、漯河市郾城区实验幼儿园楚媛媛园长等对本书编写工作的大力支持！

　　由于本书内容涉及面较广，加之编者可获取的资料有限，尽管八易其稿，仍难免存在一些疏漏和不足之处，敬请读者批评指正（发邮件至 yaoguiping@126.com），以便我们进一步修订完善。

编　者

目 录
CONTENTS

营养篇

　　学龄前期是儿童生长发育的关键时期，也是养成良好饮食习惯的关键时期。照护者应该知道学龄前儿童的营养需要，掌握科学的方法，为学龄前儿童提供足量的食物，进行合理的营养搭配、食物选择及科学配餐，并注重饮食卫生保健，以保障学龄前儿童获得全面营养、健康成长，养成良好的饮食习惯。

模块一
营养学基础

学习目标

①了解营养学基本概念。

②知道学龄前儿童对能量和各种营养素的需要量。

③能够掌握各种营养素的主要食物来源。

④理解并掌握蛋白质互补作用。

⑤能够应用蛋白质互补作用有效满足学龄前儿童对蛋白质的需要量。

⑥能够根据各种营养素的主要食物来源预防营养性疾病。

⑦形成重视儿童营养需要的科学素养。

学习导航

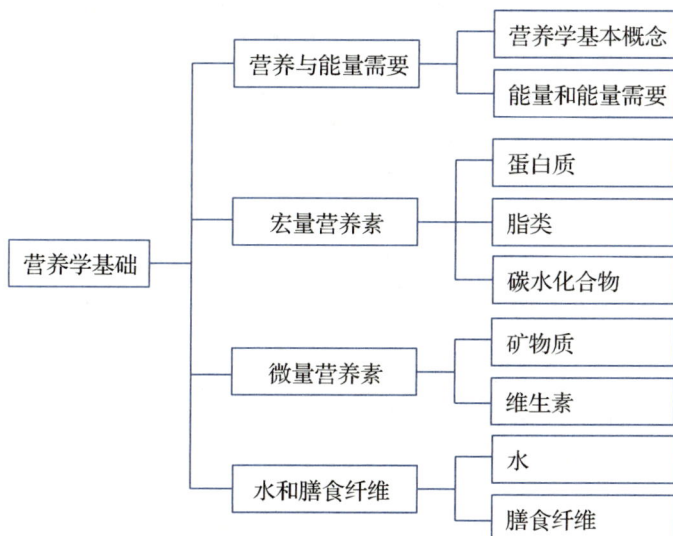

单元 1
营养与能量需要

一、营养学基本概念 >>>>>>>>>>>>>>>>>>>>>>>>>>>>>>>>>>>

（一）营养与营养素

1. 营养

从字义上讲，"营"是谋求，"养"是养生，营养就是谋求养生。用现代科学语言具体描述，营养是指人体从外界环境摄取食物，经过消化、吸收和代谢，利用其有益物质，供给能量，构成和更新身体组织，以及调节生理功能的全过程。

2. 营养素

营养素是机体为了维持生存、生长发育、生理功能、体力活动和健康，以食物的形式摄入的一些需要的物质。人体所需的营养素有蛋白质、脂类、碳水化合物、矿物质、维生素和水共六大类。

蛋白质、脂类、碳水化合物因为需要量多，在膳食中所占的比重大，称为宏量营养素；矿物质和维生素因需要量较少，在膳食中所占比重也小，称为微量营养素。除了营养素外，食物中还含有许多其他成分，如膳食纤维和若干生物活性物质，这些成分也都有重要的生理功能或一定的保健作用。

人体所需的营养素，其中一部分不能在体内合成或合成不足，必须从食物中获得，称为"必需营养素"；另一部分营养素可以在体内由其他食物成分转换生成，不一定非要由食物中直接获得，称为"非必需营养素"。必需营养素是机体存活、正常生长和维持正常功能所必需的，包括蛋白质中的 9 种氨基酸，脂类中的 2 种多不饱和脂肪酸，1 种碳水化合物，以及 7 种常量元素、8 种微量元素、14 种维生素和水，共 42 种。人体若缺乏任意一种必需营养素，都可导致机体特异性功能异常或营养缺乏症，甚至死亡。婴幼儿和学龄前儿童对营养变化较成人敏感，对必需营养素缺乏表现更明显，其生长发育受影响也更大。

3. 营养素的功能

营养素的功能主要有提供能量、促进生长与组织修复、调节生理功能三项。提供能量来源的主要是碳水化合物、脂类、蛋白质三大宏量营养素（又称"产能营养素"）。促进生长与组织修复的主要是蛋白质、矿物质和维生素。调节生理功能的主要是蛋白质、维生素和矿物质，其作用包括维持物质代谢的动态平衡及内环境的稳态。

（二）膳食营养素参考摄入量

人体的健康状况与营养素摄入量密切相关。人体对营养素的合理摄入量随着营养学研究的不断发展最终以膳食营养素参考摄入量（DRIs）的形式公布，为指导居民合理摄入营养素提供科学依据。一般来说，膳食营养素参考摄入量包括 4 个参数，即平均需要量（estimated average requirement，EAR）、推荐摄入量（recommended nutrient intake，RNI）、适宜摄入量（adequate intake，AI）和可耐受最高摄入量（tolerable upper intake level，UL）。

1. 平均需要量

平均需要量是指某一特定性别、年龄及生理状况群体中，个体对某营养素需要量的平均值。按照平均需要量水平摄入营养素，根据某些指标判断可以满足某一特定性别、年龄及生理状况群体中 50％个体需要量的摄入水平，不能满足另外 50％个体对该营养素的需要。平均需要量是制定膳食营养素摄入量的基础，常用于判断个体某营养素摄入量不足的可能性。

2. 推荐摄入量

推荐摄入量是可以满足某一特定性别、年龄及生理状况群体中绝大多数（97％～98％）个体需要量的营养素摄入水平。长期摄入推荐摄入量水平，可以维持组织中有适当的营养素储备和机体健康。推荐摄入量的主要用途是作为个体每日摄入该营养素的目标值。

3. 适宜摄入量

当某种营养素的个体需要量研究资料不足而不能得到平均需要量，从而无法推算推荐摄入量时，可以通过研究提出适宜摄入量作为个体膳食营养素的目标摄入量。适宜摄入量是通过观察或实验获得的健康群体对某种营养素的摄入量。例如，纯母乳喂养的足月产健康婴儿，从出生到 4～6 个月，他们的营养素全部来自母乳，故摄入的母乳中的营养素数量就是婴儿所需各种营养素的适宜摄入量。适宜摄入量和推荐摄入量的相似之处是，两者都可以作为目标群体中个体营养素摄入量的目标，可以满足该群体中几乎所有个体的需要。但适宜摄入量的准确性远不如推荐摄入量，且可能高于推荐摄入量，因此，将适宜摄入量作为膳食摄入目标时，应当比使用推荐摄入量更加谨慎。

4. 可耐受最高摄入量

可耐受最高摄入量是指平均每日摄入营养素的最高限量。当摄入量超过可耐受最高摄入量并进一步增加时，损害健康的危险性随之增大，所以，在制订个体和群体膳食计划时，应使营养素摄入量低于可耐受最高摄入量，以避免营养素摄入过量可能造成的危害。摄入量达到可耐受最高摄入量水平对几乎所有个体均不致损害健康，但并不表示达到此摄入水平对健康有益。没有设定可耐受最高摄入量的营养素，也并不意味着过多摄入而不存在潜在危险。

二、能量和能量需要 >>>>>>>>>>>>>>>>>>>>>>>>>>>>>>>>

（一）能量

能量是维持生命活动的必要条件。食物经分解、代谢，释放出蕴藏的化学能，这些化学能经过转化成为生命活动过程中各种能量的来源，以维持机体代谢、神经传导、呼吸、循环及肌肉收缩等功能，产能过程中释放的热量用以维持体温。

1. 能量单位

国际上通用的能量单位是焦耳（J）、千焦耳（kJ）和兆焦耳（MJ）。营养学则习惯使用卡(cal)和千卡(kcal)作为能量单位。两种能量单位的换算如下。

1 J＝0.239 cal   1 kJ＝1000 J＝0.239 kcal   1 MJ＝1000 kJ＝239 kcal

1 cal＝4.184 J   1 kcal＝4.184 kJ   1000 kcal＝4.184 MJ

2. 产能营养素

人体所需要的能量主要来自动物性和植物性食物中的碳水化合物、脂类和蛋白质 3 种产能营养素。每克产能营养素在体内氧化产生的能量值，称为"食物的能量系数"。世界卫生组织(World Health Organization，WHO)和联合国粮食及农业组织(Food and Agriculture Organization of the United Nations，FAO)推荐使用的 3 种产能营养素的能量系数分别为：碳水化合物 17 kJ/g(4 kcal)，脂肪 37 kJ/g(9 kcal)，蛋白质 17 kJ/g(4 kcal)。根据中国人的膳食特点和习惯，学龄前儿童膳食中的碳水化合物提供的能量应占总能量的 50％～65％，脂肪占 20％～30％，蛋白质占 12％～15％。

3. 能量消耗

机体在新陈代谢的过程中，摄入体内的能量不断被消耗和利用，完成机体的各种生理功能活动。能量若供应不足，机体就会消瘦，抵抗力下降；若供给过多，多余的能量会转化成脂肪储存起来，机体就会变胖。

学龄前儿童能量消耗包括以下几个方面。

(1)基础代谢

基础代谢是指人体在基础状态下的代谢，即在清晨又极端安静的状态下，不受精神紧张、肌肉活动、食物和环境温度等因素影响的能量代谢。基础代谢是维持人体最基本生命活动所必需的能量消耗，是人体能量消耗的主要部分。由于儿童生理活动比较活跃，体表面积与体重的比值较成人大，所以基础代谢率相对较高。儿童每日能量消耗有 60％为基础代谢。

(2)身体活动

除了基础代谢外，身体活动是影响人体能量消耗的主要因素。儿童活动所需能量与体格大小、活动时间长短、活动类型等有密切关系。活动量越大，活动时间越长，动作越不熟练，消耗的能量就越多。

(3)食物热效应

食物热效应也称食物特殊动力作用，为人体摄食过程中引起的额外能量消耗，是人体在摄食后对营养素的一系列消化、吸收、合成、代谢转化过程中所引起的能量额外消耗现象。碳水化合物、脂类和蛋白质的食物热效应，分别为其本身产生能量的 5％～10％、0～5％和 20％～30％。如果是混合膳食，则其能量代谢比原来的基础代谢增加约 10％。

(4)生长发育

生长发育是处于生长发育期的儿童特有的能量消耗。生长发育需要的能量主要包括两个方面：一是合成新组织所需的能量，二是储存在这些新组织中的能量。生长发育所需的能量，在出生后的前 3 个月约占总能量需要量的 35％，在 12 个月时迅速降到总能量需要量的 5％，出生后第二年约为总能量需要量的 3％，到青少年期为总能量需要量的 1％～2％。

（二）能量需要量

学龄前儿童处于生长发育较快的阶段。学龄前儿童大脑和神经系统持续发育并逐渐成熟，新陈代谢旺盛，活动量大，对能量和各种营养素的需要量都相对高于成人。因此，满足营养需求是保证其正常生长发育的基本条件。

《中国居民膳食营养素参考摄入量（2013 版）》及《中国居民膳食营养素参考摄入量第 1 部分：宏量营养素》推荐：0～6 月龄婴儿能量需要量为 0.38 MJ[90 kcal/(kg·d)]，7～12 月龄为 0.33 MJ[80 kcal/(kg·d)]；1～2 岁幼儿的能量需要量为女童 800 kcal/d，男童 900 kcal/d；2～3 岁幼儿能量需要量为女童 1000 kcal/d，男童 1100 kcal/d；3～6 岁儿童能量需要量推荐为 1200～1400 kcal/d，男童略高于女童（表 1-1-1）。

表 1-1-1　0～6 岁儿童膳食能量、蛋白质、碳水化合物及脂肪推荐量

| 年龄/岁 | 能量（EER） | | | | 蛋白质（RNI） | | 碳水化合物 | | 脂肪供能比%E |
| | MJ/d | | kcal/d | | g/d | | EAR | AMDR c | |
	男	女	男	女	男	女	g/d	%E b	%E
0～	0.38		90 kcal/(kg·d)		9（AI）	9（AI）	60（AI）	—a	48（AI）
0.5～	0.33		80 kcal/(kg·d)		20	20	85（AI）	—	40（AI）
1～	3.77	3.35	900	800	25	25	120	50～65	35（AI）
2～	4.60	4.18	1100	1000	25	25	120	50～65	35（AI）
3～	5.23	5.02	1250	1200	30	30	120	50～65	35（AI）
4～	5.44	5.23	1300	1250	30	30	120	50～65	20～30
5～	5.86	5.44	1400	1300	30	30	120	50～65	20～30
6～	5.86	5.23	1400	1250	35	35	120	50～65	20～30

a：未制定参考值者用"—"表示；b：%E 为占能量的百分比；c：AMDR 为宏量营养素可接受范围。

注："6～"能量需要量为身体活动水平中度的推荐值。

（转引自杨月欣、葛可佑：《中国营养科学全书》，2 版，1141、1923 页，北京，人民卫生出版社，2019。）

学龄前儿童多样化膳食已经形成，脂肪供能比随年龄增加而降低：1～3 岁儿童脂肪供能高于成年人，供能比为 35％；4～6 岁儿童脂肪供能比与成人相同，为 20％～30％。儿童碳水化合物供能比为 50％～65％，成为能量主要来源。

单元 2
宏量营养素

一、蛋白质 >>>>>>>>>>>>>>>>>>>>>>>>>>>>>>>>>>>>>>>

蛋白质是一切生命的物质基础，既是构成细胞和组织的基本材料，又与各种形式的生命活动密切相关。机体的新陈代谢和生理功能都依赖蛋白质的不同形式得以正常进行。蛋白质也是人体提供能量的重要营养素，但蛋白质供能是不"经济"的，因此是次要功能。

（一）蛋白质组成和分类

1. 蛋白质的组成

蛋白质是化学结构复杂的有机化合物，主要含碳、氢、氧、氮和硫等元素，是人体中氮的唯一来源。

蛋白质的基本单位是氨基酸。自然界中的氨基酸有 300 多种，但构成人体蛋白质的氨基酸只有 21 种，其中有 9 种氨基酸是人体不能合成或合成速度不能满足机体需要的，必须由食物提供，称为必需氨基酸。它们是异亮氨酸、亮氨酸、赖氨酸、甲硫氨酸、苯丙氨酸、苏氨酸、色氨酸、缬氨酸和组氨酸。其中组氨酸是婴儿必需氨基酸。

2. 蛋白质的分类

食物蛋白质的营养价值取决于氨基酸的种类和数量，所以在营养上可根据食物蛋白质的氨基酸组成，分为完全蛋白质、非完全蛋白质两类。

完全蛋白质又称优质蛋白质，其所含必需氨基酸种类齐全、数量充足、比例适当，不但能维持成人的健康，而且能促进儿童生长发育，如乳类中的酪蛋白、乳白蛋白，蛋类中的卵白蛋白、卵磷蛋白，肉类中的白蛋白、肌蛋白，大豆中的大豆蛋白等。动物性蛋白质基本属于完全蛋白质。

非完全蛋白质又称非优质蛋白质，其所含必需氨基酸种类齐全，但有的数量不足，比例不适当，可以维持生命，但不能促进生长发育，如小麦中的麦胶蛋白等。植物性蛋白质基本属于不完全蛋白质。

（二）蛋白质营养价值

1. 蛋白质的量和质

一种蛋白质营养价值的高低须从含量和品质两个方面来考虑。

食物中蛋白质含量的多少是衡量和评价一种蛋白质营养价值的基础。各种食物中蛋白质含量差异较大。一般情况下，动物性食物和豆类中蛋白质含量较高，粮谷类食物中含淀粉较多而蛋白质较少，蔬菜、水果中蛋白质含量少。

蛋白质品质的高低是由必需氨基酸的种类是否齐全、比例是否恰当以及消化率的高低来决定的。如果一种蛋白质中所含的必需氨基酸达到或接近人体必需氨基酸组成模式，则这种蛋白质的利用率是高的，蛋白质的生物学价值也就较高。例如：鱼、肉、蛋、奶、大豆及豆制品等食物中蛋白质品质较高，被称为优质蛋白质。

2. 蛋白质互补作用

食物蛋白质中氨基酸比例虽然不同，但是可将不同食物适当混合食用，使食物蛋白质之间相互补偿相对含量不足的氨基酸，使其比例尽可能接近人体氨基酸组成模式，从而提高蛋白质的利用率，这种作用称为蛋白质互补作用。例如：大米中缺少赖氨酸但富含色氨酸，杂豆类缺少色氨酸但富含赖氨酸。用大米和红小豆煮成的粥就能起到互补作用，比单独食用大米或红小豆的营养价值高。同理，八宝粥、素什锦等中国传统食物也符合蛋白质互补的要求。

食物搭配时应遵循以下原则：①搭配食物种类越丰富越好，如八宝粥比二米粥互补作用更好；②混合食物的生物属性越远越好，如荤素搭配互补优势明显；③食用间隔时间越近越好，单个氨基酸吸收到体内，在血液中停留约 4 h，只有合成机体蛋白质所需的氨基酸同时作用，才能更好地发挥互补优势。

练一练

你还能制作出哪些具有蛋白质互补作用的膳食？

3. 蛋白质的消化率

蛋白质消化率指蛋白质在机体消化酶的作用下分解的程度。蛋白质消化率越高，则被机体吸收、利用的数量越多，其营养价值就越高。例如：炒黄豆消化率不如煮黄豆，煮黄豆又不如豆浆、豆腐等豆制品。

（三）学龄前儿童膳食蛋白质参考摄入量

对于生长发育特殊时期的婴儿，0～6 月龄婴儿应纯母乳喂养，推算出 0～6 月龄婴儿蛋白质的适宜摄入量为 9 g/d，单位体重的适宜摄入量为 1.5 g/(kg·d)；7～12 月龄婴儿蛋白质的平均摄入量为 15 g/d，推荐摄入量为 20 g/d。

幼儿仍维持旺盛的生长发育，需要充足的蛋白质供给。幼儿蛋白质的推荐摄入量为 25 g/d。

学龄前儿童处于生长发育阶段，若蛋白质供给不足，可能导致蛋白质-能量营养不良，不仅影响儿童的体格发育和智力发展，也会降低免疫力。考虑蛋白质占能量的比值至少达到 8%，对推荐摄入量进行调整，最终获得我国学龄前儿童蛋白质的推荐摄入量。《中国居民膳食营养参考摄入量(2013 版)》中：3～6 岁儿童蛋白质推荐摄入量为 30 g/d(表 1-1-1)。

儿童蛋白质的摄入量一定要有足够的保证。学龄前儿童蛋白质的推荐摄入量是根据蛋白质占能量比值至少达到 8% 进行调整的，是最低水平标准。按照 3～6 岁儿童每日膳食源于蛋白质能量占总能量 12%～15% 的正常标准计算，3～6 岁儿童膳食蛋白质的摄入应该在 45～50 g/d。

（四）学龄前儿童蛋白质食物来源

蛋白质的食物来源可分为植物性食物和动物性食物两大类。

植物性食物中，粮谷类食物含蛋白质约 8%，是居民的主食，摄入量大，是膳食蛋白质的主要来源。豆类(大豆、青豆、黑豆)含丰富的蛋白质，特别是大豆，蛋白质含量高达 35%～40%，氨基酸组成也比较合理，在体内的利用率较高，是植物蛋白质的优质来源。蛋类含蛋白质 11%～14%，乳类(牛奶)一般含蛋白质

学习笔记

3％～3.5％，氨基酸组成比较平衡，都是人体优质蛋白质的重要来源。肉类包括禽、畜和鱼的肌肉，新鲜肌肉含蛋白质15％～22％。一般而言，动物蛋白质的营养价值优于植物蛋白质。

母乳、配方奶粉或乳类是婴幼儿所需蛋白质的主要来源。随着辅食的添加，蛋类、鱼类、瘦肉等也成为婴幼儿优质蛋白质的重要来源。为确保幼儿膳食蛋白质质量，来自动物性食物的优质蛋白质须占半数以上。缺乏动物性食物蛋白质时，豆类及其制品也可提供部分优质蛋白质。

对于生长发育中的学龄前儿童来说，单位体重蛋白质需要量虽比婴幼儿有所下降，但仍高于成人。优质蛋白质应占所需蛋白质总量的50％以上，主要来源于动物性食物，包括蛋、肉、奶，以及植物性食物中的豆类。剩余部分的蛋白质可由其他植物性食物(粮谷薯类)提供。

二、脂类 >>>

脂类是人体必需营养素，是人体三大产能营养素之一。

脂类是脂肪和类脂的统称。

脂肪是构成人体成分的重要物质，能够为人体提供和储存能量，促进脂溶性维生素的吸收，维持体温、保护脏器，以及为人体提供必需脂肪酸。膳食脂肪主要为甘油三酯，是由一个甘油分子和三分子的脂肪酸结合而成的。脂肪酸中的亚油酸和α-亚麻酸属于必需脂肪酸。

类脂又分为磷脂、糖脂和胆固醇等。磷脂是生物膜脂质双层的基本骨架，胆固醇富含于脑和神经系统中，也是合成维生素D_3、胆汁酸、固醇类激素的前体，对钙磷代谢、脂肪的消化吸收以及物质代谢具有极其重要的作用。

(一)学龄前儿童膳食脂类参考摄入量

脂类长期摄入缺乏，可导致必需脂肪酸的缺乏，影响大脑的正常发育，导致发育不良、生殖功能丧失等；脂类摄入过量，可导致肥胖、心血管疾病等。

充足的能量，特别是高能量密度的脂肪的供给，是婴儿生长发育所必需的。根据母乳中脂肪的含量及泌乳量可推算出，0～6月龄婴儿脂肪的适宜摄入量为48％E，7～12月龄婴儿膳食脂肪的适宜摄入量为40％E。

1～3岁幼儿膳食由高脂含量的母乳向成人多样化膳食过渡，膳食的脂肪供能逐渐下降。1～3岁幼儿膳食每日脂肪的适宜摄入量为35％E，亚油酸的适宜摄入量为4％E，α-亚麻酸的适宜摄入量为0.60％E，二十二碳六烯酸(DHA)的适宜摄入量为100 mg/d。

《中国居民膳食营养素参考摄入量(2013版)》及《中国居民膳食营养素参考摄入量第1部分：宏量营养素》推荐：3岁儿童膳食总脂肪的适宜摄入量为35％E，3～6岁儿童亚油酸的适宜摄入量为4％E，3～6岁儿童α-亚麻酸的适宜摄入量为0.60％E。考虑到学龄前儿童膳食已接近成人膳食，为预防慢性病，推荐4～6岁儿童膳食脂肪的宏量营养素可接受范围与成人相同，为20％～30％E(表1-1-1)；4～6岁儿童饱和脂肪酸的宏量营养素可接受范围上限为8％E；2岁以上儿童反式脂肪酸的可耐受最高摄入量为1％E。

（二）学龄前儿童脂类食物来源

婴儿膳食脂肪主要来自母乳、配方奶粉或乳类。

由于幼儿对脂肪的需要量较高，当幼儿膳食以植物性食物为主时，须要额外添加适量油脂。蛋黄、肉类、深海鱼中含较多脂肪，是幼儿脂肪的重要来源。同时，推荐幼儿摄入富含 α-亚麻酸的亚麻籽油、核桃油等植物油。

学龄前儿童需要的膳食脂类主要来源于动物脂肪组织和肉类，以及坚果和植物种子。植物脂肪或植物油中含必需脂肪酸较多，是脂肪的最好食物来源，因此这部分脂肪不低于总脂肪量的 50%。例如：给学龄前儿童使用的烹调油应选用植物油，并可添加橄榄油等富含不饱和脂肪酸的植物油脂。含磷脂较多的食物有蛋黄、动物肝脏、大豆、麦胚和花生等。含胆固醇丰富的食物是动物肝、肾等内脏以及脑和蛋类。

三、碳水化合物 >>>>>>>>>>>>>>>>>>>>>>>>>>>>>>>>>

碳水化合物是由碳、氢、氧三种元素组成的有机化合物，是人体必需宏量营养素之一，是膳食能量的主要来源。

（一）碳水化合物分类和功能

根据碳水化合物的聚合度，膳食中主要碳水化合物可分为单糖、双糖醇、寡糖(麦芽低聚糖、其他寡糖)和多糖(淀粉、非淀粉多糖)。

碳水化合物是人类获取能量的最经济和最主要的来源，是构成机体组织，并参与细胞组成和多种活动的重要物质。摄入足够量碳水化合物能预防体内或膳食中蛋白质的消耗，节约蛋白质；协同脂肪代谢，起到抗生酮作用；经糖醛酸途径生成的葡糖醛酸，可在肝脏中消除或减轻许多有害物质的毒性或生物活性，起到解毒作用；一些非淀粉多糖能刺激肠道蠕动，增强肠道功能。

（二）学龄前儿童碳水化合物参考摄入量

碳水化合物是学龄前儿童主要的能量来源。如果碳水化合物摄入过少可增加蛋白质消耗，造成组织蛋白质和脂肪分解增加；如果碳水化合物摄入过多，尤其是糖和甜食摄入过多，易造成龋齿，也容易造成能量过剩，导致超重或肥胖。

《中国居民膳食营养素参考摄入量(2013 版)》及《中国居民膳食营养素参考摄入量第 1 部分：宏量营养素》推荐：6 个月内的婴儿平均每天摄取 780 g 的母乳，可计算得出含有大约 60 g 的碳水化合物，0～6 月龄婴儿碳水化合物的适宜摄入量为 60 g/d；7～12 月龄婴儿每天碳水化合物摄入量包括 600 g 母乳和添加的辅食，推算出碳水化合物适宜摄入量为 85 g/d。

1～3 岁幼儿碳水化合物的平均参考摄入量为 120 g/d，宏量营养素可接受范围为 50%～65%E。

学龄前儿童碳水化合物的平均需要量为 120 g/d，宏量营养素可接受范围为 50%～65%E(表 1-1-1)。由于添加糖与龋齿和肥胖有关，世界卫生组织建议：添加糖所提供的能量应控制在总能量的 10% 以内(不超过 50 g/d)。

（三）学龄前儿童碳水化合物食物来源

母乳中的乳糖和少量葡萄糖、半乳糖是 0～6 月龄婴儿碳水化合物的主要来

扫码看
《中国居民膳食
营养素参考摄
入量第 1 部分：
宏量营养素》

源。7～12月龄婴儿除了母乳、配方奶粉或乳类提供碳水化合物外，辅食也是来源之一。

幼儿所需的碳水化合物多来自辅食，食物种类和膳食构成逐渐成人化，全谷类和薯类逐渐增加。学龄前儿童碳水化合物的供给应以富含碳水化合物的粮谷类为主，如大米、面粉等。

幼儿和学龄前儿童均应限制蔗糖和其他添加糖的摄入，不建议喝含糖饮料及果汁。

单元 3
微量营养素

一、矿物质 >>>

人体含有的元素中，除了碳、氢、氧、氮外，其余元素统称为矿物质。其中体内含量大于体重0.01％的元素称为常量元素，有钙、镁、钾、钠、磷、硫、氯7种，人均需要量都在100 mg/d以上；体内含量小于人体体重0.01％的元素称为微量元素，又分为必需微量元素和非必需微量元素，前者有铁、锌、碘、硒、铜、铬、钼、钴8种，人均需要量少于100 mg/d。上述所列7种常量元素和8种微量元素均是人体必需营养素(表1-3-1)。

表1-3-1　0～6岁儿童每日矿物质推荐摄入量或适宜摄入量

年龄/岁	钙RNI /mg	磷RNI /mg	钾AI /mg	钠AI /mg	镁RNI /mg	铁RNI /mg	碘RNI /μg	锌RNI /mg	硒RNI /μg	铜RNI /mg	氟AI /mg	铬AI /μg	钼RNI /μg
0～	200(AI)	100(AI)	350	170	20(AI)	0.3(AI)	85(AI)	2.0(AI)	15(AI)	0.3(AI)	0.01	0.2	2(AI)
0.5～	250(AI)	180(AI)	550	350	65(AI)	10	115(AI)	3.5	20(AI)	0.3(AI)	0.23	4.0	15(AI)
1～	600	300	900	700	140	9	90	4.0	25	0.3	0.6	15	40
3～	600	300	900	700	140	9	90	4.0	25	0.3	0.6	15	40
4～	800	350	1200	900	160	10	90	5.5	30	0.4	0.7	20	50
5～6	800	350	1200	900	160	10	90	5.5	30	0.4	0.7	20	50

(转引自杨月欣、葛可佑：《中国营养科学全书》2版，1142、1924页，北京，人民卫生出版社，2019。)

(一)钙

钙是人体含量最多的无机元素，是构成机体骨骼和牙齿的重要组分。它可以参与调节神经、肌肉兴奋性，影响毛细血管通透性，参与调节多种激素和神经递质的释放，参与细胞活动和血液凝固过程，维持机体多种正常生理功能。

1. 缺乏和过量

儿童时期生长发育旺盛，对钙需要量较多。如长期摄入不足，并伴随蛋白质和维生素D缺乏，可引起生长迟缓、新骨结构异常、骨钙化不良，严重者出现骨软化和佝偻病。

摄入过量会导致便秘，增加患肾结石的风险，或引发乳-碱综合征（Milk-Alkali 综合征），并影响机体对铁、锌、镁、磷等矿物质的吸收。

2. 影响钙吸收的因素

影响钙吸收的因素主要包括机体与膳食两方面。

钙的吸收与机体的需要程度密切相关。随着婴幼儿年龄的增长，机体对钙的需要量下降，钙吸收率也随之下降，儿童时期钙的吸收率约为 40%。

膳食中的钙大多数以不可溶的复合形式存在。通过胃酸及酶的作用，钙从复合物中游离出来，只有溶解状态的钙才能被吸收。低磷膳食、膳食中维生素 D、乳糖、适量的蛋白质和一些氨基酸能促进钙的吸收。脂肪酸、膳食中碱性碳酸盐、草酸和谷类中的植酸，以及过多的膳食纤维可影响钙吸收。

3. 学龄前儿童钙的参考摄入量

0～6 月龄婴儿，钙的适宜摄入量为 200 mg/d；7～12 月龄婴儿，钙的适宜摄入量为 300 mg/d。1 岁幼儿，钙推荐摄入量为 400 mg/d；2～3 岁幼儿，推荐摄入量为 600 mg/d。幼儿期钙可耐受最高摄入量为 1500 mg/d。

为满足学龄前儿童的骨骼生长需要提供充足的钙，儿童每日平均钙储存量约为 100～150 mg。《中国居民膳食营养素参考摄入量（2013 版）》推荐：3 岁儿童，钙的平均需要量为 500 mg/d，推荐摄入量为 600 mg/d，可耐受最高摄入量为 1500 mg/d；4～6 岁儿童，钙的平均需要量为 650 mg/d，推荐摄入量为 800 mg/d，最高摄入量为 2000 mg/d。

4. 学龄前儿童钙的食物来源

奶及奶制品不仅钙含量丰富，而且吸收率高，是婴幼儿和学龄前儿童钙的最佳食物来源。为保证学龄前儿童钙的适宜水平，建议 0～6 月龄婴儿坚持纯母乳喂养，7～12 月龄婴儿每天母乳量不少于 600 mL，对母乳不足或不能母乳喂养的婴幼儿，满 6 月龄后须继续用配方奶粉作为母乳的补充。学龄前儿童要保证每天摄入奶 300～400 mL 或相当量的奶制品。大豆及其制品、芝麻、小虾皮以及一些深绿色叶菜和菜花等食物含钙较丰富，也是儿童钙的较好来源。

（二）铁

铁是人体内含量最多的一种必需微量元素。它能够参与体内氧的运送和组织呼吸过程，维持正常的造血功能，参与含铁化学基团的基本生化反应，参与维持正常的免疫功能等。

1. 缺乏和过量

铁缺乏和缺铁性贫血是学龄前儿童常见的营养问题。铁缺乏导致儿童易烦躁，对周围不感兴趣，身体发育受阻，体力下降，注意力与记忆力调节过程障碍，学习能力降低；损害儿童认知能力，并不可恢复；易引发铅中毒；等等。

铁摄入过量，可引发急性或慢性铁中毒，损伤肝细胞，引发心血管疾病等。

2. 影响铁吸收的因素

动物性食物中的铁吸收、利用率较高，乳糖、维生素 B_2、维生素 C 有利于铁的吸收。膳食纤维、钙、谷类中的植酸以及蔬菜中的草酸会影响铁的吸收。茶和咖啡可抑制铁的吸收。

3. 学龄前儿童铁的参考摄入量

《中国居民膳食营养素参考摄入量(2013 版)》推荐：0～6 月龄婴儿，铁的适宜摄入量是 0.3 mg/d，7～12 月龄婴儿，铁的推荐摄入量是 10 mg/d；1～3 岁幼儿，铁的平均需要量为 6 mg/d，推荐摄入量为 9 mg/d，最高摄入量为 25 mg/d；4～6 岁儿童，铁的平均需要量为 7 mg/d，推荐摄入量为 10 mg/d，最高摄入量为 30 mg/d。

4. 学龄前儿童铁的食物来源

足月新生儿体内约有 300 mg 的铁储备，可满足 4～6 个月的需要。4～6 月龄后，母乳喂养婴儿添加的第一种辅食，应该是铁强化食物，如强化铁米粉。

幼儿和学龄前儿童膳食中应增加富含铁的食物。铁的最佳食物来源是动物肝、动物血和红肉等，其他动物肉类、蛋类也可提供一定量的铁。给幼儿添加辅食时，应适时引入富含血红素铁的肉类 15～75 g。植物性食物的铁吸收利用率低，但蔬菜水果中丰富的维生素 C 可促进铁吸收。

（三）碘

碘主要参与甲状腺激素的合成，通过激素的作用，调节机体新陈代谢，促进体格生长，促进神经系统发育，等等。

1. 缺乏和过量

学龄前儿童摄入碘过少会使甲状腺激素合成减少，导致生长发育停滞、智力低下、痴呆等，严重的可患克汀病(呆小症)，表现为聋、哑、矮、傻。

长期碘摄入过多，会使甲状腺功能亢进，引起高碘性甲状腺肿、碘性甲亢等。

2. 学龄前儿童碘的参考摄入量

儿童生长发育较快，对碘的需求较大，是碘缺乏的高危人群之一。

《中国居民膳食营养素参考摄入量(2013 版)》推荐：0～6 月龄婴儿，碘的适宜摄入量为 85 μg/d，7～12 月龄婴儿，碘的适宜摄入量为 115 μg/d；1～3 岁幼儿，碘的平均需要量为 65 μg/d，推荐摄入量为 90 μg/d；学龄前儿童，碘的平均需要量为 65 μg/d，推荐摄入量为 90 μg/d，最高摄入量为 200 μg/d。

3. 学龄前儿童碘的食物来源

含碘较多的食物主要是海产品，如海带、紫菜、海鱼。为保证儿童碘的适宜摄入，除了使用碘强化食盐烹调食物外，建议每周至少进食 1 次海产品。

（四）锌

锌能够促进儿童生长发育，参与蛋白质合成以及细胞增殖、分裂和分化等过程，增强机体免疫功能，维持细胞膜结构，促进脑发育与维持认知功能，促进创伤愈合，可影响味觉和食欲，对皮肤和视力也有一定的保护作用。

1. 缺乏和过量

学龄前儿童，锌缺乏常引起味觉下降、厌食甚至异食癖、嗜睡、面色苍白、抵抗力低而易患各种感染性疾病，导致生长迟缓。

一般来说，人体不易发生锌中毒，但过量补锌或食用受锌污染的食物和饮料，则会引起锌过量或中毒。

2. 学龄前儿童锌的参考摄入量

《中国居民膳食营养素参考摄入量(2013 版)》推荐：0～6 月龄婴儿，锌的适宜摄

📝 学习笔记

入量为 2.0 mg/d，7～12 月龄婴儿，锌的适宜摄入量为 3.5 mg/d；1～3 岁幼儿，锌的平均需要量为 3.2 mg/d，推荐摄入量为 4.0 mg/d，最高摄入量为 8 mg/d；4～6 岁儿童，锌的平均需要量为 4.6 mg/d，推荐摄入量为 5.5 mg/d，最高摄入量为 12 mg/d。

3. 学龄前儿童锌的食物来源

足月新生儿体内有一定的锌储备。母乳喂养的婴儿在前几个月可以利用体内储存的锌，在 4～5 月龄后可从辅食中补充，肝泥、蛋黄、婴儿配方食品是锌的较好来源。幼儿膳食中的锌大多数与动物蛋白同时摄入，可增加肉类等动物性食物摄入。学龄前儿童，锌的最佳食物来源是贝类海产品，如牡蛎、扇贝等，锌含量和利用率均较高；其次是动物内脏、红肉等；蘑菇、花生等也是锌的良好食物来源。

扫码看《中国居民膳食营养素参考摄入量第 2 部分：常量元素》

二、维生素 >>>>>>>>>>>>>>>>>>>>>>>>>>>>>>>>>

维生素是维持身体健康所必需的一类有机化合物。这类物质在身体内既不是构成机体组织的原料，也不是能量的来源，而是一类调节物质，在物质代谢中起重要作用。它在人体中含量很少，但不可缺少。

在营养学上，一般按维生素的溶解性将其分为两大类：脂溶性维生素，包括维生素 A、维生素 D、维生素 E 和维生素 K；水溶性维生素，包括 B 族维生素、维生素 C(表 1-3-2)。

扫码看《中国居民膳食营养素参考摄入量第 3 部分：微量元素》

表 1-3-2　0～6 岁儿童每日膳食维生素推荐摄入量或适宜摄入量

年龄/岁	维生素 A RNI/µg RAE[a]	维生素 D RNI/µg	维生素 E AI/mg α-TE[b]	维生素 B₁ RNI/mg	维生素 B₂ RNI/mg	维生素 B₆ RNI/mg	维生素 B₁₂ RNI/µg	维生素 C RNI/mg	泛酸 AI/mg	叶酸 RNI/µg DFE[c]	烟酸 RNI/mg NE[d]	胆碱 AI/mg	生物素 AI/µg
0～	300(AI)	10(AI)	3	0.1(AI)	0.4(AI)	0.2(AI)	0.3(AI)	40(AI)	1.7	65(AI)	2(AI)	120	5
0.5～	350(AI)	10(AI)	4	0.3(AI)	0.5(AI)	0.4(AI)	0.6(AI)	40(AI)	1.9	100(AI)	3(AI)	150	9
1～	310	10	6	0.6	0.6	0.6	1.0	40	2.1	160	6	200	17
3～	310	10	6	0.6	0.6	0.6	1.0	40	2.1	160	6	200	17
4～	360	10	7	0.8	0.7	0.7	1.2	50	2.5	190	8	250	20
5～6	360	10	7	0.8	0.7	0.7	1.2	50	2.5	190	8	250	20

a：视黄醇活性当量；b：α-生育酚当量；c：膳食叶酸当量；d：烟酸当量。

(转引自杨月欣、葛可佑：《中国营养科学全书》，2 版，1143、1925 页，北京，人民卫生出版社，2019。)

(一)维生素 A(视黄醇)

维生素 A 是人类必需的一种脂溶性维生素，对维持学龄前儿童正常的视功能、上皮分化和生长以及骨骼的生长具有重要作用。同时，它与维持完整上皮结构和功能，增强呼吸道和消化道抗感染能力也有密切关系。

1. 缺乏和过量

维生素 A 缺乏是儿童常见营养问题，主要表现为：暗适应能力下降、眼干燥症、呼吸道和消化道反复感染、血红蛋白合成障碍导致贫血及骨骼发育不良与生长发育迟缓等。

维生素 A 过量摄入能在体内蓄积导致中毒，是安全范围较小的维生素。学龄

📝 **学习笔记**

前儿童对过量摄入维生素 A 比较敏感，可引起肝脾肿大，红、白细胞减少，出现骨骼生长过速、变脆及易骨折等症状。儿童在常规饮食情况下，不会出现摄入过量。但在维生素 A 制剂补充过量，或维生素 A 及其衍生物作为某些疾病治疗用药时，易引发摄入过量。

2. 学龄前儿童维生素 A 的参考摄入量

《中国居民膳食营养素参考摄入量(2013 版)》推荐：0～6 月龄婴儿，维生素 A 的适宜摄入量以母乳中含量计算获得，以活性视黄醇当量计为 300 $\mu gRAE/d$，7～12 月龄婴儿，维生素 A 的适宜摄入量为 350 $\mu gRAE/d$；1～3 岁幼儿，维生素 A 的平均需要量为 220 $\mu gRAE/d$，推荐摄入量为 310 $\mu gRAE/d$，最高摄入量为 700 $\mu gRAE/d$；4～6 岁儿童，维生素 A 的平均需要量为 260 $\mu gRAE/d$，推荐摄入量为 360 $\mu gRAE/d$，最高摄入量为 900 $\mu gRAE/d$。

3. 学龄前儿童维生素 A 的食物来源

富含维生素 A 的食物主要有动物肝脏、鱼肝油、鱼卵、蛋黄和全脂牛奶等。作为维生素 A 原的类胡萝卜素，则主要存在于深绿色或红、橙、黄色的蔬菜或水果中。人体不能合成维生素 A，须要通过膳食摄入这两类物质满足机体的需要。建议学龄前儿童每周摄入 1 次富含维生素 A 的动物肝脏，每天摄入一定量的蛋黄、牛奶，或在医生指导下补充维生素 A 制剂，获得可直接利用的维生素 A；也可通过每日摄入一定量的深绿色或黄、橙、红色蔬菜或水果以补充类胡萝卜素，如西蓝花、菠菜、胡萝卜、番茄、辣椒、杧果、柿子等。

（二）维生素 D

维生素 D 是人类必需的一种脂溶性维生素，是机体钙、磷代谢的重要调节因子之一，能够维持机体正常的血钙和血磷水平，参与细胞代谢、分化和增殖等生命过程。

1. 缺乏和过量

儿童缺乏维生素 D 会使钙、磷吸收减少，影响骨骼和牙齿的生长，引起骨骼变形或手足抽搐，甚至引起儿童维生素 D 缺乏性佝偻病。

长期过度摄入维生素 D 补充剂会导致中毒、骨化过度、肾功能不全等症。

2. 学龄前儿童维生素 D 的参考摄入量

目前证据不足以建立婴儿平均需要量。据估计，0～12 月龄婴儿，维生素 D 的适宜摄入量为 10 $\mu g/d$，最高摄入量为 20 $\mu g/d$。

《中国居民膳食营养素参考摄入量(2013 版)》推荐：3～6 岁儿童，维生素 D 的平均需要量为 8 $\mu g/d$，推荐摄入量为 10 $\mu g/d$；1～3 岁幼儿，维生素 D 的最高摄入量为 20 $\mu g/d$；4～6 岁儿童，维生素 D 的最高摄入量为 30 $\mu g/d$。

3. 学龄前儿童维生素 D 的食物来源

维生素 D 的获得可通过摄取食物(制剂)、人体内源性合成两条途径。

维生素 D 是唯一能在人体中合成的维生素，可通过阳光(紫外线)的照射，使皮肤中的 7-脱氢胆固醇发生化学反应转化而成。新生婴儿已经具备较强的维生素 D 合成能力，但因现代生活方式的限制，婴儿出生后不能充分接触阳光，所以可选择鱼肝油或维生素 D 补充剂。幼儿户外活动有限，可通过强化维生素 D 的食物或通过补充剂预防缺乏。人体合成维生素 D 受到地域、季节、日照、大气污染、

📝 学习笔记

扫码看
《中国居民膳食
营养素参考摄
入量第 4 部分：
脂溶性维生素》

皮肤曝露程度等多种因素的影响，因此，条件允许的情况下，学龄前儿童每日都应在户外运动1～2 h。

天然食物中普遍缺乏维生素D，只有含脂肪较高的动物性食物，如海鱼、动物肝脏、蛋黄和奶油中含有相对较多的维生素D。蔬菜、谷类和水果中几乎不含维生素D。学龄前儿童除了通过自身合成，还可通过摄入海鱼、动物肝脏等获得维生素D。在北方冬季、日照不足地区，学龄前儿童还可通过食用维生素D强化食品或直接补充维生素D制剂来预防摄入不足。

（三）B族维生素

1. 维生素B_1

维生素B_1主要参与机体能量代谢和重要物质的合成代谢。

严重的维生素B_1缺乏会引起儿童多发性神经炎，影响儿童食欲和消化功能。

《中国居民膳食营养素参考摄入量(2013版)》推荐：1～3岁幼儿维生素B_1的平均需要量为0.5 mg/d，推荐摄入量为0.6 mg/d；4～6岁儿童维生素B_1的平均需要量为0.6 mg/d，推荐摄入量为0.8 mg/d。

0～6月龄婴儿从母乳中获得维生素B_1，营养均衡的母乳能提供丰富的B族维生素。幼儿和学龄前儿童可通过足量摄取富含维生素B_1的食物，如谷类、豆类及干果类等来满足需要，但精加工谷类可导致维生素B_1损失。

2. 维生素B_2

维生素B_2主要参与体内生物氧化与能量代谢。

维生素B_2缺乏常与全身营养不良及其他维生素缺乏同时发生。缺乏时的表现有唇干裂、口角炎、舌炎、口腔黏膜水肿充血、鼻及脸部脂溢性皮炎等。缺铁性贫血的儿童常伴有维生素B_2的缺乏。

《中国居民膳食营养素参考摄入量(2013版)》推荐：1～3岁幼儿维生素B_2的平均需要量为0.5 mg/d，推荐摄入量为0.6 mg/d；4～6岁儿童维生素B_2的平均需要量为0.6 mg/d，推荐摄入量为0.7 mg/d。

营养均衡的母乳能提供丰富的B族维生素。幼儿和学龄前儿童主要通过摄取富含维生素B_2的食物，如奶类、蛋类、肉类及动物内脏来满足需要。

（四）维生素C（抗坏血酸）

维生素C是人体内重要的水溶性抗氧化营养素之一，主要参与体内氧化还原反应。

1. 缺乏和过量

儿童缺乏维生素C，主要引起维生素C缺乏症。缺乏早期，患儿多有全身乏力、食欲减退等症状。虽然维生素C的毒性很小，但过量服用仍可产生不良反应。

2. 学龄前儿童维生素C的参考摄入量

《中国居民膳食营养素参考摄入量(2013版)》推荐：0～12月龄婴儿，维生素C的适宜摄入量为40 mg/d；1～3岁幼儿，维生素C的平均需要量为35 mg/d，推荐摄入量为40 mg/d，最高摄入量为400 mg/d；4～6岁儿童，维生素C的平均需要量为40 mg/d，推荐摄入量为50 mg/d，最高摄入量为600 mg/d。

3. 学龄前儿童维生素C的食物来源

母乳喂养的婴儿可从乳汁获得足量的维生素C。

想一想

动物肝脏中富含铁以及维生素A和维生素D，那么，能不能每天给学龄前儿童食用动物肝脏？为什么？应该如何科学食用？

学习笔记

扫码看《中国居民膳食营养素参考摄入量第5部分：水溶性维生素》

维生素 C 主要来源于新鲜的蔬菜和水果，尤其是鲜枣类、柑橘类水果和深色蔬菜，如柿子椒、油菜、韭菜、菜花等。幼儿和学龄前儿童可通过摄取适量的新鲜蔬菜和水果来满足需要。

单元 4
水和膳食纤维

一、水 >>

水在人体中含量最多，是人类必需的营养素，也是包括人类在内所有生物体存活与生长不可缺少的资源。水是细胞和体液的主要组成部分，参与机体的新陈代谢和生化反应，可调节人体体温，对器官、关节、肌肉、组织起到缓冲、润滑、保护的功效。

正常情况下，人体内的水处于一种动态平衡状态，即每日水的摄入量和排出量大体相同，维持在 2500 mL 左右。人体水分来源有 3 个，即饮水(约 1200 mL)、食物中的水(约 1000 mL)和内生水①(约 300 mL)。水分的排出途径有 4 个，即呼吸、皮肤蒸发、尿液和粪便，一般以尿液排出为主。

📝 学习笔记

(一)学龄前儿童水的需要量

儿童对水的代谢快，有利于排泄代谢废物，对水需要量相对多于成人，因此，适宜的水摄入量对儿童尤其重要。世界卫生组织指出，0～6 月龄婴儿应进行纯母乳喂养，不需要额外补充水分。7～12 月龄婴儿由母乳提供的水量约为 540 mL/d，加上辅食和饮水提供的水量约为 330 mL/d，因此，总水适宜摄入量为 900 mL/d。1～2 岁幼儿来自辅食的水量为 825 mL，加上由母乳提供的水量 480 mL/d，因此，总水适宜推荐量为 1300 mL/d。4～6 岁儿童饮水量为 800 mL/d，总水适宜摄入量为 1600 mL/d(表 1-4-1)。

表 1-4-1 0～7 岁儿童水适宜摄入量　　　　　　　　　　　　　单位：L/d

年龄/岁	饮水量[a]		总摄入量[b]	
	男	女	男	女
0～	—		0.7[c]	
0.5～	—		0.9	
1～	—		1.3	
4～	0.8		1.6	
7～	1		1.8	

a：温和气候条件下，轻水平的身体活动。如果在高温或进行中等以上身体活动时，应适当增加水摄入量。b：总摄入量包括食物中的水以及饮水中的水。c：纯母乳喂养的婴儿不需要额外补充水分。

(转引自杨月欣、葛可佑：《中国营养科学全书》，2 版，251 页，北京，人民卫生出版社，2019。)

① 由三大产能营养素代谢产生的水。

（二）学龄前儿童水的食物来源

0～6月龄婴儿所需水直接来自母乳，不需要额外添加。当选择人工喂养时，须关注水的供给量，尤其要注意配方奶粉冲调的浓度。7～12月龄婴儿除母乳外，辅食中的水也是重要来源。

儿童所需水一半以上来自饮用水，应首选白开水。天气炎热或运动出汗较多时，应增加饮水量。不要感到口渴时再喝，应少量多次补充水分。须要注意的是，不要给儿童喝太多冰水，不要在饭前、睡前喝太多水，不应长时间喝纯净水，尽量少喝或不喝含糖饮料，更不能用饮料代替饮用水。

食物也能提供30％～40％的水分。食物中水含量差别很大，如蔬菜、新鲜水果含水量可高达80％～95％，奶类为87％～90％，肉类为60％～80％，粮食中仅为14％～15％。

二、膳食纤维 >>

膳食纤维是指植物中一部分并不被人体消化的糖类物质，对人体有着显著的健康益处。

从膳食纤维的来源可将其分为三大类：①天然存在于植物中的基本组成部分，完整的碳水化合物聚合物，包括谷物、果蔬、豆类、薯类膳食纤维等；②通过物理的、化学的、酶的方法从植物中提取获得的碳水化合物聚合物，如葡聚糖、低聚果糖等；③合成的碳水化合物聚合物。

膳食纤维的共同特点是：完全不被小肠吸收或部分不被吸收，在肠道微生物的作用下发酵再吸收，促进益生菌生长等，发挥广泛的健康作用。它可以增强饱腹感、控制能量的平衡和维持健康体重；缓解便秘，改善肠道的微生态环境，促进益生菌的生长，增强肠道黏膜的屏障功能和免疫性，预防某些癌症的发生。

（一）学龄前儿童膳食纤维参考摄入量

学龄前儿童适量摄入膳食纤维有助于维持其肠道功能，但若膳食纤维摄入过量可能引起胃肠胀气、不适或腹泻，影响食欲和微量营养素吸收。从膳食能量密度和营养需求考虑，儿童的膳食纤维摄入量宜较成人适当减少。《中国居民膳食营养素参考摄入量(2013版)》推荐：学龄前儿童膳食纤维适宜摄入量为12～14 g/d。

（二）学龄前儿童膳食纤维食物来源

0～6月龄婴儿所需膳食纤维来源于母乳中的寡糖。幼儿膳食中的全谷物、薯类等需要比婴儿期逐渐增加，可以增加膳食纤维的摄入。学龄前儿童主要通过摄取全谷物、蔬菜、水果、豆类及马铃薯、坚果等满足膳食纤维的需要。

学习笔记

思考与练习

一、选择题

①学龄前儿童能量的主要来源为（　　）。

A. 蛋白质　　　　B. 脂肪　　　　C. 碳水化合物　　　D. 矿物质

②下列关于蛋白质互补作用的说法中错误的一项是（　　　）。

A. 搭配食物种类越丰富越好　　　　　　　B. 混合食物的生物属性越远越好

C. 食用间隔时间越近越好　　　　　　　　D. 动物蛋白质越多越好

③为确保幼儿膳食蛋白质质量，来自动物性食物的优质蛋白质应占（　　　）以上。

A. 30％　　　　　　B. 50％　　　　　　C. 60％　　　　　　D. 80％

④学龄前儿童，钙的最佳食物来源是（　　　）。

A. 奶和奶制品　　　　B. 小虾皮　　　　C. 大豆和豆制品　　　　D. 瘦肉

⑤含碘最多的食物是（　　　）。

A. 白菜　　　　　　B. 海带　　　　　　C. 瘦肉　　　　　　D. 鸡蛋

⑥富含优质蛋白质的食物有（　　　）。（多选题）

A. 面包　　　　　　B. 土豆　　　　　　C. 鸡蛋　　　　　　D. 牛肉

⑦下列属于脂溶性维生素的有（　　　）。（多选题）

A. 维生素 A　　　　B. B 族维生素　　　　C. 维生素 C　　　　D. 维生素 D

⑧给学龄前儿童补充维生素 D 的途径有（　　　）。（多选题）

A. 经常晒太阳　　　　　　　　　　　　　B. 每周食用一次动物肝脏

C. 经常食用海鱼　　　　　　　　　　　　D. 日照不足地区儿童适量补充鱼肝油

二、判断题

①脂类摄入过量，容易发生肥胖和心血管疾病，因此婴幼儿应喝脱脂奶。（　　　）

②动物蛋白质的营养价值优于植物蛋白质。（　　　）

三、简答题

①如何根据蛋白质互补作用为学龄前儿童准备营养丰富的饮食？

②学龄前儿童生长速度较快，是不是营养越多越好？你认为做好哪些工作，才能避免学龄前儿童营养缺乏或过剩？

③党的二十大报告指出："人民健康是民族昌盛和国家强盛的重要标志。把保障人民健康放在优先发展的战略位置，完善人民健康促进政策。"请从营养学的角度，说说如何确保学龄前儿童的健康。

云测试及
参考答案

学习反思

模块二
托幼机构膳食管理

学习目标

①了解婴幼儿科学喂养的方法。

②了解托幼机构膳食管理的基本内容。

③了解托幼机构食品安全的基本内容。

④理解学龄前儿童平衡膳食原则的内容，熟悉学龄前儿童平衡膳食实践的具体要求。

⑤根据学龄前儿童平衡膳食原则，能够合理指导并实施学龄前儿童平衡膳食实践工作。

⑥理解并能够独立制订学龄前儿童膳食计划，能够编制合理的带量食谱。

⑦能够科学进行食物中毒的应急处理。

⑧形成重视儿童营养健康的科学观念。

⑨养成重视饮食安全、进餐卫生、规范工作的职业素养。

⑩养成遵章守纪、规范使用伙食费的职业道德。

学习导航

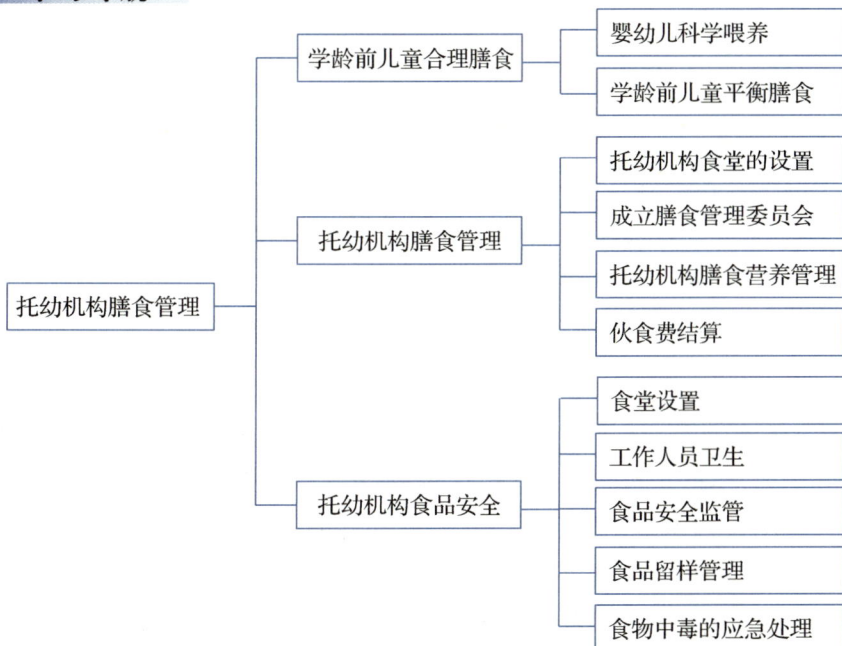

单元 1
学龄前儿童合理膳食

一、婴幼儿科学喂养 >>>>>>>>>>>>>>>>>>>>>>>>>>>>>>>>>>

（一）6 月龄内婴儿母乳喂养

0～6 月龄是人一生中生长发育的第一个高峰期，对能量和营养素的需要高于其他时期，但婴儿消化和排泄器官尚未发育成熟，功能不健全，消化、吸收及排泄能力仍较弱。母乳既可提供优质、全面、充足和结构适宜的营养素，满足婴儿生长发育的需要，又能完美地适应其尚未成熟的消化能力，并促进其器官发育和功能成熟。此外，6 月龄内婴儿须要完成从宫内依赖母体营养到宫外依赖食物营养的过渡，母乳是完成这一过渡最好的食物，任何其他食物都不能与母乳喂养相媲美。母乳喂养能满足 6 月龄内婴儿全部液体、能量和营养素的需要，母乳中的营养素和多种生物活性物质构成一个特殊的生物系统，为婴儿提供全方位呵护，助其在离开母体子宫的保护后，能顺利地适应大自然的生态环境，健康成长。

6 月龄内婴儿处于 1000 天机遇窗口期的第二个阶段，营养作为最主要的环境因素对其生长发育和后续健康持续产生至关重要的影响。母乳中适宜数量的营养既能提供婴儿充足而适量的能量，又能避免过度喂养，使婴儿获得最佳的、健康的生长速率，为一生的健康奠定基础。因此，对 6 月龄内的婴儿应给予纯母乳喂养。

我国针对 6 月龄内婴儿的喂养需求和可能出现的问题，基于已有的充分证据，同时参考世界卫生组织、联合国儿童基金会（United Nations International Children's Emergency Fund，UNICEF）和其他国际组织的相关建议，提出 6 月龄内婴儿喂养指南：①产后尽早开奶，坚持新生儿第一口食物是母乳；②坚持 6 月龄内纯母乳喂养；③顺应喂养，建立良好的生活规律；④出生后数日开始补充维生素 D，不必补钙；⑤婴儿配方奶是不能进行纯母乳喂养时的无奈选择；⑥监测体格指标，保持健康生长。

（二）7～24 月龄婴幼儿喂养

对于 7～24 月龄婴幼儿，母乳仍然是重要的营养来源，但单一的母乳喂养已经不能完全满足其对能量以及营养素的需求，必须引入其他营养丰富的食物。与此同时，7～24 月龄婴幼儿胃肠道等消化器官的发育、感知觉以及认知行为能力的发展，也须其有机会接触、感受、尝试、逐步体验和适应多样化的食物，从被动接受喂养转变到自主进食。这一过程从婴儿 7 月龄开始，到 24 月龄时完成。这一年龄段婴幼儿的特殊性还在于，父母及其他喂养者的喂养行为对其营养和饮食行为有显著的影响。顺应婴幼儿需求的喂养，有助于健康饮食习惯的形成，并

扫码看
《生命早期 1000 天》

学习笔记

具有长期而深远的影响。

7～24 月龄婴幼儿处于 1000 天机遇窗口期的第三个阶段，适宜的营养和喂养不仅关系到近期的生长发育，也关系到长期的健康。我国针对 7～24 月龄婴幼儿营养和喂养的需求，以及可能出现的问题，基于已有的证据，同时参考世界卫生组织等的相关建议，提出 7～24 月龄婴幼儿的喂养指南：①继续母乳喂养，满 6 月龄起添加辅食；②从富含铁的泥糊状食物开始，逐步添加，达到食物多样化；③提倡顺应喂养，鼓励但不强迫进食；④辅食不加调味品，尽量减少糖和盐的摄入；⑤注重饮食卫生和进食安全；⑥定期监测体格指标，追求健康生长。

二、学龄前儿童平衡膳食 >>>>>>>>>>>>>>>>>>>>>>>>>>>>

学龄前期是儿童生长发育的关键时期，也是良好饮食习惯培养的关键时期。足量食物、平衡膳食、规律就餐、不偏食、不挑食、每天饮奶、多饮水、避免含糖饮料是儿童获得全面营养、健康生长、构建良好饮食行为的保障。

开展食育教育，家长要有意识地培养儿童规律就餐、自主进食、不挑食的饮食习惯，鼓励每天饮奶，选择健康有营养的零食，避免含糖饮料和高脂肪的油炸食物。为适应学龄前儿童心理发育特点，家长应鼓励儿童参加家庭食物选择或制作过程，增加儿童对食物的认识和喜爱。

（一）学龄前儿童生理特点

儿童从 3 岁后至入小学前称为学龄前期。与婴幼儿期相比，这一时期儿童生长发育速度减慢，脑及神经系统持续发育并逐渐成熟。而与成人相比，这一时期儿童仍然处于迅速生长发育之中，个性上更加活泼好动。学龄前儿童心理上具有好奇、注意力分散、喜欢模仿等特点而使其具有极大的可塑性，因此，这一时期是培养良好生活习惯、良好道德品质的重要时期。

1. 消化功能发育特点

2.5～3 岁儿童已出齐 20 颗乳牙，6 岁时第一颗恒牙可能萌出。但咀嚼能力仅达到成人的 40%，胃的容量基本达到成人的 2/3，各种消化液的分泌功能只有成人的 1/2～2/3。消化能力仍有限，尤其是对固体食物需要较长时间来适应，不能过早进食成人膳食，以免导致消化吸收紊乱，造成营养不良。

2. 心理发育特征

3～6 岁儿童具有短暂控制注意力的能力，时间约 15 min。注意力分散仍然是学龄前儿童行为表现的特征之一。这一特征在饮食行为上的表现是不专心进餐，边吃边玩，使进餐时间延长，食物摄入不足而致营养素缺乏。学龄前儿童个性有明显的发展，生活基本能自理，主动性强，好奇心强。行为方面表现为独立性和主动性增强。这一时期的儿童变得不那么"听话"了，什么事都要"自己来"，在饮食行为上的反映是自我做主，对父母要求其进食的食物产生反感甚至厌恶，易导致挑食、偏食等不良饮食行为和营养不良。3～6 岁儿童的模仿能力极强，家庭成员尤其是父母的行为常是其模仿的主要对象。家庭成员应有良好的饮食习惯，为儿童树立榜样。

（二）学龄前儿童平衡膳食原则

针对学龄前儿童的营养需求和可能出现的营养问题，基于已有的科学证据，

想一想

给婴儿添加的第一种辅食应是什么？为什么？

相关链接

加强儿童营养照料

国务院办公厅印发的《国民营养计划（2017—2030 年）》（2017 年）和《"十四五"国民健康规划》（2022 年）中，都提出改善儿童营养健康的目标和要求。在国家的政策法规引导下，我们儿童工作者要加强对儿童营养的照料，重视儿童膳食搭配，科学制作营养餐，进行营养健康宣教，做好儿童食育和家庭膳食指导等工作。

学习笔记

中国营养学会编著的《中国居民膳食指南(2016)》提出，学龄前儿童的平衡膳食原则是在一般人群的膳食原则基础上增加以下五条。

1. 规律就餐，自主进食，不挑食，培养良好饮食习惯

足量食物、平衡膳食、规律就餐是3～6岁儿童获得全面营养和良好消化、吸收的保障。因此，要注意引导儿童自主、规律地进餐，保证每天不少于三次正餐和两次加餐，不随意改变进餐时间、环境和进食量；纠正挑食、偏食等不良饮食行为；培养儿童摄入多样化食物的良好饮食习惯。

2. 每天饮奶，足量饮水，正确选择零食

学龄前儿童摄入充足的钙对增加骨量积累、促进骨骼生长发育、预防成年后骨质疏松有重要意义。我国儿童钙摄入量普遍偏低，对于快速生长发育的儿童，应鼓励多饮奶，建议每天饮用300～400 mL奶或相当量的奶制品。儿童新陈代谢旺盛，活动量大，水分需要量相对较多，建议学龄前儿童每天水的总摄入量为1300～1600 mL，除奶类和其他食物中摄入的水外，每天饮水800～1000 mL，以白开水为主，少量多次饮用。零食应尽可能与加餐相结合，以不影响正餐为前提，多选用营养密度高的食物，如乳制品、水果、蛋类及坚果类等食物。

3. 食物应合理烹调，易于消化，少调料、少油炸

从小培养儿童清淡口味，有利于其形成终生的健康饮食习惯。在烹调方式上，建议多采用蒸、煮、炖、煨、焖、熬、烩、煲、熘等烹调方式，尽量少用油炸、烤、煎等方式，以避免在食物加工过程中营养素的损失和产生过多对身体有害的物质。在为儿童烹调、加工食物时，尽可能保持食物的原汁原味，让他们首先品尝和接纳各种食物的自然味道，不应过咸、油腻和辛辣，尽可能少用或不用味精或鸡精、色素、糖精等调料。严格控制盐、糖和油的用量。

4. 参与食物选择与制作，增进对食物的认知与喜爱

开展食育教育，鼓励儿童体验和认识各种食物的天然味道和质地，了解食物特性，增进对食物的喜爱。在保证安全的前提下，鼓励儿童参与家庭食物的选择和制作，帮助学龄前儿童了解食物的基本常识和对健康的重要意义，增加对食物的认知，对食物产生心理认同和喜爱，减少对某些食物的偏见，从而学会爱惜食物。

5. 经常户外活动，保障健康生长

鼓励儿童经常参加户外活动，实现对其体能、智能的锻炼、培养，维持能量平衡，促进皮肤中维生素D的合成和钙的吸收、利用。此外，增加户外活动时间，可有效减少儿童近视眼的发生。3～6岁儿童生长发育速度较快，身高、体重可反映儿童膳食营养摄入状况，照料者可通过定期监测儿童身高、体重，及时调整儿童的饮食和户外活动，以保证儿童的正常生长发育。

(三)学龄前儿童平衡膳食实践

1. 合理安排学龄前儿童膳食

托幼机构应该根据自己的实际情况合理制定儿童的膳食制度。3～6岁儿童每天应安排早、中、晚三次正餐，在此基础上至少有两次加餐。加餐一般安排在上、下午各一次，上午建议以水果和奶为主，下午建议以点心和奶为主。晚餐时间比较早时，可在睡前2小时安排一次加餐，以奶类、水果为主，配以少量松软面点。

晚间加餐不宜安排甜食，以预防龋病。

儿童膳食应注意：①两正餐之间应间隔 3.5～4 h，加餐与正餐之间应间隔 1.5～2 h；②加餐分量宜少，以免影响正餐进食量；③根据季节和饮食习惯更换和搭配食谱。

2. 引导学龄前儿童规律就餐、专注进食

3～6 岁儿童注意力不易集中，易受环境影响，如进食时玩玩具、看电视、做游戏等都会降低其对食物的关注度，影响进食和营养摄入。应尽可能给儿童提供固定的就餐座位，定时定量进餐；避免追着喂、边吃边玩、边吃边看电视等行为；吃饭细嚼慢咽但不拖延，最好在 30 min 内吃完；让儿童自己使用筷、匙进食，养成自主进餐的习惯，既可增加儿童进食兴趣，又可培养其自信心和独立能力。

3. 避免学龄前儿童挑食、偏食

3～6 岁仍处于培养良好饮食习惯的关键阶段，挑食、偏食是常见的不良饮食习惯。由于儿童自主性的萌发，对食物可能表现出不同的喜好，出现一时性偏食和挑食，此时需要家长或看护人适时、正确地加以引导和纠正，以免形成挑食、偏食的不良习惯。家长的良好饮食行为对儿童具有重要影响，建议家长以身作则、言传身教，并与儿童一起进食，起到良好榜样作用，帮助他们从小养成不挑食、不偏食的良好习惯。应鼓励儿童选择多种食物，引导其多选择健康食物。对于儿童不喜欢吃的食物，可通过变换烹调方法(如将蔬菜切碎，将瘦肉剁碎，将多种食物制作成包子或饺子等)或盛放容器，也可采用重复小分量供应，鼓励儿童尝试并及时给予表扬，不可强迫进食。增加儿童身体活动量，尤其是选择儿童喜欢的运动或游戏项目，既能使其肌肉得到充分锻炼，又能增加能量消耗，增进食欲，提高进食量。此外，家长还应避免以食物作为奖励或惩罚的措施。

4. 培养和巩固儿童饮奶习惯

我国 3～6 岁儿童的膳食钙的每天推荐量为 800 mg。奶及奶制品中的钙以乳钙的形式存在，含量丰富且吸收率高，是儿童钙的最佳来源。每天饮用 300～400 mL 奶或相当量奶制品，可保证 3～6 岁儿童钙摄入达到适宜水平。家长应以身作则，常饮奶，并鼓励和督促孩子每天饮奶，逐步养成每天饮奶的习惯。

如果儿童饮奶后出现胃肠不适(如腹胀、腹泻、腹痛)，可能与乳糖不耐受有关，可采取以下方法解决：①饮用酸奶；②饮奶前进食一定量主食，避免空腹饮奶；③改饮无乳糖奶(如舒化奶)或饮奶时加用乳糖酶。

5. 培养儿童喝白开水的习惯

3～6 岁儿童新陈代谢旺盛，活动量大，水分需要量也大，建议每天饮水以白开水为主，避免喝含糖饮料。儿童胃容量小，每天应少量多次 (上午、下午各 2～3 次)饮水，晚饭后根据情况而定。不宜在进餐前大量饮水，以免充盈胃容量，冲淡胃酸，影响食欲和消化。

家长应以身作则，养成良好的饮水习惯，并告知儿童含糖饮料对健康的危害。同时家里应常备凉白开水，提醒孩子定时饮用，家中不购买可乐、果汁饮料，避免将含糖饮料作为零食提供给孩子。由于含糖饮料对儿童有较大的诱惑，许多儿童容易形成对含糖饮料的嗜爱，须要给予正确引导。家庭自制的豆浆等天然饮品可适当选择，但饮用后要及时漱口，以保持口腔卫生。

练一练

请合理安排幼儿园的餐次，并写出各餐点的时间。

学习笔记

6. 为儿童正确选择零食

零食是3～6岁儿童营养的补充来源，是儿童饮食中的重要内容。零食应尽可能与加餐相结合，以不影响正餐为宜。零食选择应注意以下几方面：①选择新鲜、天然、易消化的食物，如奶制品、水果、蔬菜、坚果类和豆类食物；②少选油炸食品和膨化食品；③安排在两次正餐之间，量不宜多，睡觉前30 min不要吃零食。此外，还应注意吃零食前要洗手，吃完漱口，睡前刷牙。

7. 注意零食的食用安全

避免整粒的豆类、坚果类食物呛入气管发生意外，建议坚果和豆类食物磨成粉或打成糊食用。对年龄较大的儿童，可引导他们认识食品标签，学会辨识食品生产日期和保质期。以此让儿童从小养成尊重食物、爱惜食物的良好饮食习惯。

8. 正确烹调儿童膳食

3岁以下幼儿膳食应单独加工烹制，并选用适合的烹调方式和加工方法，应将食物切碎煮烂，使其易于幼儿咀嚼、吞咽和消化，特别注意要完全去除皮、骨、刺、核等，对大豆、花生等坚果类食物，应磨碎，制成泥、糊、浆等。

在为3～6岁儿童烹调、加工食物时，口味应清淡。每人每天烹调油用量不多于25 mL。应少选用饱和脂肪酸较多的油脂，如猪油、牛油、棕榈油等。多选用富含必需脂肪酸(亚油酸和亚麻酸)的植物油，如大豆油、优质菜籽油等。长期过量食用钠盐会增加高血压、心脏病等慢性疾病风险。为儿童烹调食物时，应控制食盐用量(小于3 g)，还应少选含盐高的腌制食品或调味品。可选天然、新鲜香料(如葱、蒜、洋葱、柠檬、香草等)和新鲜蔬果汁(如番茄汁、南瓜汁、菠菜汁等)进行调味。

9. 让儿童参与食物的选择与制作

家长可带儿童去市场选购食物，辨识应季蔬果，尝试自主选购蔬菜。在节假日，家长可带儿童去农田认识农作物，介绍蔬菜的生长方式、营养成分及对身体的好处，让儿童实践简单的农业生产过程，参与植物的种植，观察植物的生长过程，并亲自动手采摘蔬菜，激发对食物的兴趣，享受劳动成果。让儿童参观家庭膳食制备过程，参与一些力所能及的加工活动，如择菜等，体会参与的快乐。以此让儿童从小养成尊重食物、爱惜食物的良好饮食行为。

10. 限制屏幕前时间，合理安排儿童的运动和户外活动

3～6岁儿童每天应进行至少60 min的体育活动，最好是户外游戏或运动，除睡觉外尽量避免让儿童有连续超过1 h的静止状态，每天看电视、玩平板电脑的累计时间不应超过2 h。建议每天结合日常生活多做锻炼(玩耍、散步、爬楼梯、收拾玩具等)。适量参加较高强度的运动和户外活动，包括有氧运动(骑自行车、快跑等)、伸展运动、肌肉强化运动(攀登架、健身球等)、团体活动(跳舞、小型球类游戏等)，减少静态活动(看电视、玩手机、玩电脑或电子游戏机等)。

练一练

举例说明适合儿童的零食和不适合儿童的零食，各列举出10种。

学习笔记

单元 2
托幼机构膳食管理

党的二十大报告指出："中国式现代化是物质文明和精神文明相协调的现代化。物质富足、精神富有是社会主义现代化的根本要求。"托幼机构的膳食管理是实现幼有所育的重要途径，也是实现健康中国战略的重要途径。我们应重视托幼机构的膳食管理，确保学龄前儿童膳食管理科学、膳食平衡。

一、托幼机构食堂的设置 >>>>>>>>>>>>>>>>>>>>>>>>>>>>

托幼机构应严格依照《中华人民共和国食品安全法》和中华人民共和国教育部、中华人民共和国国家市场监督管理总局、中华人民共和国国家卫生健康委员会联合颁发的《学校食品安全与营养健康管理规定》的要求，依法取得食品经营许可证。严格按照食品经营许可证载明的经营项目进行经营，并在食堂显著位置悬挂或者摆放许可证。建立健全各种食品安全的规章制度，并严格按照法律规定的要求进行食品的购贮、加工、生产。按规定要求设置托幼机构食品安全管理员和营养健康管理员。

二、成立膳食管理委员会 >>>>>>>>>>>>>>>>>>>>>>>>>>>

托幼机构须成立膳食管理委员会，对科学合理地管理幼儿营养和膳食起到监督作用，同时，更好地对幼儿的伙食费分配精打细算，把每月的盈亏控制在正常范围内，既保证幼儿的营养，又使膳食费不超支。膳食管理委员会可以发现问题、解决问题，做每月膳食调查，并及时分析其中的问题，提出改进意见。

膳食管理委员会由园长或分管园长、负责食品安全和营养健康的保健人员、保教人员代表、炊事人员代表、财务人员、儿童家长代表等组成。每月召开一次会议，必要时随时召开，有专门的会议记录、到会代表名单和讨论的议题等。

膳食管理委员会成员应具备必要的儿童营养学基础知识，掌握每月膳食的收支情况，并能深入班级、厨房了解儿童的进餐情况和炊事人员的实际操作能力。

膳食管理委员会监督托幼机构的饮食卫生安全工作，做好防止食物中毒，以及食物的防盗、防腐工作。

师生膳食严格分开，饭、菜、汤均分开烹饪、分开核算，并有教师膳食明细账目，由膳食管理委员会负责监督。

膳食管理委员会应每月定期向家长公布膳食账目。

托幼机构应保证幼儿食谱多样化、不单调、不重复，要求平衡膳食、荤素搭配、粗细搭配、软硬搭配，数量不能忽多忽少。

膳食管理委员会对之前会议中提出的问题予以跟进，直至问题得到解决。

托幼机构应当按照《学校食品安全与营养健康管理规定》要求建立集中用餐陪

餐制度，每餐均应当有托幼机构相关负责人与儿童共同用餐，做好陪餐记录，及时发现和解决集中用餐过程中存在的问题。

有条件的托幼机构应当建立家长陪餐制度，并健全相应工作机制，对陪餐家长在托幼机构食品安全与营养健康等方面提出的意见、建议及时进行研究反馈。

✎ 学习笔记

三、托幼机构膳食营养管理 ▶▶▶▶▶▶▶▶▶▶▶▶▶▶▶▶▶▶▶▶▶▶▶▶▶▶

（一）管理要求与规范

托幼机构应该严格按照《托儿所幼儿园卫生保健工作规范》中对托幼机构膳食营养的要求规范操作。

①托幼机构应当根据儿童生理需求，以《中国居民膳食指南（2016）》为指导，参考《中国居民膳食营养素参考摄入量（2013 版）》和各类食物每日参考摄入量（表 2-2-1），制订儿童膳食计划。

表 2-2-1　2～5 岁儿童各类食物每天建议摄入量

食物种类	2～3 岁	4～5 岁
谷类	85～100 g	100～150 g
薯类	适量	适量
蔬菜	200～250 g	250～300 g
水果	100～150 g	150 g
水产类		
禽畜肉类	50～70 g	70～105 g
蛋类		
液态奶	500 mL	350～500 mL
大豆	5～15 g	15 g
坚果	—	适量
食用油	15～20 g	20～25 g
食盐	<2 g	<3 g

（中国营养学会：《中国居民膳食指南（2016）》，233 页，北京，人民卫生出版社，2016。）

②根据膳食计划制定带量食谱，1～2 周更换 1 次。食物品种要多样化且合理搭配。

③在主、副食的选料、洗涤、切配、烹调过程中，方法应当科学合理，减少营养素的损失，符合儿童清淡口味，达到营养膳食的要求。烹调食物注意色、香、味、形，提高儿童的进食兴趣。

④托幼机构至少每季度进行 1 次膳食调查和营养评估。儿童热量和蛋白质平均摄入量，全日制托幼机构应当达到膳食营养素参考摄入量的 80% 以上，寄宿制托幼机构应当达到膳食营养素参考摄入量的 90% 以上。维生素 A、维生素 B_1、维生素 B_2、维生素 C 及矿物质钙、铁、锌等应当达到膳食营养素参考摄入量的 80% 以上。三大营养素热量占总热量的百分比是蛋白质 12%～15%、脂肪 20%～30%、碳水化合物 50%～65%。每日早餐、午餐、晚餐热量分配比例为 30%、

40％和30％。优质蛋白质占蛋白质总量至少1/3，最好能达到50％以上。

⑤有条件的托幼机构可为贫血、营养不良、食物过敏等儿童提供特殊膳食。不提供正餐的托幼机构，每日至少提供1次点心。

（二）膳食计划的制订

托幼机构应当根据儿童生理需求，按照自身的餐点情况和全体儿童的年龄情况，以《中国居民膳食指南(2016)》为指导，参考《中国居民膳食营养素参考摄入量(2013版)》和各类食物每日参考摄入量(表2-2-1)，制订儿童膳食计划，即每人每日能量及蛋白质的推荐摄入量，以及各类食物的用量。

有计划地按照营养需要选择食物品种，计划数量，加上合理的烹调和搭配，称为膳食计划。制订膳食计划的目的是得到一种能满足机体营养需要的膳食安排，不仅满足人体所需的热量和各种营养素，而且各种营养素之间比例正确。

做好这项工作，首先要了解各类食品的营养成分及特点、各年龄段儿童消化功能的特点和进食量。其次还必须结合实际、伙食费的额度、食物供应情况、物质条件、饮食习惯等，合理地选择食物种类，计划数量。儿童对营养的需要和消化能力因年龄而异，故对集体儿童应按年龄分组进食，一般可分为1～2岁、3～6岁两组。食物的数量、质量、烹调方法应适合年龄组的需要。

选择食物种类时应考虑：富有优质蛋白质的食物，如牛奶、鸡蛋、瘦肉、动物肝、动物血和豆制品等，这些食物是促进儿童生长发育必不可少的物质；补充维生素、矿物质的食物，如新鲜蔬菜和水果、海产品等；供给热能的食品，主要有粮谷类、油类等；调味品，包括盐、酱油、醋等。

1. 制订儿童膳食计划应注意的问题

必须了解本地、本季节市场食物供应情况，选择时令新鲜的食物，按营养需要选择每天所需要食物的种类、质量，力求达到各营养素之间的比例正确。

根据儿童伙食费标准来计划每天各类食物的进食量，力求满足儿童营养需要，食谱必须执行膳食计划所拟定的食物种类和数量，不可任意改变。

食物要促进儿童食欲，适合儿童的消化能力。

食物的多样性有利于各种营养素的互补作用，提高食物利用率。

配菜和烹调方法应经常改变，必须按照不同年龄组特点配制，采用健康的烹饪方式。

儿童伙食费开支要切实保证饮食所需，不得挪作他用。

2. 膳食计划制订的方法

(1)能量参考摄入量的制定

儿童作为一个群体，年龄为2～6岁，托幼机构不可能给每个儿童制定一个营养标准。群体营养是通过儿童的年龄结构算出平均月龄，再按照平均年龄来确定营养素供给标准。

例如，某幼儿园有80名儿童，年龄分布情况如下：2～3岁20人，3～4岁10人，4～5岁20人，5～6岁20人，6～7岁10人。

先统计每个年龄段儿童的总月龄。统计总月龄在统计学上采用月龄的组中值来进行，如不管这名儿童是3岁几个月，都按照3岁6个月来统计。

平均月龄的计算方法：按组中值计（表2-2-2）。

✎ 学习笔记

表 2-2-2　平均月龄计算方法

年龄/岁	组中值/月龄	人数/人	月龄
2～3	30	20	600
3～4	42	10	420
4～5	54	20	1080
5～6	66	20	1320
6～7	78	10	780
合计	—	80	4200

该园儿童平均月龄 52.5 月，平均年龄 4.38 岁，其能量参考摄入量计算如下。

能量参考摄入量的计算方法：能量(kcal)＝10×(平均月龄－12)＋930。

该年龄段儿童的能量推荐摄入量：10×(52.5－12)＋930＝405＋930＝1335 (kcal)。

即该园儿童每人每天的能量参考摄入量为 1335 kcal。

(2)蛋白质参考摄入量的制定

膳食计划的良好实施，必须建立在良好的膳食模式和膳食制度之上。良好的膳食制度包括餐点的合理设置、三大营养素合理的供能比例、三餐能量的合理分配。

建立合理的膳食制度包括就餐时间、就餐次数和每餐能量的分配等。

能量要求：早餐占全天能量需求的 30%(含上午点心 5%)，午餐占 40%(含下午点心 5%)，晚餐占 30%。

每日食物中所含的蛋白质、脂肪、碳水化合物产生能量各占总能量的 12%～15%、20%～30%、50%～65%。优质蛋白质(动物蛋白质＋豆类蛋白质)占总蛋白质 50%以上。

该园儿童的能量推荐摄入量是 1335 kcal。若其中 15%的能量是由蛋白质提供，即 1335×15%＝200.25(kcal)。

蛋白质的能量系数是 4，即 1 g 蛋白质可以产生 4 kcal 的能量。所以产生 200.25 kcal 能量所需蛋白质的量为 50.06 g。

即该园儿童每人每日蛋白质的参考摄入量是 50.06 g，其中优质蛋白质至少 25.03 g。

(3)主食(碳水化合物)参考摄入量的制定

主食是指粮、谷、薯类，它们主要提供碳水化合物和蛋白质。若全天 55%的能量由碳水化合物提供，即 1335×55%＝734.25(kcal)。

碳水化合物的能量系数是 4，即 1 g 碳水化合物可以产生 4 kcal 的能量。所以产生 734.25 kcal 能量所需碳水化合物的量为 183.56 g。

即该园儿童每人每日碳水化合物的参考摄入量是 183.56 g。

第一，根据当日计划安排的主食品种和比重，查阅食物成分表来确定各种主食品种的重量。第二，依据每种主食品种的重量，查阅食物成分表，计算出每种主食所含蛋白质和脂肪的含量，相加即得出主食中蛋白质的量和脂肪的量。

(4)脂肪参考摄入量的制定

脂肪包括动物性脂肪和植物性油脂。若全天 30%的能量由脂肪提供，即 1335×

$30\% = 400.50(kcal)$。

脂肪的能量系数是 9，即 1 g 脂肪可以产生 9 kcal 的能量。所以，400.5 kcal 能量需要脂肪 44.50 g。

即该园儿童每人每日脂肪的参考摄入量是 44.50 g。

(5)副食(肉、蛋、奶、豆)计划摄入量的制定

副食(肉、蛋、奶、豆)是优质蛋白质的主要食物来源。在确定每人每日蛋白质参考摄入量 50.06 g 的基础上，优质蛋白质至少占 50%，即 25.03 g。

根据当日计划安排的副食品种和比重，查阅食物成分表来确定各个副食品种的量。建议做到每天每个儿童能够摄入"一肉一蛋一奶一豆"，即每天每人摄入一两瘦肉(50 g)，一个鸡蛋，一杯牛奶(300 mL)，一份豆制品(10 g 左右，以大豆的量计)。

然后依据每个副食品种的质量，查阅食物成分表，计算出每个副食所含脂肪的量，相加即得出副食中脂肪的质量。

(6)油脂计划摄入量的制定

油脂的计划摄入量＝脂肪的参考摄入量－主食中脂肪的质量－副食中脂肪的质量

(7)水果蔬菜计划摄入量的制定

水果蔬菜作为维生素、矿物质及膳食纤维的主要食物来源，在制订膳食计划时可以忽略它们产生的能量。《中国居民膳食指南(2016)》建议，每人每日蔬菜摄入量为 300～350 g，深色蔬菜占一半以上，水果的摄入量为 150 g。

(8)盐的计划摄入量的制定

依据《中国居民膳食指南(2016)》，学龄前儿童每人每日盐的摄入量小于 3 g。

(三)带量食谱的编制

1. 食谱编制的原则

食谱是根据儿童对能量及各种营养素的需要而制定的，是买菜做饭的依据和指南。儿童每日选用哪几种食物，不同年龄儿童所用的食物数量，以及如何分配及烹饪等，都须依据食谱来决定。

制定食谱必须依照本地区粮食、蔬菜、豆类及肉类供应情况和儿童伙食费用的标准，按营养需要选择每日所需的食物种类、计划数量，力求各营养素之间有正确的能量供给比例，使蛋白质占 12%～15%，脂肪占 20%～30%，碳水化合物占 50%～65%。

制定食谱还应根据儿童伙食费标准，本着节约的原则，计划每天进食的谷类、肉类、豆制品、蔬菜、油等的需要量，做到少花钱而营养丰富。配菜和烹调方法应经常变换，做到多样化，并要根据儿童年龄特点分组配备，同时制定进餐制度。

食谱至少每两周更换一次，同时食谱必须对每种食材的用量进行标注，形成带量食谱，并对食谱进行营养素的核算和评价，然后修改矫正，做到能量和脂肪、碳水化合物、蛋白质都在推荐摄入量的 80% 以上。

食材在加工过程中务必严格控制食盐、糖、油的量，确保健康饮食。

2. 带量食谱制定的依据

要在膳食计划的指导下，按照本园的具体情况，制定带量食谱。

学习笔记

练一练

简要总结制订膳食计划的步骤，并尝试完成课后简答题①。

以某园儿童平均年龄4.38岁为例,能量推荐摄入量为1335 kcal。按照能量供给比例蛋白质为15%,脂肪30%,碳水化合物55%,依次计算出蛋白质推荐摄入量为50.06 g,脂肪推荐摄入量为44.50 g,碳水化合物推荐摄入量为183.56 g。

3. 带量食谱制定的步骤

(1)早餐

学龄前儿童早餐要以主食为主,副食次之,要有干有稀;主、副食要多含碳水化合物和蛋白质。因为儿童经过一晚上的休息,胃容物已经基本排空,血液中的血糖也维持在一个比较低的水平,所以必须摄入足够的碳水化合物来升高血液中的血糖水平,以满足机体的需要,尤其是大脑对能量的需要。再加上上午活动时间较长,活动量比下午大,消耗的能量比重大,早餐供给的能量应占一日总热量的30%(含上午点心5%)左右,以保证儿童上午脑力活动和生活活动所需要的能量,所以,早餐应以饱腹、可口为主。要注意早餐的色、香、味、形及品种多样化,主食不能单调,要做到经常花样翻新,多提供一些引起儿童食欲的食物,如酱肉包、豆沙包、糖三角或糖包、麻酱卷、油盐卷、荷叶饼、马蹄卷、汉堡、三明治等,也可自制蛋糕等面点。在副食方面,应选富含优质蛋白质的食材,如鸡蛋、牛奶或豆浆、酱牛肉等。

建议早餐主食的摄入量为60~70 g,副食的摄入量为30 g左右,蔬菜的摄入量为100 g左右(表2-2-3)。早点作为对早餐的补充,从儿童生理特点、营养需要和不影响午餐正常进食的角度考虑,建议采用水果或者水果+饮品(奶、豆浆等)模式为好。

📖 学习笔记

表2-2-3　早餐带量食谱

早餐食谱	主要食材	质量/g
金银卷	小麦粉	40
	小米面	10
番茄炒鸡蛋	番茄	60
	鸡蛋(X)	30
	花生油	5
麦片粥	燕麦片	15

注:X表示平均值。

经营养素分析计算,上述早餐可提供能量327.00 kcal,蛋白质13.78 g,脂肪9.97 g,碳水化合物48.99 g,分别占全天推荐摄入量的比例为:24.49%、27.53%、22.40%、26.69%。

早点提供100 g的水果双拼(桃子50 g+菠萝50 g),可提供的能量约为65 kcal。由于水果中蛋白质和脂肪含量可以忽略,所以65 kcal的能量基本是由碳水化合物(果糖)提供的,换算成碳水化合物的量约为65÷4=16.25(g)。

早餐+早点提供的能量为:327.0+65.0=392.0(kcal)。

碳水化合物为:48.99+16.25=65.24(g)。

分别占全天标准参考摄入量的比例为:能量29.36%,碳水化合物35.54%,脂肪22.40%,蛋白质27.53%。这样就满足了早餐对能量和蛋白质、脂肪、碳水化合物这三大营养素的需求,并达到了平衡膳食的要求。

(2)午餐

午餐是幼儿全天最重要的一餐。在保证吃饱的前提下，主、副食应质、量并重，汤菜的数量和质量并重。食物品种要尽量多，优质蛋白质丰富。主食(如大米、面粉)应交替吃，面食花样应经常翻新。副食要有豆、有菜，有荤、有素，最好是两菜一汤，荤素搭配。

建议午餐主食的摄入量为 70～80 g，副食的摄入量为 50～60 g，蔬菜的摄入量为 150～200 g，副食的品种一定要丰富多样(表 2-2-4)。

表 2-2-4 午餐带量食谱

午餐食谱	主要食材	质量/g
米饭	粳米	60
豆角炒肉丝	猪肉(里脊)	35
	花生油	3
	豇豆	50
烧青菜	上海青	80
	花生油	5
菠菜猪肝汤	猪肝	15
	菠菜	20
	香油	2

由于午餐时间一般是在 11:40—12:10，午点时间一般在下午 3:00 左右，经过 3 h 的消化吸收，儿童胃容物基本已经排空，血糖水平开始下降，这时候需要补充一些碳水化合物来增加饱腹感和提升血糖水平。所以，午点以小点心＋水果或者小点心＋饮品(如奶、豆浆等)模式为好(表 2-2-5)。

表 2-2-5 午点带量食谱

午点	质量/g
椰圈面包	15
酸奶	150

经营养素分析计算，上述午餐与午点可提供能量 539.86 kcal，蛋白质 23.82 g，脂肪 17.98 g，碳水化合物 73.49 g，分别占全天推荐摄入量的比例为：47.58%、39.51%、40.40%、40.04%。

经计算分析，午餐可以满足能量和蛋白质、脂肪、碳水化合物三大营养素的需求，并达到平衡膳食的要求。

(3)晚餐

儿童晚餐食谱要以主食为主、副食次之，配制适当的蔬菜，并适当配以豆制品或蛋类，干稀搭配，以保证营养。儿童晚餐要避免单纯供给甜食。晚餐不宜吃得过饱，以免胃负担过重、消化功能受损，引起消化不良。晚餐能量应占一日总能量的 30%。主食中的大米、小麦粉、玉米面、豆粉、赤豆、小米等要粗细粮搭配，一是为营养的合理搭配，二是可经常变化食品种类，引起儿童的食欲，以利于儿童全面摄入各种营养素。副食应确保适当的营养素供给量，配制时要注意动、植物蛋白质的搭配，以起到蛋白质互补的作用，这对儿童生长发育极其重要。菜肴在烹调时要以容易消化为原则，力求清淡可口，蔬菜要鲜美，应避免油炸食品。

建议晚餐主食的摄入量为 60～70 g，副食的摄入量为 20 g 左右，蔬菜的摄入量为 100 g 左右，食物的选择一定要保证容易消化、吸收(表 2-2-6)。

表 2-2-6　晚餐带量食谱

晚餐食谱	主要食材	质量/g
花样馍	小麦粉	50
清炒黄瓜片	黄瓜	80
	花生油	5
肉末香菇烩豆丁	香菇	15
	花生油	4
	猪肉(瘦)	20
	豆腐	30
	胡萝卜	20
大米粥	大米	10

经营养素分析计算，上述晚餐可提供能量 365.27 kcal，蛋白质 16.25 g，脂肪 12.92 g，碳水化合物 49.52 g，分别占全天推荐摄入量的比例为 27.36%、32.46%、29.03%、26.98%。

经计算分析，晚餐也能满足能量和蛋白质、脂肪、碳水化合物三大营养素的需求，并达到了平衡膳食的要求。

综上所述，早、中、晚三餐相加，能量、碳水化合物、脂肪、蛋白质的摄入量依次为 1297.13 kcal、188.25 g、40.87 g、53.85 g，依次占推荐摄入量的比例为 97.16%、102.56%、91.84%、107.57%。

三大营养素的供能比依次为：碳水化合物 56.35%、脂肪 27.53%、蛋白质 16.12%。

其中优质蛋白质为 27.12 g，占总蛋白质的 50.36%。

按照《托儿所幼儿园卫生保健工作规范》中对食谱的要求，全日制幼儿园儿童摄入能量和碳水化合物、脂肪、蛋白质都要达到推荐摄入量的 80% 以上，其中优质蛋白质至少占全部蛋白质的 50%，我们设计的一日食谱完全能够高质量地满足。为了避免能量和营养素摄入过量，导致营养过剩，建议每日能量和碳水化合物、脂肪、蛋白质的摄入量占推荐摄入量的比例控制在 120% 以下。

从食物摄入种类和摄入量统计：

主食：200 g；

副食(肉蛋类)：100 g；

豆制品：30 g；

奶制品：150 g；

蔬菜：325 g；

水果：100 g；

油脂：24 g。

从食物的摄入量分析，与学龄前儿童膳食宝塔推荐量对比，也基本达到了每种食物的推荐摄入量。奶的摄入量不足，水果的摄入量偏少，这些不足的部分可以作为儿童晚上加餐的食物加以补充。

（4）儿童晚上回家后的加餐

托幼机构若采用三餐两点的饮食模式，并严格按照标准制定食谱，儿童在托幼机构摄入的能量和碳水化合物、脂肪、蛋白质基本满足全天的需要量。回家后，儿童若按照成人的晚餐习惯，摄入高热量、高脂肪、高蛋白食物，势必造成营养摄入过剩，导致肥胖的发生。晚上进食大量的高蛋白食物，可能导致这些富含蛋白质的食物在胃内潴留时间过长，造成儿童积食等消化不良问题。所以，儿童接回家后如何加餐，与儿童的健康成长息息相关，也是家园共育的一项重要内容。由于托幼机构提供的餐点已经基本满足儿童生长发育所需要的能量、碳水化合物、脂肪、蛋白质，所以，儿童回家后，应减少高热量、高蛋白、高脂肪食物的摄入。如果儿童在托幼机构里蔬菜、水果摄入偏少，奶类摄入不足，和家人一起就餐时，可适当喝点儿稀粥，进食一些蔬菜，以增加饱腹感；睡前半小时可以让儿童适当进食 100～150 mL 的奶或酸奶，并补充一些水果。进食后刷牙，半小时后上床睡觉。这样可弥补儿童在托幼机构膳食中缺乏的维生素和矿物质，真正做到膳食的平衡。

按以上方法可以设计出膳食平衡的一周带量食谱(表 2-2-7)。

对一周带量食谱进行营养分析的结果见表 2-2-8。

总结：从一周食谱的分析可以看出，周平均能量、蛋白质、脂肪和碳水化合物的比例均在 80% 以上，且没有超过 120%，满足了机体对能量和三大营养素的需要，维生素和矿物质中只有钙和锌的比例在 60% 左右，与标准对比还有一定的差距。建议通过家园共育，让儿童回家后适当补充一定含钙和锌的食物，如奶、海产品、种子类食物等，以满足机体的需要。

（四）膳食调查（营养计算）

膳食调查是指在一定时间内，调查群体或个体通过膳食所摄入的各种食物的重量，经过计算换算成能量和营养素的数量以及质量，根据《中国居民膳食营养素参考摄入量(2013 版)》和《食物成分表》计算出每人每日各种营养素的参考摄入量，对两者进行对比，借此来评定该群体或个人正常营养需要得到的满足程度。膳食调查是进行营养状况评估的第一步，只有首先了解了膳食状况，才能对评估对象给出合适的营养状况判断。膳食调查主要包括：①调查的时间段；②了解膳食制度和餐次分配；③调查期间所吃食物的品种和数量；④就餐的人日数。

1. 膳食调查的方法

膳食调查的方法有称重法、记账法、询问法、膳食史法及化学分析法。

托幼机构的膳食调查采用的是记账法。记账法包括各种食物的进出账和儿童每天出勤记录等。根据此段时期内各种食物消耗总量和用餐的人日数，计算出平均每人每日的食物消耗量及各种营养素的摄入量，与标准对比，进而对膳食级别进行评价。

2. 膳食调查的步骤

按照《托儿所幼儿园卫生保健工作规范》的要求，托幼机构必须每月进行一次膳食调查。

学习笔记

练一练

简要总结制订膳食计划的步骤，并尝试完成课后简答题②③。

表 2-2-7 一周带量食谱

星期一

餐次	食谱	主要食材	质量/g
早餐	中式双堡	小麦粉	45
		鸡蛋(X)	25
		玉米油	3
	牛奶	牛乳(X)	150
早点	红白双拼	火龙果	40
		白兰瓜	40
午餐	二米饭	稻米(X)	45
		小米	15
	宫保鸡丁	鸡胸脯肉	40
		胡萝卜	25
		花生油	5
		腰果	80
	清炒小青菜	青菜	5
		色拉油	5
	番茄鸡蛋汤	鸡蛋(X)	20
		芝麻油	2
		番茄	30
		紫菜(干)	1
午点	燕紫薯	紫薯	40
	豆浆	大豆	120
晚餐	爆锅鸡腿菇	鸡腿菇	50
		上海青	30
		花生油	5
	海米冬瓜	冬瓜	80
		海米	15
		花生油	5
	红薯大米粥	红薯	20
		稻米(X)	15
	太阳饼	小麦粉	45
		胡萝卜	5
合计			1030

星期二

餐次	食谱	主要食材	质量/g
早餐	麻酱卷	小麦粉	40
		芝麻酱	5
		猪肉	15
		紫菜	3
	醋熘银芽	绿豆芽	80
		花生油	5
	彩椒炒鸡蛋	鸡蛋(X)	30
		彩椒	50
		花生油	5
早点	麦仁粥	小麦	15
	火龙果红柚	火龙果	60
		柚子	50
午餐	京味炸酱面	面条(X)	60
		猪肉	30
		黄瓜	30
		绿豆芽	30
		胡萝卜	15
		黄瓜	10
		黄豆	30
		花生油	3
	焖大虾	基围虾	60
	鲜蘑冬瓜汤	蘑菇	10
		冬瓜	20
		青菜	20
		香菜	20
		香油	2
午点	学生奶	学生奶	100
	金银卷	玉米面(黄)	15
		小麦粉	30
晚餐	炒菜花	甜椒	30
		菜花	5
		花生油	80
	肉末豆角	猪肉(里脊)	15
		豆角	5
	黑米江米粥	籼米	20
		黑米	60
		花生油	5
合计			1024

星期三

餐次	食谱	主要食材	质量/g
早餐	鸡蛋灌饼	小麦粉	40
		鸡蛋(X)	30
		甜椒	25
	醋熘土豆丝	土豆	60
		花生油	5
	肉末豆角	猪肉(里脊)	20
		豆角	60
		花生油	4
早点	红豆小米粥	红小豆	5
		小米	10
	水果双拼	奶柿子	40
		香蕉	40
午餐	紫米饭	稻米(X)	25
		黑米	20
		紫红糯米	40
	番茄牛腩	牛肉	30
		番茄	25
		香菇	4
		花生油	5
	蘑菇炒青菜	葵花子油	3
		蘑菇	20
		上海青	70
		芝麻油	1
	菠菜鸡肝汤	菠菜	30
		鸡肝	15
午点	花花牛酸奶	花花牛酸奶(X)	100
	蒸南瓜	南瓜	50
晚餐	三色虾仁	红萝卜	15
		黄瓜	30
		虾仁	30
		花生油	15
	玉米糁	玉米糁(黄)	4
	荷叶夹	小麦粉	15
	小白菜烧豆腐	豆腐	30
		小白菜	40
		花生油	60
		花生油	5
合计			1023

星期四

餐次	食谱	主要食材	质量/g
早餐	翡翠馒头	小麦粉	30
		菠菜	10
	番茄笋鸭片	鸭胸脯肉	40
		冬笋(鲜)	15
		番茄	35
		花生油	4
早点	黄豆芽炒粉条	黄豆芽	75
		粉条	10
		玉米油	3
	二米粥	稻米(X)	10
		小米	10
	丑柑	丑柑(X)	10
午餐	扬州炒饭	鸡蛋(X)	80
		稻米(X)	25
		火腿肠	60
		黄瓜	10
		胡萝卜	20
		花生油	25
		青豆	5
		虾仁	10
	白菜粉丝汤	芝麻油	20
		大白菜	2
		粉丝	25
午点	牛奶	牛乳(X)	150
	嫩玉米	玉米(鲜)	40
	蒜蓉西蓝花	西蓝花	80
		大蒜	5
		花生油	5
晚餐	山药香米粥	香米	15
		山药	35
	开花馒头	小麦粉	5
		枣(干)	5
		红糖	60
	小青菜煎豆腐	小青菜	25
		豆腐(X)	10
		花生油	5
合计			974

星期五

餐次	食谱	主要食材	质量/g
早餐	肉龙卷	小麦粉	40
		猪肉	25
		洋葱	10
		木耳	15
	黄瓜木耳炒鸡蛋	黄瓜	50
		鸡蛋(X)	20
		花生油	4
	海米冬瓜	冬瓜	80
		海米	15
		花生油	5
早点	绿豆小米粥	绿豆	10
		小米	15
	水果双拼	哈密瓜	50
		草莓	30
午餐	葡萄干米饭	稻米(X)	60
		葡萄干	5
	清炒小青菜	青菜	80
		色拉油	5
	萝卜炖羊肉	羊肉	35
		胡萝卜	40
		白萝卜	30
	缤纷水果汤	苹果(X)	10
		雪梨	10
		枣	5
		橘	10
午点	花花牛酸奶	酸奶(X)	100
	杂粮杠子馍	小麦粉	30
		高粱面	10
晚餐	肉丁烧茄子	猪肉	30
		茄子(X)	60
		花生油	4
	汤圆米酒羹	香米	10
		山楂条	5
		籼糯米	20
		"江米酒"	80
	炒黄豆芽	黄豆芽	80
		花生油	5
合计			1013

表2-2-8　一周食谱营养分析

平均年龄　4.56

营养标准	能量/kcal	蛋白质/g	脂肪/g	碳水化合物/g	维生素A/μg	维生素B$_1$/mg	核黄素/mg	烟酸/mg	维生素C/mg	维生素E/mg	钙/mg	磷/mg	钾/mg	铁/mg	镁/mg	锌/mg	硒/μg	铜/mg	叶酸/μg	碘/μg
推荐摄入量	1356.19	49.16	37.67	203.43	575.22	0.68	0.68	6.75	67.52	4.75	750.44	487.61	1376.11	12.00	137.61	11.26	23.76	0.95	187.61	80.69
限量	0.00	0.00	0.00	0.00	0.00	50.00	0.00	10.00	600.00	0.00	2000.00	3000.00	0.00	30.00	200.00	23.00	120.00	1.50	300.00	0.00
星期一	1221.07 (101.14)	57.20 (90.04)	41.32 (116.35)	161.07 (109.69)	328.09 (79.18)	0.79 (57.04)	0.95 (116.81)	13.71 (139.71)	94.47 (206.96)	15.78 (139.91)	452.38 (332.21)	846.02 (60.28)	1692.71 (173.50)	11.72 (123.01)	246.33 (97.67)	5.69 (179.01)	37.12 (50.53)	1.69 (156.23)	197.62 (177.89)	81.00 (105.34)
星期二	1265.60 (93.32)	59.72 (121.48)	40.43 (107.33)	173.71 (85.39)	187.61 (32.62)	0.83 (122.06)	0.80 (117.65)	12.33 (182.67)	164.57 (243.74)	19.83 (417.47)	382.85 (51.02)	831.53 (170.53)	1628.43 (118.34)	16.72 (139.33)	264.05 (191.88)	7.87 (69.89)	50.98 (214.56)	1.30 (136.84)	201.72 (107.52)	147.95 (184.73)
星期三	1283.16 (94.62)	58.01 (118.00)	44.10 (117.07)	170.92 (84.02)	1915.60 (333.02)	0.98 (144.12)	0.98 (144.12)	16.05 (237.78)	118.15 (174.99)	22.69 (477.68)	453.68 (60.46)	910.04 (186.63)	1840.92 (133.78)	15.22 (126.83)	313.82 (228.05)	8.38 (74.42)	39.73 (167.21)	1.71 (180.00)	337.06 (179.66)	35.92 (44.85)
星期四	1301.32 (95.95)	54.75 (111.37)	40.49 (107.48)	186.09 (91.48)	368.35 (64.04)	0.63 (92.65)	0.72 (105.88)	8.57 (126.96)	141.18 (209.09)	18.74 (394.53)	563.54 (75.09)	808.82 (165.87)	1571.20 (114.18)	14.06 (117.17)	295.38 (214.65)	6.40 (56.84)	38.81 (163.34)	1.43 (150.53)	199.07 (106.11)	34.38 (43.18)
星期五	1310.12 (96.60)	58.12 (118.23)	42.32 (112.34)	176.69 (86.86)	298.25 (51.85)	0.88 (129.41)	0.66 (97.06)	10.46 (154.96)	108.65 (160.92)	15.94 (335.58)	467.86 (62.34)	780.90 (160.15)	1620.68 (117.77)	13.22 (110.17)	278.56 (202.43)	6.93 (61.55)	42.48 (178.79)	1.39 (146.32)	190.65 (101.62)	28.29 (35.32)
一周平均	1276.25 (81.85)	57.56 (94.11)	41.73 (117.09)	173.70 (110.78)	619.58 (85.39)	0.82 (107.71)	0.82 (120.59)	12.27 (120.59)	125.40 (181.78)	18.60 (185.72)	464.06 (391.58)	835.46 (61.84)	1670.79 (171.34)	14.19 (121.41)	279.63 (118.25)	7.05 (203.20)	41.83 (62.61)	1.50 (176.05)	225.22 (157.89)	65.55 (120.05)

注：括号内数字为每日摄入量占推荐摄入量百分比。

(1)选择膳食调查的时间段

一般一个月做一次膳食调查，即本月初进行上个月的膳食调查。

(2)统计本次调查期间的就餐人日数

一个人吃一日叫一个人日。

计算公式为：个人人日数＝早餐餐次总数×早餐餐次比＋午餐餐次总数×午餐餐次比＋晚餐餐次总数×晚餐餐次比。

全园总人日数＝所有在园用餐个人的人日数之和。

例如：某幼儿园早餐有200名儿童进餐，午餐有220名儿童进餐，晚餐有210名儿童进餐，人日数计算如下。

确定餐次比：早餐为30％，午餐为40％，晚餐为30％。

计算全园总人日数：200×30％＋220×40％＋210×30％＝211。

(3)统计食物的消耗量

计算要点：①被调查单位的食物消耗量，一定要每日分类记录，如肉类一定要记清楚是猪肉还是牛肉，猪肉一定要记清是里脊肉还是五花肉，而不能笼统统计为肉类；②要仔细统计每日吃饭的人数或每餐的人数；③若是自制的食物，如豆浆，应该记清黄豆的用量；④食物的数量都是市品，包括非可食部，所以须要先折合成可食部后再进行计算(若使用软件进行计算，软件会自动核算可食部)；⑤若托幼机构教师在儿童伙上吃饭，一定要减去教师的部分；⑥食物消耗量的统计单位应该是国际标准单位千克(kg)；⑦若消耗的某种食材在食物成分表中没有，可以在同类食物中找食材代替。

(4)膳食调查的评价

根据《托儿所幼儿园卫生保健工作规范》中对膳食调查的明确要求进行评价。根据营养计算结果，将儿童膳食中各营养素的摄入量与营养素的推荐量比较，算出是超标还是不足，或是严重不足。根据能量、蛋白质、脂肪、碳水化合物、优质蛋白质的分布，分析营养素是否均衡，提出改进食谱的建议，以提高托幼机构的膳食质量。

托幼机构的膳食调查必须达到一级膳食水平，否则，膳食是不合理的。一级膳食的要求：能量达到推荐摄入量的90％以上，蛋白质、脂肪和碳水化合物达到推荐摄入量的80％以上，优质蛋白质至少占总蛋白质的1/3，最好在50％以上。

某幼儿园2019年3月的膳食调查结果见表2-2-9，膳食营养分析见表2-2-10。表2-2-9和表2-2-10，内容基本一样，格式不同。

四、伙食费结算 >>

(一)管理要求

膳食管理委员会监督园内的营养膳食管理，要求伙食费专款专用。学龄前儿童伙食费只能用于儿童膳食开支，保证每天食品的实际供给，满足儿童生长发育的需要。膳食管理委员会监督学龄前儿童伙食费的使用，不得挪作他用，师生膳食严格分开，包括主食。不得刻意将伙食费节省下来用于园内节日庆典或给园内人员发福利。不准用儿童伙食费购买儿童食品之外的其他物品。不准故意将伙食费

表2-2-9　食物营养统计

单位名称:某幼儿园
每人每日营养素摄入量
时间段:2019-03-01—2019-03-31

	质量/g	能量/kcal	蛋白质/g	脂肪/g	碳水化合物/g	维生素A/μgRE	维生素B₁/mg	核黄素/mg	烟酸/mg	维生素C/mg	维生素E/mg	钙/mg	磷/mg	钾/mg	铁/mg	镁/mg	锌/mg	硒/μg	铜/mg	叶酸/μg	碘/μg
总计	848.2	1265.82	50.72	39.5	183.73	621.01	0.67	0.52	7.38	59.47	16.76	323.68	620.99	1217.64	7.77	189.34	4.19	36.13	0.80	110.54	19.50
营养素推荐摄入量		1350.00	48.94	45.00	185.63	600.00	0.70	0.70	7.00	70.00	5.00	800.00	500.00	1500.00	12.00	150.00	12.00	25.00	1.00	200.00	90.00
某些营养素的上限		—	—	—	—	—	50.0	—	10.0	600.0	—	2000.0	3000.0	—	30.0	200.0	23.0	120.0	1.5	300.0	—
分析与评价 比例/%		93.8	103.6	88.6	99.0	103.5	95.7	74.3	105.4	85.0	335.2	40.5	124.2	81.2	64.8	126.2	34.9	144.5	80.0	55.3	21.7
营养评价		合理	合理	合理	合理	合理	合理	偏低	合理	偏低	合理	偏低	合理	偏低	偏低	合理	偏低	合理	偏低	偏低	偏低

总人日数:4055　　膳食级别:一级

能量供应比

	蛋白质	脂肪	碳水化合物
摄入量/g	50.72	39.85	183.73
合理比例/%	12~15	25~30	50~60
占总量比例/%	16.03	25.92	58.06
评价	偏高	合理	合理

蛋白质/g

	蛋白质总量/g	优质蛋白质
摄入量	50.72	26.03
合理比例		>50
占比例/%		50.33
评价		合理

热量食物来源分布/kcal

	谷类	薯类	豆类	动物性食物	其他植物	纯热量食物
热量/kcal	656.10	13.54	41.43	198.51	134.54	221.70
比例	52.90			18.96	10.63	17.51
推荐	<60			>20		
评价	合理			偏低		

膳食调查总结表

	粮谷薯类			豆类及豆制品		蔬菜		干菜	海菜	咸菜	水果	坚果	乳制品	蛋类	畜禽类	鱼虾	淀粉	油脂	盐	酱油
	细粮	杂粮	薯类	干豆类	豆制品	浅色蔬菜	绿橙色蔬菜													
摄入量/g	160.3	24.7	22.2	0	49.3	109.7	143.5	0	0	0	125.8	0	74.0	28.2	49.3	36.5	0	24.7	0	0
摄入量合计/g	207.2			49.3		253.2					125.8		74.0	28.2	49.3	36.5	0	24.7	3	0
宝塔推荐量	150~200			15(大豆)		250~300					150		300(牛奶)	25~50	30~40	40~50		20~25		

膳食调查分析:钙偏少,建议增加每日奶制品的摄入。

表 2-2-10 膳食营养分析

单位名称：某幼儿园

时间段：2019-03-01—2019-03-31

1. 平均每人每日进食量

	细粮	杂粮	糕点	干豆类	豆制品	蔬菜总量	绿橙色蔬菜	水果	乳类	蛋类	肉类	肝	鱼虾	糖	食油
质量/g	160.3	24.7	0	0	49.3	253.2	143.5	125.8	74.0	28.2	49.3	0.0	36.5	0	24.7

2. 营养素摄入量

	热量 /kcal	蛋白质 /g	脂肪 /g	碳水化合物 /g	视黄醇当量 /μg	维生素 B_1 /mg	维生素 B_2 /mg	维生素 C /mg	钙 /mg	锌 /mg	铁 /mg
平均每人每日	1265.82	50.72	39.85	183.73	621.01	0.67	0.52	59.47	323.68	4.19	7.77
平均每日供给标准	1350.00	48.94	45.00	185.63	600.00	0.70	0.70	70.00	800.00	12.00	12.00
比例/%	93.8	103.6	88.6	99.0	103.5	95.7	74.3	85.0	40.5	34.9	64.8

3. 营养素来源分布

	热量营养素			蛋白质		动物脂肪
	蛋白质	脂肪	碳水化合物	豆类	动物性食物	
摄入量/g	50.72	39.85	183.73	3.26	21.76	8.87
占总摄入量/%	16.03	25.92	58.06		49.33	22.26
合理百分比/%	12~15	25~30	50~60		50~55	<50

4. 营养分析

蛋白质、脂肪、碳水化合物之比 [1:(4~5)]	适中	过量	不足
1:0.79:3.62	能量、蛋白质、脂肪、碳水化合物、视黄醇、维生素 B_1、动物脂肪	无	维生素 B_2、维生素 C、钙、锌、铁、动物性食物

膳食评价等级：一级膳食。

结余到一定的数额用于添置厨房用品或进行食堂改造。

学期内每月伙食费盈亏控制在 2% 左右。

要求园长监督儿童伙食费的合理使用，专款专用，把好发票签字关。每次签字须审核每日购买食品的明细，采购人员、验收人员签字后，园长方可签字。

采购食品中容易出现漏洞环节，因此，每日对采购或订购、配送的食品要把好验收关。原则上食堂人员负责采购，但采购人员不能承担验收工作；对食品采购人员、保管人员要加强管理，这些特殊岗位人员要定期轮换。

长期在合作单位如配菜公司处订购食物，要确保食物质量，不得接受回扣、贿赂。要求开具正式发票，索取营业执照、食品生产许可证、食品经营许可证等有效证件。

本年度园内结余的伙食费如果太多，园长有权决定在本学期最后或下学期开始时酌情减少收取伙食费，但不得买礼品发给儿童。

对历年结余的伙食费可暂行封存，以后由行政主管部门决定处置方法。

要求财务人员做好每月儿童和教师伙食费的收入、支出及儿童退伙的明细账目，教师伙食费的来源要有出处。

要求财务人员单独做一本膳食财务明细账。每天的送货凭据及购买儿童食品的明细，要求按月、日与凭据相对应，做好明细账的记录。对报销的儿童伙食费，一个月开一张发票，要求供货商提供购物明细，每月购物明细凭据必须附在发票后，要装订成册。

财务人员要把好发票签字关。对于每一张购物单据，采购人员、验收人员、园长签字后方可结款。发票商品名称不得简单开具"食品"，每一张发票要注明蔬菜、荤菜和食品名称及费用，与后面凭据中的数据总和相吻合。

做好园内儿童的退伙工作，儿童一天以上未入园才能退伙。如果当天儿童无请假没有入园，而菜肴已买，原则上不退伙。

采购人员应该合理分配伙食费用，精打细算，量入为出，杜绝浪费，力求少花钱而得到高质量的营养食材。

（二）伙食费开支

托幼机构伙食费主要用于儿童食品采购费用的支出，除此之外，燃气费用可以用伙食费支出。若水电开支需要从伙食费中支出，食堂须要单独安装水表和电表。按照食堂实际用量缴纳的水电费，可以从伙食费中支出。

学习笔记

单元 3
托幼机构食品安全

党的二十大报告指出，要强化食品安全监管。托幼机构食品安全是国家食品安全建设的重要组成部分，我们应重视托幼机构的食品安全管理和运作。托幼机构的食品安全实行园长负责制。

一、食堂设置 >>>>>>>>>>>>>>>>>>>>>>>>>>>>>>>>>>

①托幼机构食堂应当坚持公益性原则，不以营利为目的，幼儿园食堂不允许外包或委托经营。

②托幼机构食堂应当依法取得食品经营许可证，严格按照食品经营许可证载明的经营项目进行经营，并在食堂显著位置悬挂或者摆放。

③托幼机构食堂应当建立食品安全与营养健康状况自查制度。经营条件发生变化，不再符合食品安全要求的，托幼机构食堂应当立即整改；有发生食品安全事故潜在风险的，应当立即停止食品经营活动，并及时向所在地食品安全监督管理部门和教育部门报告。

④托幼机构食堂应当建立健全并落实食品安全管理制度，按照规定制定并执行场所及设施设备清洗消毒、维修保养校验、原料采购至供餐的全过程控制管理、餐具饮具清洗消毒、食品添加剂使用管理等食品安全管理制度。

二、工作人员卫生 >>>>>>>>>>>>>>>>>>>>>>>>>>>>>>>>

①托幼机构食堂应当建立并执行从业人员健康管理制度和培训制度。患有国家卫生健康委员会规定的有碍食品安全疾病的人员，不得从事接触直接入口食品的工作。从事接触直接入口食品工作的人员应当每年进行健康检查，取得健康证明后方可上岗工作，必要时应当进行临时健康检查。

②托幼机构食堂从业人员的健康证明应当在托幼机构食堂显著位置进行统一公示。

③托幼机构食堂从业人员应当养成良好的个人卫生习惯，加工、操作直接入口食品前应当洗手、消毒，进入工作岗位前应当穿戴清洁的工作衣帽。

④托幼机构食堂从业人员不得有在食堂内吸烟等行为。

三、食品安全监管 >>>>>>>>>>>>>>>>>>>>>>>>>>>>>>>>

（一）食品的选购

①托幼机构食堂采购食品及原料，应当按照下列要求查验许可相关文件，并

留存加盖公章(或者签字)的复印件或者其他凭证。

从食品生产者采购食品的，应当查验其食品生产许可证和产品合格证明文件等。

从食品经营者(商场、超市、便利店等)采购食品的，应当查验其食品经营许可证等。

从食用农产品生产者处直接采购的，应当查验并留存其社会信用代码或者身份证复印件。

从集中交易市场采购食用农产品的，应当索取并留存由市场开办者或者经营者加盖公章(或者负责人签字)的购货凭证。

采购肉类的应当查验肉类产品的检疫合格证明，采购肉类制品的应当查验肉类制品的检验合格证明。

②托幼机构食堂禁止采购和使用下列食品、食品添加剂、食品相关产品。

超过保质期的食品、食品添加剂。

腐败变质、油脂酸败、霉变生虫、污秽不洁、混有异物、掺假掺杂或者感官性状异常的食品、食品添加剂。

未按规定进行检疫或者检疫不合格的肉类，未经检验或者检验不合格的肉类制品。

不符合食品安全标准的食品原料、食品添加剂以及消毒剂、洗涤剂等食品相关产品。

法律、法规、规章规定的其他禁止生产经营或者不符合食品安全标准的食品、食品添加剂、食品相关产品。

托幼机构食堂在加工前应当检查待加工的食品及原料，发现有上述规定情形的，不得加工或者使用。

(二)食品的贮存

①托幼机构食堂应当按照保证食品安全的要求贮存食品，做到通风换气、分区分架分类、离墙离地存放、防蝇防鼠防虫设施完好，并定期检查库存，及时清理变质或者超过保质期的食品。

②贮存散装食品，应当在贮存位置标明食品的名称、生产日期或者生产批号、保质期、生产者名称以及联系方式等内容。用于保存食品的冷藏冷冻设备，应当贴有标识，原料、半成品和成品应当分柜存放。

③食品库房不得存放有毒、有害物品。

④食品添加剂应当专人专柜(位)保管，按照有关规定做到标识清晰、计量使用、专册记录。

⑤托幼机构食堂不得采购、贮存、使用亚硝酸盐(包括亚硝酸钠、亚硝酸钾)。

(三)烹制卫生

①托幼机构食堂制作的食品在烹饪后应当尽量当餐用完，须熟制的食品应当烧熟煮透。须要再次利用的，应当按照相关规范采取热藏或者冷藏方式存放，并在确认没有腐败变质的情况下，对须要加热的食品经高温彻底加热后食用。

②托幼机构食堂不得制售冷荤类食品、生食类食品、裱花蛋糕，不得加工制作四季豆、鲜黄花菜、野生蘑菇、发芽土豆等高风险食品。所在省、自治区、直

📝 学习笔记

辖市食品安全监督管理部门结合实际制定的本地区托幼机构集中用餐不得制售的高风险食品目录中列出的餐食，托幼机构一律不得制售。

③托幼机构食堂用于加工动物性食品原料、植物性食品原料、水产品原料、半成品或者成品等的容器、工具应当从形状、材质、颜色、标识上明显区分，做到分开使用，固定存放，用后洗净并保持清洁。托幼机构食堂的餐具、饮具和盛放或者接触直接入口食品的容器、工具，使用前应当洗净、消毒。

④食堂应该根据儿童的生理特点提供适宜的健康饮食，加工过程应采用蒸、煮、烩、炖、焖、熬、煲、汆等健康的烹饪方式，避免营养成分的流失。

四、食品留样管理 >>>>>>>>>>>>>>>>>>>>>>>>>>>>>>>

托幼机构食堂应当对每餐次加工制作的每种食品成品进行留样，留样食品应专人负责。留样食品应当按餐次、品种分别盛放于清洗、消毒后的密闭专用容器内，每个品种留样量应当满足检验需要，不得少于125 g，并记录留样食品名称、留样量、留样时间、留样人员等。留样食品应由专柜冷藏保存48 h以上，留样专柜要落锁。

五、食物中毒的应急处理 >>>>>>>>>>>>>>>>>>>>>>>>>>>>

托幼机构应当建立集中用餐食品安全应急管理和突发事故报告制度，制定食品安全事故处置方案。发生集中用餐食品安全事故或者疑似食品安全事故时，应当立即采取下列措施。

①积极协助医疗机构进行救治。

②停止供餐，并按照规定向所在地教育、食品安全监督管理、卫生健康等部门报告。

③封存导致或者可能导致食品安全事故的食品及其原料、工具、用具、设备设施和现场，并按照食品安全监督管理部门要求采取控制措施。

④配合食品安全监管部门进行现场调查处理。

⑤配合相关部门对用餐师生进行调查，加强与儿童家长联系，通报情况，做好沟通引导工作。

⑥隐瞒、谎报、缓报食品安全事故，隐匿、伪造、毁灭、转移不合格食品或者有关证据，逃避检查、使调查难以进行或者责任难以追究，构成犯罪的，依法移送司法机关处理。

思考与练习

一、选择题

①下列学龄前儿童膳食安排合理的是（　　）。

A. 两正餐之间应间隔3～4 h　　　　B. 加餐与正餐之间应间隔3 h

C. 加餐适宜添加水果、酸奶等食物　　D. 根据儿童口味喜好更换、搭配食谱

②避免儿童饮奶后出现肠胃不适的正确做法是（　　）。

A. 多饮奶，逐步适应　　　　　　　　B. 饮用酸奶或无乳糖奶

C. 空腹饮奶   D. 饮用含乳糖奶

③婴幼儿喂养指南提出，满（　　　）月龄起添加辅食。

A. 4   B. 6   C. 8   D. 10

④建议学龄前儿童每天饮用（　　　）奶或相当量的奶制品。

A. 100～200 mL   B. 300～400 mL   C. 500～600 mL   D. 600～800 mL

⑤在全日制托幼机构中，学龄前儿童热量和蛋白质平均摄入量应当达到膳食营养素参考摄入量的（　　　）以上。

A. 30%   B. 50%   C. 60%   D. 80%

⑥3 岁以下幼儿膳食应（　　　）。（多选题）

A. 专门单独加工烹制   B. 将食物切碎煮烂

C. 要完全去除皮、骨、刺、核等   D. 将坚果类食物制成泥、糊、浆等

⑦给学龄前儿童添加零食时应注意（　　　）。（多选题）

A. 选择新鲜、天然、易消化食物   B. 少选油炸食品和膨化食品

C. 安排在两正餐之间   D. 睡前 30 min 内不要吃零食

⑧制订儿童膳食计划应注意（　　　）。（多选题）

A. 按营养的需要选择时令新鲜的食物

B. 根据儿童伙食费标准来计划每天各类食品的进食量

C. 食物要促进儿童食欲，适合儿童的消化能力

D. 应满足食物的多样性，配菜和烹调方法应经常变换

二、判断题

①托幼机构应根据膳食计划制定带量食谱，1～2 周更换一次。（　　　）

②每餐次后留样时，应由专人负责，留够 30 g 即可。（　　　）

三、简答题

秋季开学，丫宝宝幼儿园共有 80 个孩子，其年龄分布情况如下：2～3 岁 15 人，3～4 岁 15 人，4～5 岁 15 人，5～6 岁 20 人，6～7 岁 15 人。请尝试完成：①制订幼儿园膳食计划；②编制一周的带量食谱；③对食谱进行营养分析。

云测试及
参考答案

学习反思

保育篇

保育工作是托幼机构工作的重要组成部分。保育工作对儿童的成长起着不可低估的作用，是维护和增进儿童身心健康的重要保证。保育员是保育工作的具体实施者，保育工作应渗透到托幼机构一日生活各环节。

模块三
托幼机构一日生活保育工作

学习目标

①能概述保育的含义、托幼机构保育工作的基本内容。

②能概述保育员工作职责及保育工作基本要求。

③理解合理安排托幼机构一日生活的意义及制度制定依据。

④掌握托幼机构一日生活各环节卫生要求与保育技能。

⑤能合理安排学龄前儿童一日生活，培养儿童良好的生活习惯。

⑥能科学组织、管理及照料儿童一日生活。

⑦能做好班级物品管理工作。

⑧关爱儿童，具有科学保育的观念和对学前儿童的人文照护精神。

⑨具有科学照护儿童的责任意识，培养高度的责任心和职业认同感。

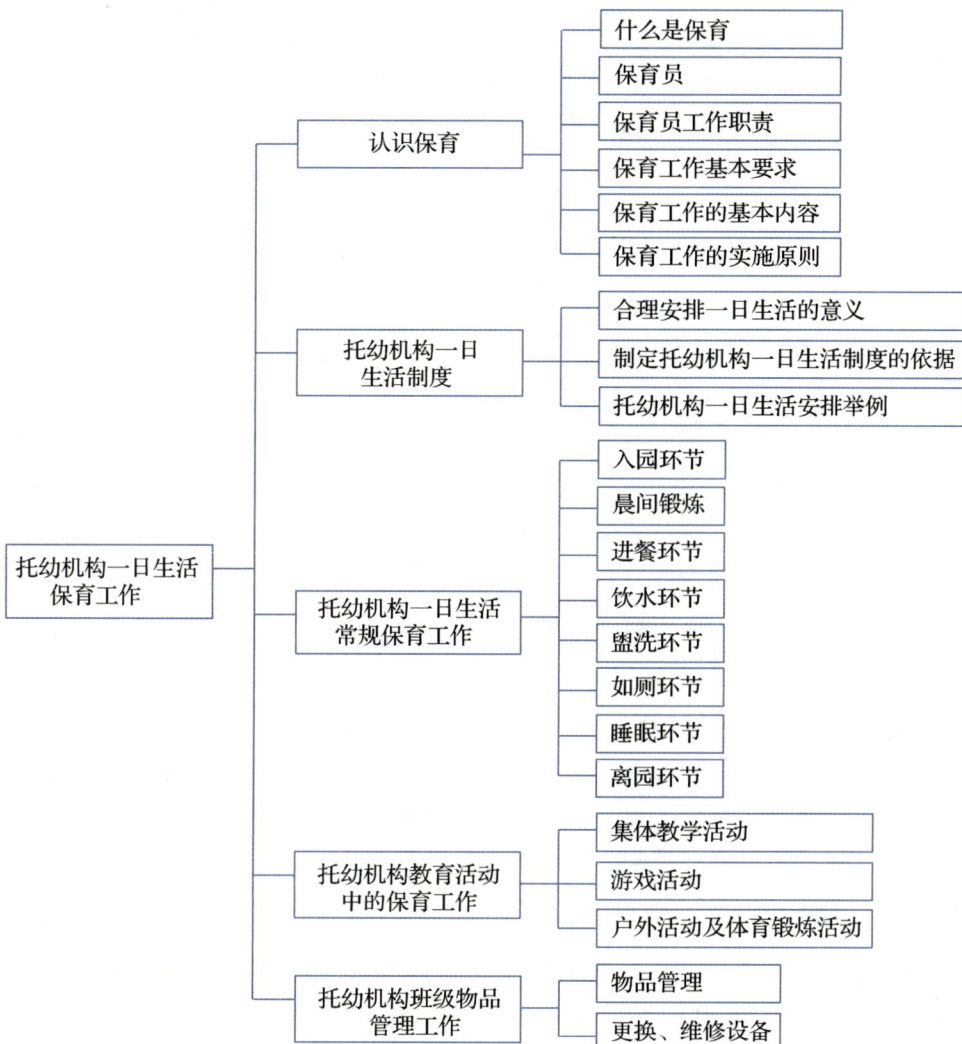

托幼机构一日生活保育工作
- 认识保育
  - 什么是保育
  - 保育员
  - 保育员工作职责
  - 保育工作基本要求
  - 保育工作的基本内容
  - 保育工作的实施原则
- 托幼机构一日生活制度
  - 合理安排一日生活的意义
  - 制定托幼机构一日生活制度的依据
  - 托幼机构一日生活安排举例
- 托幼机构一日生活常规保育工作
  - 入园环节
  - 晨间锻炼
  - 进餐环节
  - 饮水环节
  - 盥洗环节
  - 如厕环节
  - 睡眠环节
  - 离园环节
- 托幼机构教育活动中的保育工作
  - 集体教学活动
  - 游戏活动
  - 户外活动及体育锻炼活动
- 托幼机构班级物品管理工作
  - 物品管理
  - 更换、维修设备

单元 1
认识保育

党的二十大报告指出，要办好人民满意的教育，强化学前教育的普惠发展。托幼机构遵循保育和教育相结合的原则，做好一日生活活动和教育活动的保育工作是确保幼儿发展的重要途径，也是办好人民满意的学前教育的重要环节。

一、什么是保育 >>>>>>>>>>>>>>>>>>>>>>>>>>>>>>>>>>>>>

📝 学习笔记

"保育"从字面上释义："保"为保护、保健，儿童身心尚未成熟，给予保护、保健让其能自由发展；"育"为生育、养育、教育。根据《人口科学大辞典》的解释，保育是指成人(家长或保育人员)精心照管儿童，使之在身心与环境适应等方面健康成长，包括抚养。其目的在于帮助儿童获得良好发育，逐渐提高儿童独立生活能力。保育包括家庭保育和托幼机构保育。

托幼机构的保育具体包括：为儿童提供生存、发展所必需的环境和物质条件，不仅是园舍、设施设备，还有营养均衡的膳食等；开展学龄前儿童生理、心理健康教育，增强体质、促进生长发育的体格锻炼；按照卫生保健操作规范制定科学作息制度，做好常见病和传染病的预防。

典型案例

4月的一天，我带师范生到某幼儿园实习。上午10点，中班儿童在楼顶平台进行户外活动，他们正在开心地玩着。突然，有个小女孩从队伍中出来，双腿向外弯曲着朝楼梯口跑去，实习生在后面边喊边追。我问实习生怎么了，实习生说："老师，她尿裤子了。"听后我快步赶到小女孩的面前，用双手抱住她，在她耳边说："让新老师带你去把裤子悄悄换掉，不让其他小朋友知道。"小女孩听完，不再挣扎，把手递给了实习生。不一会儿，小女孩回来了，蹦蹦跳跳地回到了队伍中。

分析：幼儿园的儿童难免偶尔出现尿床、尿裤的现象，对此，我们应该如何处理呢？是责备儿童，还是理解和爱护？儿童都有自尊心，这时教师应该对其表现出理解和关心，帮助儿童悄悄地换下尿湿的裤子，把尿湿的裤子悄悄拿出去晒一晒，并且帮助儿童逐渐改掉尿裤、尿床的毛病。这样做，不仅对儿童的身体进行了保育，而且也对儿童的心理进行了保育，既帮助儿童逐渐适应集体生活，也保护了儿童的自尊心。

二、保育员 >>>

《保育员国家职业标准》对保育员的职业定义为：在托幼机构、社会福利及其他保育机构中，从事儿童基本生活照料、保健、自理能力培养和辅助教育工作的人员。保育员在儿童的发展中扮演着照顾者、教育者等多种角色，对儿童的身心健康、行为习惯以及个性、情感等各方面均产生着深刻的影响。

保育员职业共设 3 个等级：五级/初级工、四级/中级工、三级/高级工。

三、保育员工作职责 >>>>>>>>>>>>>>>>>>>>>>>>>>>>>>>

①负责本班房舍、设备、环境的清洁卫生工作。

②在教师指导下，管理儿童生活，并配合本班教师组织教育活动。

③在保健人员和本班教师指导下，严格执行幼儿园安全、卫生保健制度。

④妥善保管儿童衣物和本班的设备、用具。

四、保育工作基本要求 >>>>>>>>>>>>>>>>>>>>>>>>>>>>>

①保育人员的行为、习惯、态度会在一日生活中潜移默化地影响儿童。这就要求保育人员必须品德良好、行为规范、为人师表。

②依据儿童发展和集体生活的需要，建立科学的一日生活常规，如进餐常规、盥洗常规等。常规既要有利于集体生活秩序，又能满足儿童合理的个别需要，不强求整齐划一。同时，引导、鼓励、支持儿童参与生活规则的建立。

③组织和指导儿童开展生活活动前，要进行充分的预设和准备，减少不必要的等待。既要满足儿童受保护的需要，更应为其独立发展创造条件，避免包办代替。

④确保儿童生活活动安全，防止意外伤害出现，防止传染病的发生，有处理突发事件的应对措施。在生活活动中培养儿童的自我保护意识。

五、保育工作的基本内容 >>>>>>>>>>>>>>>>>>>>>>>>>>>>

2016 年修订的《幼儿园工作规程》指出：幼儿园的任务是贯彻国家的教育方针，按照保育与教育相结合的原则，遵循幼儿身心发展特点和规律，实施德、智、体、美等方面全面发展的教育，促进幼儿身心和谐发展。

保育工作是托幼机构各项工作中的重要部分，已渗透到儿童一日生活的各个环节。

（一）为儿童提供良好生活环境

良好的生活环境主要包括良好的、符合安全与卫生要求的物质环境和精神环境。

例如：托幼机构的设施设备要符合儿童的生理和心理特点，环境布置要温馨、充满童趣。保育人员不仅要保证自身具有良好、健康的情绪和心理状态，还要为儿童营造一个尊重、自由、宽松、亲切的心理氛围。

（二）做好日常生活的保育工作

对儿童的进餐、饮水、睡眠、起床、盥洗、排泄等每个生活环节给予精心的照料。

（三）做好教育过程中的保育工作

要注意教学环境的安全与卫生，合理调整活动室的通风、保暖、照明，关注儿童的坐、立及阅读、书写、握笔的姿势是否正确，注意玩具、剪刀、铅笔等的安全、卫生。

例如：儿童绘画活动通常属于教育活动，教师在组织儿童进行这一活动时，须提醒孩子注意用眼卫生、坐姿与握笔姿势正确，保育人员还应注意光线来源与亮度是否合理。

（四）做好卫生保健工作

托幼机构卫生保健工作的主要任务是贯彻预防为主、保教结合的工作方针。托幼机构卫生保健工作内容主要包括：建立科学、合理的一日生活制度，为儿童提供合理的营养膳食；制定与儿童生理特点相适应的体格锻炼计划；建立健康检查制度；严格执行卫生消毒制度；协助落实国家免疫规划；加强日常保育护理工作；建立卫生安全管理制度；制订健康教育计划；做好各项卫生保健工作信息的收集、汇总和报告工作。卫生保健工作主要由保健医（员）负责，但也需要全园保教人员及其他人员的共同配合。

（五）做好特殊儿童的保育工作

对体弱儿、残疾儿以及有心理问题的儿童提供特殊照顾、帮助与指导等。

六、保育工作的实施原则 >>>>>>>>>>>>>>>>>>>>>>>>>>>>>

（一）坚持保育和教育相结合的原则

保育和教育相结合，是儿童健康成长不可缺少又不可分割的条件。坚持保育和教育相结合，并将其渗透到托幼机构教育的各个环节是保教管理工作的基本原则。保育与教育必须互相结合、互相联系、互相渗透。因此，保教人员在组织实施各项活动时要树立保育和教育相结合的观念，尊重儿童身心发展的特点和规律，做到"保中有教""教中有保""保教结合""保教并重"。

（二）坚持全员参与的原则

保育工作，不只是保育员和教师的工作，它需要卫生保健人员、食堂工作人员、后勤管理人员、保安人员的参与及全体工作人员相互配合、协同工作。

（三）坚持家园同步的原则

《幼儿园教育指导纲要(试行)》指出，家庭是幼儿园重要的合作伙伴。要做好儿童的保育工作，还须要得到家庭的支持与配合。家长与保教人员应密切配合，培养儿童良好的进餐、饮水、盥洗、排泄、睡眠等生活习惯和生活自理能力。

🔗 **相关链接**

习近平的民生关切事·幼有所育

对儿童特别是孤儿和残疾儿童，全社会都要有仁爱之心、关爱之情，共同努力使他们能够健康成长，感受到社会主义大家庭的温暖。

——2014 年 1 月在内蒙古调研考察时的讲话

想一想 🌸

保育工作就是保育员的工作吗？为什么？

单元 2
托幼机构一日生活制度

托幼机构一日生活制度是指根据儿童的身心发展特点，将儿童一日在园主要环节在时间、顺序、次数和间隔上进行科学合理的安排并固定下来，形成条件反射，成为一种制度。科学合理的生活制度是组织儿童一日生活的基础。

一、合理安排一日生活的意义 >>>>>>>>>>>>>>>>>>>>>>>

合理安排儿童的一日生活，有利于儿童神经系统、消化系统等各系统器官的正常发育，培养儿童良好的生活习惯，形成稳定有序的生活秩序。同时也有利于托幼机构各项工作有计划、有步骤地进行。

二、制定托幼机构一日生活制度的依据 >>>>>>>>>>>>>>>>>>

①托幼机构应当根据各年龄段儿童的生理、心理特点，结合本地区的季节变化和托幼机构的实际情况，制定合理的生活制度。

②合理安排儿童各个生活环节的时间、顺序和次数，注意动静结合、集体活动与自由活动结合、室内活动与室外活动结合，不同形式的活动交替进行。

③保证儿童每日充足的户外活动时间。全日制托幼机构每日不少于 2 h，寄宿制托幼机构不少于 3 h，寒冷、炎热季节可酌情调整。

④根据儿童年龄特点和托幼机构服务形式，合理安排每日进餐和睡眠时间。儿童正餐间隔时间 3.5～4 h，每餐进餐时间 20～30 min，餐后安静活动或散步 10～15 min。3～6 岁儿童午睡根据季节不同进行调整，以 2～2.5 h/d 为宜，3 岁以下儿童日间睡眠时间可适当延长。

⑤严格执行一日生活制度，卫生保健人员应当每日巡视，观察班级执行情况，发现问题及时予以纠正，以保证儿童在托幼机构内生活的规律性和稳定性。

学习笔记

练一练

根据托幼机构一日生活制度的制定依据，尝试为不同年龄班级制定不同季节的生活作息表。

三、托幼机构一日生活安排举例 >>>>>>>>>>>>>>>>>>>

表 3-2-1 为托幼机构一日生活安排举例。

表 3-2-1　托幼机构一日生活安排

夏季作息时间				冬季作息时间			
项目	小班	中班	大班	项目	小班	中班	大班
入园晨检	7:30—7:40	7:30—7:40	7:30—7:40	入园晨检	7:30—7:40	7:30—7:40	7:30—7:40
早操	7:40—7:50	7:40—7:50	7:40—7:50	早操	7:40—7:50	7:40—7:50	7:40—7:50
早餐	7:50—8:20	7:50—8:20	7:50—8:20	早餐	7:50—8:20	7:50—8:20	7:50—8:20
自选活动	8:20—9:00	8:20—8:40	8:20—8:40	自选活动	8:20—9:00	8:20—8:40	8:20—8:40
教育活动	9:00—9:15	8:40—9:05	8:40—9:10	教育活动	9:00—9:15	8:40—9:05	8:40—9:10
喝水、吃水果	20 min	10 min	10 min	喝水、吃水果	20 min	10 min	10 min
教育活动	—	9:15—9:40	9:20—9:50	教育活动	—	9:15—9:40	9:20—9:50
喝水、如厕	—	10 min	10 min	喝水、如厕	—	10 min	10 min
户外活动	10:00—11:00	10:00—11:00	10:00—11:00	户外活动	10:00—11:00	10:00—11:00	10:00—11:00
午餐	11:20—11:50	11:20—11:50	11:20—11:50	午餐	11:20—11:50	11:20—11:50	11:20—11:50
餐后散步	10 min	10 min	10 min	餐后散步	10 min	10 min	10 min
午睡	12:00—2:30	12:00—2:30	12:00—2:30	午睡	12:00—2:10	12:00—2:10	12:00—2:10
盥洗、午点	2:30—3:10	2:30—3:10	2:30—3:10	盥洗、午点	2:10—3:10	2:10—3:00	2:10—3:00
游戏	3:10—4:00	3:10—4:00	3:10—4:00	游戏	3:10—3:40	3:00—3:40	3:00—3:40
户外活动	4:00—5:00	4:00—5:00	4:00—5:00	户外活动	3:40—4:40	3:40—4:40	3:40—4:40
晚饭	5:10—5:45	5:10—5:45	5:10—5:45	晚饭	4:45—5:15	4:45—5:15	4:45—5:15
离园	6:00	6:00	6:00	离园	5:30	5:30	5:30

单元 3
托幼机构一日生活常规保育工作

托幼机构一日生活包括日常生活活动和在园的各种教育活动。日常生活活动是指儿童一日活动中的各个生活环节和一些每天都要进行的日常活动，包括入园、晨检、晨间锻炼、进餐、饮水、盥洗、如厕、睡眠、起床、散步、户外活动、离园等。生活活动为儿童学会生存与学会学习提供必要的锻炼，为儿童良好的生活习惯和个性形成打下基础。让儿童在一日生活中养成健康、安全的生活习惯，不仅能促进儿童身体健康成长，更能为儿童全面发展奠定良好的基础。幼儿教师、保育人员、保健人员等应共同参与到一日生活的各个环节。

一、入园环节 >>>>>>>>>>>>>>>>>>>>>>>>>>>>>>>>>>

入园是儿童在托幼机构一日生活的第一个环节。儿童入园前，保教人员和保健人员应做好儿童入园前的准备、晨检及晨间接待工作。

（一）入园前的准备

【工作要点】

①开窗通风。

②准备饮用水。

③晨间清洁卫生。

④摆放桌椅。

⑤检查或准备盥洗室用品。

⑥带领值日生管理班级养殖区域。

⑦早餐前准备。

【工作内容】

1. 开窗通风

通常情况，每天早晨 7:30 开窗通风。冬季开窗通风时间至少 15 min，而且至少每半日通风一次，夏季则全天通风，使用空调的房间应保持每半日通风一次，每次至少 15 min。在呼吸道传染病易发时期，应增加通风次数和通风时间。

根据天气状况开窗通风，保持空气新鲜。保育人员能够根据季节、气温、风力的大小，决定开窗通风的时间、次数和窗户开启幅度的大小。一般冬季室温不低于 18 ℃，夏季室温在 25～28 ℃。

根据房间的用途决定开窗的时间。寝室开窗通风的时间应在儿童睡觉前及睡觉后，或定时使用排风扇换气。盥洗室全天开窗通风。

2. 准备饮用水

①洗刷保温桶。

②根据托幼机构实际情况为儿童准备充足、清洁、温热的饮用水。配有直饮设备的要检查水温设定是否合理。

③清洗水杯并消毒，将清洗、消毒后的水杯放在儿童水杯架上。

洗刷保温桶及清洁水杯可根据园所具体情况而定，也可在每天儿童离园后进行。

3. 晨间清洁卫生

寝室、活动室和盥洗室是儿童每日生活的主要场所，其卫生状况将直接影响儿童的健康及托幼机构的教育工作。卫生清洁工作主要包括擦拭、扫地、拖地等。（具体操作方法参见模块五单元 1）

4. 摆放桌椅

略。

5. 检查或准备盥洗室用品

准备肥皂或洗手液、卫生纸、擦脸油或护肤霜。

✎ 学习笔记

6. 带领值日生管理班级养殖区域

给花浇水、鱼缸换水、小动物投食等。

7. 早餐前准备

擦拭消毒餐桌、分发餐具等。

（二）晨检

具体内容见模块四单元4。

（三）晨间接待

晨间接待主要由教师负责，保育人员配合完成。保教人员要着装整洁，态度热情、和蔼，努力营造温馨、安全的氛围。

【工作内容】

1. 日托班工作内容

①热情接待家长和儿童，引导儿童正确使用礼貌用语。

小（托）班：教师主动与儿童及家长问好。可俯身与儿童拥抱问好。拉拉儿童的小手、摸摸头或抱一抱，让儿童情绪受到感染，高兴地入园。中班：教师主动问好，儿童能主动回应，并逐渐过渡到儿童主动向教师等人员问好，教师指导儿童脱下衣服、叠好放在固定地方。大班：儿童能主动向教师问好，自己将衣物脱下，叠好放在固定地方。

②了解儿童在家情况，观察其精神状态，进行班级晨检。做好个别儿童药品交接及登记工作。

③指导、帮助儿童放置所带书包、衣物，对托班、小班哭闹的儿童进行安抚，稳定其情绪。

2. 全托班的工作内容

①保育人员与教师共同晨检。

②晨检时拉开窗帘。

③晨检时唤醒仍在睡眠中的儿童。

④晨检时提醒儿童如厕。

入园及晨间活动行为细则见表 3-3-1。

学习笔记

表 3-3-1 入园及晨间活动行为细则

活动内容	儿童行为要求	教师工作要求	保育人员工作要求
入园及晨间活动	衣着整洁，愉快来园，按要求带齐当日所需的生活和学习用品。愿意接受晨检，身体不适能告诉保健人员。	热情接待儿童来园，面带微笑向家长打招呼，蹲下来和儿童亲密接触，稳定其情绪。做好班级晨检工作。认真做好药品登记。科学组织儿童晨间活动。（阅读、区角）准备好户外活动或体育活动所需场地、玩具、材料及器械。组织儿童做早操，精神饱满地与儿童共同锻炼。指导中班、大班儿童做值日生工作。	开窗通风，保持空气流通。根据季节提前做好防寒保暖、防暑降温工作。室内外清洁做到六净——地面、桌椅、门窗、玩具柜、口杯架、毛巾架干净，保证生活环境的清洁整齐。带领值日生管理班级养殖区域。帮助儿童摆放好自带物品，做好个别儿童的情绪稳定工作。对情绪不好的儿童给予特别照顾和安抚。指导中班、大班儿童做值日。

二、晨间锻炼 >>

晨间锻炼是儿童入园后的第一个集中性活动。开展晨间锻炼，可使儿童一天的生活有良好的开端，精力充沛，注意力集中。晨间锻炼多以集体游戏与分散活动相结合的形式进行。开展晨间锻炼要注意形式多样，激发每一个儿童参加锻炼的积极性。

①托班第一学期不参与户外晨间锻炼活动，晨间锻炼主要在室内进行。

②进行晨间锻炼前保教人员要提供合适、安全的运动材料，根据活动的需要设置相应的环境。对活动场地进行清理，合理安排各个活动的场地，防止儿童在活动中相互干扰。

③在保教人员的帮助下，儿童着厚薄适宜的服装参与晨练。活动前重点检查儿童的裤子及鞋带是否系好。

④晨间锻炼的运动量不宜过大，应从小开始，让儿童在活动中逐步由安静状态过渡到一定程度的兴奋状态。运动量过大会使儿童产生疲劳，影响一天的正常生活。

⑤晨间锻炼中，保教人员应随时给儿童增减衣服。若有儿童需要大小便，由保育人员带其到厕所，大小便后将其送回。

⑥晨间锻炼结束后，保教人员清点人数，组织儿童有序离开活动场地，配班保教人员整理器械，并提醒儿童不要掉队。

三、进餐环节 >>>

进餐不仅能为儿童提供生长发育所需要的营养与能量，同时也是儿童练习精细动作，学习照顾自己，养成良好的卫生、饮食及进餐习惯的重要途径。对托幼机构而言，正确地组织儿童进餐是保教人员工作的重要内容之一，应做好餐前准备、餐中照料和餐后整理3个环节。

【工作要点】

①餐前准备。

②餐中照料。

③餐后整理。

【工作内容】

1. 餐前准备

餐前，保育人员应做好餐桌消毒、取餐、分餐等准备工作；带班教师组织儿童如厕、洗手以及进行餐前安静活动。

(1)保育人员准备

①桌面清洁消毒。

餐前15～20 min，保育人员应进行餐桌擦拭与消毒，采用"几"字形的擦拭方法(如图3-3-1所示)。餐前每张餐桌须擦拭3遍(清、消、清)。第一遍用清水毛巾先擦拭半张餐桌，毛巾换面后再擦拭另半张餐桌，最后擦拭餐桌四周边缘，擦拭过程中及时清洗毛巾，直至完成所有餐桌第一遍擦拭；第二遍用消毒毛巾先擦拭半张餐桌，毛巾换面后再擦拭另半张餐桌，最后擦拭餐桌四周边缘，擦拭过程中及时清洗毛巾，直至完成所有餐桌第二遍擦拭(消毒液应在桌面停留约10 min)；第三遍用

学习笔记

扫码看
擦桌子视频

图 3-3-1　擦桌子

图 3-3-2　分餐

想一想

进餐环节为什么不能"人等饭"或"饭等人"？

扫码看
指导儿童正确
使用勺子视频

扫码看
指导儿童正确
使用筷子视频

图 3-3-3　喂娃娃吃饭

图 3-3-4　筷子夹物

清水毛巾擦拭，先擦拭桌面，再擦拭餐桌四周边缘。餐后每张餐桌擦拭 2 遍，第一遍用洗涤剂水擦拭，第二遍用清水擦拭。擦拭过程中注意及时清洗毛巾，不能一块毛巾一擦到底。

②取餐。

保育人员去厨房取餐或厨房工作人员送餐到班。注意取餐或送餐时餐桶、餐盆要加盖，保证饮食卫生。

③分餐。

保育人员将饭菜分置(如图 3-3-2 所示)，如果汤、粥、菜温度过高，必须降温处理后再分盛入碗。应本着公平对待、少盛多添的原则分餐。保证儿童一人一碗一盘。饭、菜分别盛在碗和盘中，杜绝汤、菜同时盛在一个碗里。若使用的是快餐盘，应将菜及主食分别盛到盘中。分发馒头应用食品夹。每张桌子中间摆放一个食物残渣盘。

托班、小班由保育人员分餐，中班、大班可由值日生在保育人员的指导下分餐，或儿童排队取餐。

(2)教师准备

进餐前，带班教师组织儿童如厕、洗手，应随开饭随洗手。在等待进餐时可组织儿童做手指游戏或安静活动，但等待时间不宜长，不能出现"人等饭"或"饭等人"的现象。

(3)介绍饭菜

在开始用餐前，保教人员可以介绍饭菜名称及营养价值，以促进儿童食欲。例如，用猜谜语的方式让儿童猜猜饭菜的名称，采用讲故事的方法引导儿童对某种食物产生想象。教师也可故意用夸张的语言说："好香呀！黄瓜炒鸡蛋、胡萝卜炒肉末，有绿有黄，有红有白，真好看，太香了！我都忍不住要吃了。"

2. 餐中照料

这部分工作包括：营造良好的进餐氛围，指导儿童正确使用餐具，指导儿童正确咀嚼食物，适时添加饭菜，培养文明、良好的进餐姿势，培养儿童良好的进餐习惯。

(1)营造良好的进餐氛围

进餐时可播放悦耳的轻音乐。保教人员应态度和蔼、亲切，周到地照顾儿童进餐。

(2)指导儿童正确使用餐具

托班、小班、中班(第一学期)儿童逐步学会正确使用勺子进餐，中班(第二学期)、大班儿童逐步学会正确使用筷子进餐。平时可用"喂娃娃吃饭"(如图 3-3-3 所示)等游戏引导托班、小班儿童逐步掌握正确使用勺子的方法，也可用"筷子夹物"(如图 3-3-4 所示)等游戏让中班、大班儿童逐步掌握筷子的正确拿法。

(3)指导儿童正确咀嚼食物

鼓励儿童细嚼慢咽，一口一口地吃，咽下一口，再吃下一口；提醒儿童每一口都不能吃太多，口中食物过干时，可喝一口汤。

（4）适时添加饭菜

根据儿童的食量、进餐速度适时为儿童添加饭菜。

（5）培养儿童良好的进餐姿势

进餐时要求儿童双脚平放在地面上，身体可略前倾，前臂自然放在餐具的两边。儿童一手扶碗，一手拿勺或筷子，如需将碗端起，应双手端。保教人员应随时纠正儿童不良的进餐姿势，如托腮、趴在餐桌上、身体倾斜靠着餐桌、身体后仰靠在椅子背上、蹲坐在椅子上等。

（6）培养儿童良好的进餐习惯

儿童进餐不仅要定时、定位、定量，而且还应该养成专心用餐、文明用餐的习惯。

进餐要定时，让儿童每天在固定的时间进餐；进餐要定位，儿童应在自己的座位上进餐，不可端着碗四处走动；进餐要定量，不挑食、不偏食、不暴饮暴食；进餐要专心，儿童在进餐时不玩耍、不看书、不看电视等；进餐要文明，吃饭时尽量做到不撒饭、不剩饭，咀嚼、喝汤不出声，餐具相互碰撞不应发出过大的响声，不敲碗筷，夹菜不挑挑拣拣，不独占好吃的食物等。

3. 餐后整理

①引导儿童将用过的餐具分别放在指定的容器内，督促和指导儿童漱口、洗手、使用餐巾（或餐巾纸）擦嘴。

擦嘴方法：双手拿餐巾（或餐巾纸），分别从嘴角两边向中间擦，将餐巾（餐巾纸）对折，再擦一次，然后把餐巾（餐巾纸）放在指定的地方。

②提醒儿童将自己的小椅子放于固定位置。

③午餐后，保教人员可以组织儿童散步，为午睡做准备。

④保育人员须要做好餐桌清理、地面清理、餐具清洗、餐具消毒、水池清洗等工作。

餐桌清理：清理干净桌子上的饭菜。根据桌面油污情况用洗涤剂水擦拭桌面1～2次，清除油污，再用清水擦拭1次。

地面清理：将掉在地面上的饭菜清扫干净，用半干拖把拖地2遍。

餐具、餐巾清洗：达到碗筷无油腻、餐具和餐巾干净的要求。

餐具消毒：将餐具送到消毒房进行集中消毒。

水池清洗：用清水冲刷池子。

进餐卫生习惯：培养儿童饭前、便后洗手的习惯。教育儿童不用手抓饭，不吃不洁食物，不吃汤泡饭。为促进消化，在餐前可以引导他们先喝两口汤，湿润口腔，刺激消化液的分泌。

> **想一想**
>
> 若儿童用左手拿餐具进餐，保教人员是否须要纠正？为什么？

注意事项

进餐时避免儿童说笑打闹，防止异物进入呼吸道；不在进餐过程中批评儿童，不催促进餐，不比赛进餐；及时解决进餐中出现的问题；对于挑食的儿童应耐心细致地引导，可让其少量尝试不喜欢吃的食物；当吃带骨头或带刺的食物时，应密切观察，并进行必要的指导。

给年龄较小的儿童喂饭时，要蹲下，面对儿童，待其口腔内的食物完全咽下后再喂下一口。

学习笔记

党的二十大报告指出："在全社会弘扬……勤俭节约的精神，培育时代新风新貌。"我们应培养幼儿勤俭节约的精神，引导幼儿从小养成爱惜粮食、不剩饭、落实光盘行动的好习惯。进餐行为细则见表3-3-2。

表 3-3-2　进餐行为细则

活动内容	儿童行为要求	教师工作要求	保育人员工作要求
进餐	餐点前自觉洗手。 中班、大班值日生协助教师分发餐具。 正确使用餐具，安静进餐；根据需要主动要求添加饭菜；细嚼慢咽，不挑食、不偏食、不撒饭、不剩饭；不过量进食。 保持桌面、地面和衣服清洁，骨头、残渣放在渣盘里。 餐后将餐具、渣盘放到指定地点，中班、大班能清理好自己的桌面。 进餐后主动用温开水漱口、擦嘴、洗手。 餐后会正确使用餐巾（餐巾纸），用后放在规定的位置。 在教师指导下摆放椅子，积极参加餐后游戏。	营造良好、愉快的进餐氛围。 指导中班、大班值日生分发餐具，要求他们轻拿轻放，摆放整齐。 组织儿童随洗手随吃饭，不等待。介绍饭菜名称及营养知识。 巡视儿童进餐情况，指导儿童正确使用餐具；对特殊儿童给予个别照顾；教会儿童正确的用餐方法和用餐习惯。 提醒儿童饭后擦嘴、洗手、漱口。 指导中班、大班儿童收拾餐具、清理桌面。 餐前、餐后半小时不做剧烈运动，有计划地组织餐后活动。（午餐后组织儿童散步10～15 min。）	清理桌面：进餐前使用"清、消、清"消毒（1遍清水擦拭，1遍100～250 mg/L消毒液擦拭，停留5 min后再用清水擦拭1遍），对很脏的餐桌可先用肥皂水（或洗洁精）擦拭一遍；指导中班、大班值日生摆放餐具。（小班由教师摆放。） 创设安全的进餐环境，饭菜温度适宜，位置摆放合理，盛放方式适当，避免烫伤或餐具造成的划、戳伤。 领取和分发餐（点）使用食品夹。应分盘盛放，做到随到随分、随吃随分。 应将小班儿童的饭、菜、汤送到儿童座位处。将中班、大班儿童的汤送到座位处。先给吃饭慢的儿童盛饭，少盛多添。不从儿童头顶递饭。 鼓励儿童独立进餐，不催促进餐。对有特殊需要的儿童提供帮助。进餐时间20～30 min。 提醒儿童饭后擦嘴、洗手、漱口。 儿童进餐结束后收拾餐桌，打扫卫生。

四、饮水环节 >>>>>>>>>>>>>>>>>>>>>>>>>>>>>>>>>>>

托幼机构应当为儿童提供符合国家《生活饮用水卫生标准》的生活饮用水。保证儿童按需饮水。每日上、下午各1～2次集中饮水，如户外活动结束后、午睡起床后、教育活动结束后、活动区活动结束后等。

儿童每天的需水量与年龄、体重、活动量、气温和食物等有关系。年龄越小，需水量相对越大。1～3岁儿童每次饮水量50～100 mL，1～3岁儿童的需水量按每日每千克体重需要125 mL的水量计算，一般全日总需水量为1200～2000 mL，其中来自饮水600～1000 mL；3～6岁儿童每次饮水量100～150 mL，每日饮水量1000～1500 mL，可根据季节变化酌情调整饮水量。除集中饮水外，一日活动中儿童可根据需要随时喝水，喝水时间、次数不限。

【工作要点】
①饮水前准备。
②饮水中照料。
③饮水后的清洁工作。

【工作内容】

1. 饮水准备

托幼机构应当配备必要的设备设施，及时为儿童提供安全、卫生的饮用水。

例如：每个班级配备一个保温桶，内盛清洁、温度适宜的开水；配有直饮设备的要检查水温设定是否合理。为每个儿童配备一个专用的、定期消毒的水杯，保温桶和水杯放置的高度以方便儿童拿取为宜(如图 3-3-5 所示)。

图 3-3-5　托幼机构水杯架

2. 饮水中照料

①指导托班、小班儿童饮水。教师应将适量的温水倒入新入托儿童的杯中，放置在其餐桌上，嘱咐儿童右手握杯柄，左手扶杯身，双手端起水杯，缓慢倾斜水杯，一口一口将水喝下。逐渐过渡到儿童按教师指定的取水路线分组排队取水，端回座位喝水。儿童可根据自己需要，学会主动接第二杯水喝。

②指导中班、大班儿童饮水。

儿童能够有秩序地排队接水。先接半杯或 2/3 杯水，端水杯回自己的座位，坐下安静地喝水，喝完可再接。

③儿童喝完水后将水杯放回原处，杯口朝上。

④对不喜欢喝水的儿童，可采取游戏等方式引导其喝水，以确保饮水量。例如：让儿童用量杯分水，让儿童自己倒水喝。这样做可以使喝水这一生活活动变成有趣的游戏活动，既保证饮水量，又锻炼了儿童的自理、自立能力，还让这个生活环节具有教育价值。

3. 饮水后的清洁工作

儿童喝水后，保育人员清洗水杯，杯口、杯柄要着重清洗干净。

饮水卫生习惯：

培养儿童养成喝白开水、主动饮水、慢慢喝水、能自己按需喝水的习惯。不喝生水，喝水时不说笑，不边走边喝水；剧烈活动后不应马上大量喝水，可少量饮水，以湿润干渴的嗓子；出汗多时可喝一些淡盐水。

学习笔记

想一想

为什么剧烈活动后不要马上大量喝水？

注意事项

①儿童喝水前应先洗手，然后拿自己的水杯。

②喝水时，保教人员应提醒儿童不要说笑，注意喝水的速度，不能太快，防止呛咳。

③保温桶加盖，保证水干净，无污染。

④若是接饮水机内的水，应提醒儿童先接凉水再接热水。

饮水行为细则见表 3-3-3。

表 3-3-3　饮水行为细则

活动内容	儿童行为要求	教师工作要求	保育人员工作要求
饮水	需要时会自主饮水。 不浪费水，不喝生水。 剧烈运动后稍事休息再喝水。饭前、饭后半小时少量饮水。 用个人专用水杯喝水。	上、下午各组织 1~2 次集体饮水，提醒并允许儿童随时喝水。 观察儿童饮水量，保证儿童合理、充足饮水。	保证班上随时有温度适宜的饮用水，及时提醒儿童喝水，配合教师一同掌握儿童饮水量。 引导和帮助儿童按需饮水。提醒有特殊需要的儿童多饮水。 每天清洗保温桶，桶内桶外每日消毒 1 次；儿童个人专用饮水杯每天清洗并消毒 1 次。

五、盥洗环节 >>>>>>>>>>>>>>>>>>>>>>>>>>>>>>>>>>>>

盥洗环节是托幼机构过渡性的生活环节。盥洗不仅是为了保持儿童皮肤的清洁和健康，同时还要培养儿童谦让意识，养成讲卫生的好习惯，提高儿童的生活自理能力。托幼机构的盥洗内容包括洗手、洗脸、漱口、刷牙、洗澡、洗脚、梳头等。

【工作要点】

①盥洗前准备。

②盥洗中照料。

③盥洗后的清理。

【工作内容】

1. 盥洗前准备

①盥洗室地面应保持清洁干爽，防止儿童滑倒。

②准备小块肥皂(或洗手液)，数量与水龙头数相同或两个水龙头之间放一小块。

③准备擦手小毛巾。

儿童每人两条擦手小毛巾，两条毛巾每天交替使用，有活动毛巾架。

2. 盥洗中照料

(1)盥洗原则

保育人员应明确地向儿童说明盥洗的规则，提出盥洗的要求。要求儿童互相谦让，不拥挤，不打闹，不玩水，认真清洗。

(2)分组盥洗

将儿童分为若干小组，每组5～6人。组织一部分儿童进入盥洗室，以保证盥洗时不等待、盥洗室不拥挤。保育人员应站在盥洗室的门口，以便既能了解盥洗室的情况，又能组织未盥洗的儿童耐心等待。要及时发现儿童在盥洗、如厕中出现的问题并帮助解决，如帮助儿童提裤子、擦屁股、卷衣袖等。

(3)指导盥洗

①指导儿童洗手。

洗手流程：卷袖子→打开水龙头→将手打湿→关水龙头→搓肥皂→搓手心、手背、手指缝、指背、指尖、拇指、手腕→打开水龙头→冲洗干净→捧水冲水龙头→关水龙头→在水池内甩小手→拉毛巾擦小手→放毛巾扣小手。

教育儿童懂得节约用水，打肥皂时将水龙头关上，会调节水流的大小。

洗手方法：七步洗手法(如图3-3-6所示)。

第一步：洗掌心。用流水湿润双手，涂抹肥皂，掌心相对，手指并拢相互揉搓。

第二步：洗手背。手心对手背沿指缝相互揉搓，双手交换进行。

第三步：洗指缝。掌心相对，双手交叉沿指缝相互揉搓。

第四步：洗指背。弯曲一只手的各手指关节，半握拳放在另一手掌心旋转揉搓，双手交换进行。

第五步：洗指尖。弯曲一只手的各手指关节，把指尖合拢在另一手掌心旋转揉搓，双手交换进行。

第六步：洗拇指。一手握另一手大拇指旋转揉搓，双手交换进行。

第七步：洗手腕。揉搓手腕，双手交换进行。

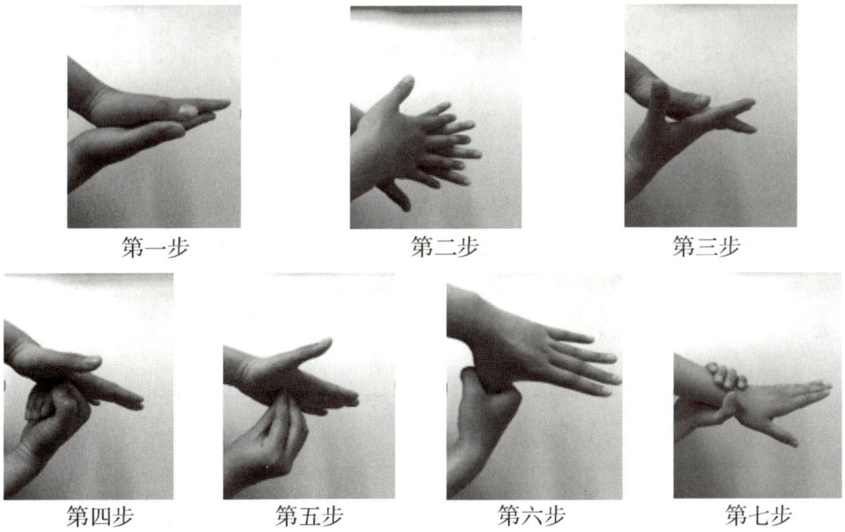

第一步　　　　　　第二步　　　　　　第三步

第四步　　　第五步　　　　第六步　　　　第七步

图 3-3-6　七步洗手法

扫码看
幼儿园七步洗
手法视频

练一练

请自编洗手儿歌，指导 3 岁儿童完成洗手流程，重点突出七步洗手法。

注意事项

盥洗时，儿童双手位置应低于小臂，指尖略低。盥洗后保育人员要检查儿童的手洗得是否干净，检查的部位是手指缝、手背、手指甲、手腕等。在冬季还应督促儿童涂抹护手霜。

②指导儿童洗脸。

洗脸前，保育人员提醒儿童擤鼻涕，将毛巾浸湿拧干，对折毛巾。

用毛巾擦内眼角→外眼角→前额→脸颊→鼻孔下方→口周→下巴→颈部及耳朵。其间应清洗毛巾 1～2 次，以保证毛巾的清洁。冬季洗脸后应涂抹儿童护肤品，以保护儿童的皮肤不粗糙干裂。

③指导儿童漱口。

口中含一口水，不能咽下，用力鼓腮，做"咕嘟"的动作，然后吐漱口水。

④指导儿童刷牙。

A. 冲洗牙杯和牙刷，将牙杯接满清水。

B. 挤牙膏。双手持牙膏缓慢地用力挤压，待牙膏挤出约黄豆粒大小后，拿起牙刷，将牙膏涂在牙刷上。

C. 漱口。

D. 刷牙。顺着牙缝竖着刷，先刷门牙，再刷两边牙齿，上牙由上向下刷，下牙由下向上刷，先刷牙的外侧面再刷牙的内侧面，最后横着刷牙的咬合面，每次刷牙的时间不能少于 3 min。

E. 接水漱口。

F. 冲洗牙刷。将牙刷放入接有水的牙杯里反复振荡冲洗，直至将牙刷洗刷干净。

G. 将牙刷头朝上放入牙杯，以便风干。

3. 盥洗后的清理

儿童盥洗后，保育人员及时清理洗手池、台面、地面。

盥洗卫生习惯：

学习笔记

帮助儿童养成饭前、便后、户外活动后、手脏时主动洗手的习惯；养成每天洗脸、洗脚、洗屁股，定期洗头、洗澡、换衣服的习惯；培养儿童经常剪指（趾）甲，男童勤剪头发的习惯。

> **注意事项**
>
> 消毒液、洗涤液等化学用品应放置在儿童触摸不到的位置，防止儿童误拿、误喝；随时保持盥洗室地面干爽、整洁，防止儿童滑倒摔伤。

盥洗行为细则见表 3-3-4。

表 3-3-4 盥洗行为细则

活动内容	儿童行为要求	教师工作要求	保育人员工作要求
盥洗	洗手环节： 洗手时不湿衣服、不玩水、节约用水。 饭前饭后、便前便后、手脏时能及时洗手。 洗脸环节： 洗脸时不湿衣袖、衣襟，不玩水。 知道起床后、脸脏时要及时洗脸。 梳头环节： 知道梳理头发前后要洗净双手。 知道起床后、头发凌乱时要及时梳头。	洗手： 组织并指导儿童正确洗手。 检查儿童盥洗效果，及时指导保育人员处理。冬季洗手、洗脸后要让幼儿涂护肤霜。 指导中班、大班值日生检查洗手结果。 漱口： 鼓励儿童坚持饭后漱口。 洗脸： 指导儿童从上到下、从内向外轻轻用力清洗面部。 指导儿童洗脸后，用毛巾把脸上的水迹擦干净，帮助或指导儿童用手蘸适量护肤霜，均匀涂抹在脸上。 引导儿童懂得起床后、脸脏时要及时把脸洗干净，帮助儿童养成良好的洗脸习惯。 梳头： 帮助儿童把头发整理整齐，鼓励能力强的儿童尝试自己梳头。	漱口： 指导小班儿童自己接漱口水，提醒每个儿童洗漱后把自己的口杯放回原处，进行整理工作。 洗脸： 鼓励小班儿童在教师的帮助下洗脸，中班、大班儿童午睡起床后分组进行洗脸。 引导儿童知道起床后、脸脏时要洗脸，保证面部清洁。 梳头： 轻柔用力，帮助女童松紧适度地扎好辫子，戴好发夹。 提醒儿童头发松散、凌乱时要及时梳理。每日对儿童的梳子进行清洗和消毒。

六、如厕环节 >>>>>>>>>>>>>>>>>>>>>>>>>>>>>>>>>>>>>>

如厕是托幼机构过渡性的生活环节。保教人员首先要向家长了解儿童生活习惯，熟悉儿童原有的生活规律；允许儿童按需随时大小便；在吃饭、外出、集体活动以及入睡前安排、提醒儿童如厕，尤其对新生更要多加关注，避免尿裤、拉裤。

【工作要点】
①如厕前准备。
②如厕中照料。
③如厕后的清理。

【工作内容】

1. 如厕前准备

①保持地面清洁、干燥。

②保育人员应随时注意卫生纸的量，及时补充；提供便于儿童取用的卫生纸、便于儿童使用的废纸篓和纸袋；便池旁贴有小脚印、安装小扶手等。

2. 如厕中照料

①帮助、指导儿童脱、提裤子。

儿童有便意时，应及时帮助托班、小班儿童脱、提裤子；提醒大小便入池；冬季应帮助托班、小班儿童将内衣塞入裤子里，不露肚脐和后背；指导中班、大班儿童独立脱、提裤子，便后整理衣裤。

②教儿童擦臀部的方法。

儿童排完大便后要从前往后擦，将卫生纸对折后再擦一次。卫生纸太小后可换一张新的，直到擦拭干净。

③教育、督促儿童冲厕、洗手。

督促儿童大小便后及时冲厕，洗手。检查是否尿湿裤子，对尿湿或弄脏的衣服要及时更换和清洗。

3. 如厕后的清理

儿童如厕后，保育人员做好厕所清理、消毒工作，保持厕所干净、无异味，做好防滑工作。

如厕卫生习惯：

①培养儿童用正确的语言表达大小便的需求，并形成习惯，有了尿意、便意要及时排尿、排便，不憋大小便；排便时不弄脏便池外边。

②培养儿童专心排大便的习惯，避免儿童排便时玩耍。

③培养儿童解便时不弄湿自己和同伴的衣裤。

> **注意事项**
>
> 引导儿童安静、有序如厕，注意如厕安全，防止拥挤、摔伤；提醒儿童不在厕所逗留、玩耍。保教人员应观察、了解儿童的排便情况，发现异常及时处理。

如厕行为细则见表 3-3-5。

表 3-3-5　如厕行为细则

活动内容	儿童行为要求	教师工作要求	保育人员工作要求
如厕	养成良好的如厕习惯。能自己脱裤子、提裤子，大小便入池，便后自理。解便时不弄湿自己和同伴的衣裤。逐步学会便后用卫生纸由前向后擦屁股，用肥皂、流水洗手，整理好服装。知道在厕所逗留、玩耍有危险，能安静、有序如厕。	允许儿童根据自己需求如厕、及时满足儿童的如厕需要。指导和照顾儿童正确如厕、正确使用卫生纸。帮助托班、小班儿童脱、提裤子，使其掌握正确如厕姿势，大小便入池，指导其正确使用卫生纸；教育儿童有便意时大胆告诉老师，不尿裤子。指导中班、大班儿童独立如厕，便后冲厕所。引导儿童注意盥洗和如厕的安全，防止拥挤、摔伤。随机进行相关的生活常识、生存技能教育，提高儿童生活自理能力。	做好如厕的物质准备，保持厕所地面干燥，确保空气清新，保持便池洁净、无异味，准备好卫生纸，要提供数量充足、大小适宜、方便儿童随时取用的卫生纸，督促儿童便后用流水洗手。照顾儿童如厕。帮助托班、小班儿童及有困难的儿童擦屁股、整理衣裤。指导儿童正确使用卫生纸，逐步掌握将臀部擦拭干净的方法。督促儿童便后及时冲水，整理衣裤（冬季应指导并帮助儿童便后塞秋衣秋裤）。态度温和，及时为遗尿、拉裤子的儿童更换衣物，并进行清洗。按要求做好盥洗室卫生消毒工作和记录，随时保持盥洗室干净、无异味，做好防滑工作。

七、睡眠环节 >>>>>>>>>>>>>>>>>>>>>>>>>>>>>>>>>>>>>

睡眠是生命的重要生理过程。睡眠时体温、心率、血压下降，呼吸减慢，肢体活动减少。充足的睡眠可使儿童全身组织器官，尤其是中枢神经系统得到休息，也是恢复儿童精力最有效的生理措施。午睡是午间保育工作的重要环节。

【工作要点】

①睡前准备。

②睡中巡视。

③起床整理。

【工作内容】

1. 睡前准备

①提供适宜的睡眠环境。应提前做好寝室的通风换气。在儿童进入寝室前约 15 min，关上窗户，调节好寝室的温度，室温控制在夏季 26～28 ℃，冬季 18～20 ℃；确保寝室空气清新，湿度适宜；托班、小班儿童由教师事先摊好被子，中班、大班儿童自己摊好被子。

②儿童如厕后安静进入寝室。要求儿童有序进入，不喧哗，不打闹，保持安静。

③午检是儿童午睡前的健康及安全检查，重点检查儿童的体温、口腔、手心、手背，如果儿童穿的衣服带有口袋，还要检查儿童衣兜内有无危险物品，防止其将小物品带到床上玩耍。

④指导脱衣裤、脱鞋袜。脱衣服时，指导儿童坐在床边或小椅子上，按顺序脱：解上衣扣子→脱鞋→脱裤子→脱袜子→脱上衣。请儿童将脱下的衣裤叠好，并将衣裤、鞋袜放在指定位置。女童将自己的头饰、皮筋放在指定的小筐里，散开头发午睡。小班儿童可由值班教师帮助脱衣服、鞋袜。

⑤做好交接班工作。清点儿童人数，做好交接班工作；将儿童出勤人数、健康状况、异常情况、服药情况等记录清楚；提示接班人员注意观察，保障儿童安全。

2. 睡中巡视

①儿童入睡时，要保持寝室安静。对入睡慢、入睡难的儿童，值班教师要多陪伴，帮助其尽快入睡。实在睡不着的，只要不影响其他儿童，不必强迫他睡觉。

②儿童入睡后，值班教师不得坐卧儿童床铺，不得离岗，不得睡觉，不做私事，不闲谈。应不间断巡视，如发现异常情况(发热、哮喘、抽搐、腹痛、呕吐、遗尿等)要及时处理，发现儿童在被子下玩玩具、拆弄被褥、玩弄生殖器等要及时阻止。

3. 起床整理

①儿童起床前，保育人员要准备饮用水和午点。

②起床铃声响后，保育人员拉开窗帘，和值班教师一起轻声唤醒儿童。在儿童起床后，指导他们穿衣裤、鞋袜。穿衣服的顺序：上衣→袜子→裤子→罩衣→鞋。小班儿童由教师帮助穿衣，中班儿童由教师指导穿衣，大班儿童可自己穿衣。教师帮助儿童整理领口、袖口、裤口、扣子、鞋子、鞋带。儿童起床穿衣后，保育人员提醒其及时小便、盥洗。

③让盥洗后的儿童在座位上喝水、吃加点，教师为女童梳头。

学习笔记

④保育人员整理床铺。整理床铺的顺序：翻(晾)被→叠被→铺平床单和枕巾→检查、整理床铺。

叠被子的方法：

(1)叠方块状被子(如图 3-3-7 所示)

方块状被子适于高低床或独立平铺的小床。

①抖被。

②叠被子。将被子靠近自己的一边向中间折，再将另一边向中间折；将折好的长条形被子的两端分别向中间折，然后对折；叠出方块状被子，叠好的被子的宽度应与床铺的宽度一致；枕头摆放在被子上。

③铺平褥子。

④扫床。

| 抖被 | 折长边 | 折两端1 |

| 折两端2 | 方块被 | 铺平褥子 | 扫床 |

图 3-3-7　叠方块状被子

(2)叠长条形被子

长条形被子适于叠放式的床、抽拉式的床或独立平铺的小床。

①铺平褥子。

②扫床。

③抖被。

④折被子长边。将长边对折，与褥子同宽，铺平被子，将枕头放在被子上。

小班儿童的被子由教师叠，中班由教师指导并帮助儿童叠，大班儿童自己叠。

注意事项

①午睡前后检查儿童是否将小物品放在床上、褥子下、枕头下、被子里。

②午睡后若检查出有尿湿的被褥应及时晾晒。

睡眠卫生习惯：

①保证儿童充足的睡眠时间。3～6 岁儿童应保证每天睡眠 11～13 h，午睡时间根据季节进行调整，每天以 2～2.5 h 为宜，保证儿童按时睡，睡得好，醒后精神饱满。3 岁以下婴幼儿日间睡眠时间可适当延长。

②培养儿童独自入睡、按时睡觉、按时起床的好习惯。引导儿童不趴睡、不跪睡、不蒙头睡，鼓励采用右侧卧或仰卧的睡姿。

③保证两个相邻儿童各睡一头，避免口对口呼吸。

睡眠行为细则见表 3-3-6。

表 3-3-6　睡眠行为细则

活动内容	儿童行为要求	教师工作要求	保育人员工作要求	午睡值班教师工作要求
睡眠	睡眠时衣着适当，睡姿正确（右侧卧或仰卧）。不带小玩物上床，不东张西望，不蒙头、不吮手、不咬被角等。中班、大班儿童午睡期间如厕，自觉穿上外套，做好保暖工作，防止感冒。	将儿童送到寝室并指导或帮助儿童有序地脱、穿衣裤、鞋袜，提醒儿童将脱下的衣物、鞋袜放在指定的位置。排除环境中的危险因素（儿童携带的异物）并注意儿童上下床的安全。与午睡值班教师进行工作交接。	为儿童营造良好的睡眠环境（入睡前 30 min 内可适当地放睡眠曲或讲故事）。提前 30 min 拉上窗帘，夏季打开空调。保持睡眠环境通风，根据气候调整好卧具（及时提醒家长清洗、晾晒卧具）。儿童起床后，帮助儿童整理自己的衣、裤、鞋、袜。儿童离开寝室后，整理床铺并做好寝室卫生工作。随时保持寝室干净与整洁。每天一小扫、每周一次湿性清扫，周五用消毒液抹儿童床一次。	根据室内温度及时增减儿童被褥。整理儿童脱下的衣服、鞋子，摆放整齐。不定时观察并巡视儿童的午睡状况，帮助儿童盖好被褥，纠正不正确睡姿。护理体弱儿童，观察带病儿，发现儿童神色异常要及时处理并报告。照顾入睡困难、情绪和身体有异常的儿童入睡。随时保持室内空气新鲜，天暖无风时可打开窗户，拉上窗帘，但应避免对流风吹在儿童身上。夏天酷热（气温超过 30 ℃）时可使用空调，室温不低于 28 ℃，随时准备柔软毛巾为儿童轻轻擦去汗水。轻声提醒常尿床的儿童起床如厕，发现儿童尿床要及时处理。小班教师帮助午睡期间如厕儿童穿上外套，以防感冒。值班时要动作轻、说话轻，不离岗、不会客、不吃零食、不睡觉等。组织儿童按时起床，观察儿童情绪有无异常，指导、帮助儿童穿衣，整理床铺。起床后检查儿童的服装及鞋袜。

八、离园环节 ▷▷▷▷▷▷▷▷▷▷▷▷▷▷▷▷▷▷▷▷▷▷▷▷▷▷▷▷▷▷▷▷▷▷▷

【工作要点】

①离园前的准备。

②离园时的交接。

③离园后的整理。

📝 学习笔记

【工作内容】

1. 离园前的准备

离园前保教人员要引导儿童将玩具、图书、小椅子等物品放回原位，提醒儿童如厕，引导儿童做好卫生、整理工作，如洗手、洗脸，整理好自己的衣服和仪表，检查鞋是否穿得正确，书包、用具是否归整好，等等。在等候家长时教师应稳定儿童情绪，组织儿童有序、自主地参加阅读、区角等活动。

2. 离园时的交接

教师应亲自将儿童交给家长并亲切地与儿童道别，引导儿童正确使用礼貌用语，主动与教师、同伴道别，愉快离园。对家长晚接的儿童要妥善安排好活动，不要让儿童独处或坐"冷板凳"。交接儿童时，与家长简单交流儿童在园情况，对个别有特殊情况的，如发生冲突、身体不适、有磕碰现象、进食量发生变化等，要及时与家长沟通以免产生误解。

3. 离园后的整理

保教人员整理物品，做好卫生、消毒、检查工作。

（1）整理

整理儿童的图书、玩具，将它们放入书架和玩具柜，将桌椅摆放整齐，使一切物品归位。

（2）清扫

①活动室。擦桌子、窗台等一切台面，扫、拖地面。

②盥洗室。扫地，倒掉脏物；清理便池和水池中的脏物；用去污粉或洗涤剂擦拭水池壁，使之洁白明亮；用湿拖把拖地；清洗毛巾并消毒。

（3）清洗饮水桶

倒掉当天的剩水，清洗饮水桶。

（4）检查

检查窗户是否关好，水龙头是否拧紧，电灯是否关闭，电源是否切断，等等。

（5）锁门

离开前巡视厕所、卧室，确保没有儿童留下，检查一切合格后将门锁好。

离园行为细则见表 3-3-7。

> **想一想**
>
> 作为一名未来的托幼机构工作人员，你将如何在工作中落实"以人民为中心"的发展思想，在实现幼有所育上有所作为呢？

表 3-3-7　离园行为细则

活动内容	儿童行为要求	教师工作要求	保育人员工作要求
离园	晚饭后有序参加自选活动。 洗手、洗脸，整理仪表，保持干净和整洁。 学习管理自己的物品，并能有顺序地整理和摆放。 正确使用礼貌用语，与教师、同伴道别，愉快离园。	晚饭后组织儿童进行轻松愉快的自选活动。 组织儿童检查、收拾好自己的生活和学习用品，检查整理儿童仪表。 根据需要与儿童进行个别谈话、交流。 凭接送卡交接儿童，与家长简单交流儿童在园情况。 儿童全部离园后，协助保育人员整理物品，关闭水电、门窗。	餐后整理。 整理儿童衣物用品，做好儿童离园的准备工作。 主动与出现特殊情况的儿童的家长交流当日儿童在园的一日生活及护理情况。 待儿童完全离园后开始做活动室清洁及消毒工作。整理物品，关闭水电、门窗。 协助教师做好次日各项活动的准备。

单元 4
托幼机构教育活动中的保育工作

托幼机构是实施幼儿保育和教育的机构，在管理中要坚持保教结合的原则，将保育工作贯穿于儿童的一日生活和学习之中。保育人员的日常工作除了保障儿童生活外，还要协助教师做好儿童的教学工作。为此，保育人员要提前了解教学计划与教学内容，完成教学活动场地、教具材料的准备等工作，并在教学活动中协助教师上好课。

一、集体教学活动 >>>>>>>>>>>>>>>>>>>>>>>>>>>>>>>>>>>>>>>

（一）集体教学活动前准备

在进行集体教学活动前，要完成教学活动场地的准备，按照教学活动的内容与要求准备好教具与学具。

1. 环境准备

环境应清洁，室内应通风，光线要充足。与教师共同设计和布置活动场地，按教学内容和光线的要求，摆放设备和桌椅，如让光线来自儿童身体的左前侧，座位不能背光等。

2. 准备教具

了解本周的周教育目标及每日教育活动的目标，根据目标的要求，做好教具、工具、材料等各方面的准备，协助教师摆放和发放教学用具，保证数量充足，无损坏。

3. 心理准备

活动前应与教师共同做好儿童进行室内教育活动前的心理准备。根据教育目标协助教师启发儿童对将要参加的活动进行思考，协助教师稳定儿童的情绪，照顾个别儿童和体弱儿童，与教师共同创设一个和谐、宽松的活动氛围。

（二）集体教学活动中配合

1. 配合教学

①配合教师演示、示范教学内容，在体育、舞蹈、游戏课上协助教师对儿童实施保护与帮助。协助教师发令、计时、记录，按教学目标的要求指导儿童。

②及时帮助儿童拾起散落在地上的物品、更换材料、清洁桌面等。

2. 维持秩序

①主动维持课堂纪律，提醒儿童集中注意力，不让思想开小差。

②在配合教师进行教学活动的同时，提醒儿童时刻保持正确的坐姿以及握笔、读书、写字的姿势。

3. 关注个体差异，对需要帮助的儿童适度指导

在教学活动中，还要注意观察儿童需要。例如：个别儿童需要小便，悄悄带其上厕所；个别儿童有情绪时，及时稳定其情绪；个别儿童阅读有困难时，保教人员可以和儿童一起阅读；个别儿童绘画时不敢大胆下笔，可以悄悄用语言、眼神或表情给予鼓励。

4. 收放教具

收拾、整理教具、儿童的学具及作品，将儿童要带回家的作品与其他作品分开放置。及时把儿童在活动中完成的作品及其他有保留价值的物品(如儿童的绘画和手工作品等)进行归类、整理，标上日期放到档案盒中，以便日后查阅。

（三）集体教学活动后整理

①在教师发出活动结束的指令后，与教师共同对活动的场地、设备，活动中使用的工具、材料等进行收拾和整理。例如：把用过的东西放回原处；把活动场地中的废弃物和垃圾扔到垃圾桶里；将桌椅归位，摆放整齐。

②清点和检查设备、材料的情况，保证设备、教具、工具等物品恢复为使用前的样子，便于下次使用。

③扫地，拖地，擦桌子，开窗通风。

二、游戏活动 >>>>>>>>>>>>>>>>>>>>>>>>>>>>>>>>

《幼儿园工作规程》指出，幼儿园应当将游戏作为对幼儿进行全面发展教育的重要形式。托幼机构应根据幼儿的年龄特点选择游戏，应因地制宜地为幼儿创设游戏条件(时间、空间和材料)，游戏材料应强调多功能和可变性，应充分尊重幼儿能力和个性的全面发展。游戏活动可分为室内游戏和室外游戏。

（一）游戏活动前准备

①室内游戏时保证活动室通风良好，空气新鲜，采光和照明充足，有较大的活动空间。室外游戏活动场地要平整、清洁，无噪声，周围环境安全，游戏活动设施不存在安全隐患。

②游戏材料数量充足、安全、卫生、种类丰富、操作性强，能充分满足每个儿童的需求。

③检查儿童衣着，确保其方便进行游戏活动。检查儿童是否携带不安全物品。

（二）游戏活动中照料

在游戏活动中，要经常观察儿童游戏情况，适时、适宜地照顾儿童的活动，满足儿童在游戏中的需要，如适时地对材料进行调整、补充，照顾儿童小便、喝水等。对游戏中儿童的不安全行为要及时制止。

鼓励儿童积极参加游戏，遵守游戏规则；与游戏材料和同伴充分互动，体验游戏的快乐；在游戏中学习分享、沟通、协商、合作；获得身体、认知、语言、社会性等方面的发展。

（三）游戏活动后整理

游戏结束后，保教人员应与儿童一起收拾、整理玩具和材料，归类摆放好。评价游戏情况，肯定儿童的成长，让儿童体验成长的快乐。

三、户外活动及体育锻炼活动 >>>>>>>>>>>>>>>>>>>>>>>>>

《幼儿园工作规程》明确指出：幼儿户外活动时间，在正常情况下每天不得少于 2 h，寄宿制幼儿园不得少于 3 h，其中体育活动不少于 1 h。高寒、高温地区可酌情增减。

户外活动场地应日照充足，地面平整、防滑，排水通畅。活动器材安全性符合国家相关规定。活动设施与儿童接触的部位无锐角。

（一）活动前准备

1. 安全检查

了解户外活动项目及对场地、设备和材料的基本要求，根据需要准备活动场地和活动器材，检查活动场地和活动器材的安全性。例如：场地要平坦、防滑、无积水；要打扫干净，不乱堆杂物，要清除枯枝落叶或碎石等杂物；保育人员还要检查运动器械有无损坏，如滑梯是否有开裂、发霉等情况，并擦干净运动器械的表面。同时，备好运动器具和玩具，如皮球、绳子、磁铁飞镖、沙袋等，事先检查皮球是否有气、气量是否充足等。

应根据户外活动的需要，协助儿童做好户外活动前的准备工作，如饮水、如厕、增减衣物、系好鞋带、整理装束、为每个儿童背部垫一条汗巾等。提醒儿童上下楼梯靠右走，队伍前、中、后都应有教师。帮助儿童检查服装和鞋帽，看其服装打扮是否与本次教育活动内容相吻合，衣服口袋里是否有坚硬的东西，鞋带是否系紧，等等。

2. 器材准备

帮助教师设计和布置活动场地，根据活动的要求做好物质材料的准备工作。户外活动需要大量的物质材料，它们有些是本班配备的，有些则是幼儿园公共的设施、器材与材料，户外活动时需要和其他班级共用。因此，在活动前要根据本次活动的需要，帮助教师做好准备工作。例如，摆放器材，检查材料和器材的安全性，与其他班进行协调，等等。

3. 督促如厕

活动前要督促儿童如厕，帮助儿童脱去外套，将内衣束于裤内，裤脚不拖地，系好鞋带，等等。

4. 清点人数

集中整队，清点人数，检查儿童的着装是否便于运动，鞋带是否系牢，衣服口袋及其饰物是否存有不安全因素。

5. 开窗通风

儿童到户外活动时，保育人员要为活动室和寝室开窗通风。

（二）活动中配合

1. 指导儿童做好准备活动

督促儿童先进行3～5 min的热身活动，使全身的骨骼肌肉得到舒展，心脏工作强度逐渐加大，防止突然的剧烈运动给机体带来损伤。加强运动中的保护，避免运动伤害。

2. 及时给儿童增减衣服

根据天气和活动量及时提醒和帮助儿童增减衣服、饮水、擦汗。

3. 观察活动量

活动中要注意观察儿童面色、呼吸、出汗量、脉搏等情况，及时调节活动内容和运动量。如果发现儿童出汗量多，精神略有疲倦，气喘吁吁，要提醒儿童休息或减少活动量；对个别身体不适的儿童及体弱儿童、肥胖儿童更要注意掌握活动时间，及时提醒其休息，加强护理和照顾，如运动前在背部垫干毛巾，运动后抽去毛巾，使衣服不湿。活动结束时给儿童拍、扫身上灰尘。提醒儿童在分散活动中，不随意奔跑、打闹，注意活动中的安全(表3-4-1)。

学习笔记

表 3-4-1　运动量与儿童生理反应观察一览表

时间	外显指标	生理反应		
		轻度疲劳	中度疲劳	重度疲劳
活动进行中	面部色泽	稍红	相当红	苍白
	排汗情况	不多	较多	大量出汗
	呼吸情况	中速轻快	显著加快	呼吸急促、节奏紊乱
	动作反应	协调、准确、步态轻稳	协调、准确，速度降低	动作失调、步态不稳、用力颤抖
	注意力及反应	注意力集中、反应正常	能集中注意力但不够稳定，反应力减弱	注意力分散、反应迟钝
	运动情绪	愉快	略有倦意	精神疲乏
活动后	饮食情况	食欲良好、食量增加	食欲一般、食量减少	食欲降低、食量减少、恶心、呕吐
	睡眠质量	入睡快、睡眠良好	入睡较慢、睡眠一般	很难入睡、睡眠不安
	精神状况	精神爽快、情绪好	精神略有不振、情绪一般	精神恍惚、厌倦练习

4. 了解教师的要求

①及时了解和领会教师的教育意图，能准确地贯彻和执行教师的教育要求。在活动中注意观察儿童的反应，及时了解他们的需要，适时地给予帮助和指导。

②向教师反映儿童的要求和情况，提醒儿童遵守活动规则，完成活动要求，并与教师协同进行随机教育。

③认真完成教师布置的临时工作，配合教师做好各项工作。

（三）活动后整理

活动结束，要帮助儿童整理好衣服、玩具和材料等。清点人数，指导儿童收拾游戏材料和器械；回到室内后协助、指导儿童脱外衣、盥洗、擦汗、饮水等。

户外活动行为细则见表 3-4-2。

表 3-4-2　户外活动行为细则

活动内容	儿童行为要求	主班教师工作要求	保育人员工作要求
早间操	做好操前服饰准备(冬季须脱去帽子，取下围巾、手套等)，会检查自己的衣服、鞋子是否穿好。 值日生能协助保育人员准备早间操器械。 知道身体发热时脱衣服或不适时主动告诉教师。 会收拾、整理活动器械。	早间操编排合理；运动量适当，早间操时间适宜，中班、大班活动时间 15～20 min，小班 12～15 min。 提醒并检查儿童是否做好早间操前准备(冬季要脱去帽子，取下围巾、手套等)，衣服、鞋子是否穿好。 随时观察儿童早间操情况，做到"三看"(看情绪，看动作质量，看动作力度)，"三提示"(提示动作，提示增减衣物，提示运动卫生及安全)。 服饰符合早操活动要求(不穿高跟鞋，不穿裙子，衣服长短适中，不披发)。	检查场地、器械安全。 观察儿童的活动量，巡回抚摸儿童的头、颈、背部，提醒或帮助儿童增减衣物，特别关注体弱儿童。 不披发，不穿高跟鞋，不穿裙子，衣服长短适中，服饰符合早间操活动要求。 随时观察儿童活动情况，及时处理危害儿童安全或突发身体不适等事件。

✎ 学习笔记

续表

活动内容	儿童行为要求	主班教师工作要求	保育人员工作要求
户外活动及体育锻炼活动	有安全意识，不做危险动作，不用器械与同伴打闹，与同伴发生争执时能主动寻求教师帮助或采用适当的方法解决。 有自我保护意识，知道身体发热时脱衣服或有不适时主动告诉教师，有简单的自我保护方法。 会整理活动器械。	合理利用户外体育活动场地，保证儿童有足够的、安全的活动空间。 保证每天的户外活动时间不少于2 h，其中体育活动不少于1 h，且活动分段进行。 有目的地观察儿童参加体育活动的兴趣、动作发展、习惯、安全意识、意志品质等实际情况，做出积极的应对和调整。 建立适宜的运动活动常规，督促儿童遵守。 控制好活动中儿童的运动量，注意动静交替，逐渐增加活动量和活动强度，防止突然运动或剧烈运动造成的拉伤、扭伤或身体不适等。 衣着宽松、舒适，便于运动，不穿高跟鞋，保证活动自如。	协助教师准备和检查场地、器械的安全。 活动前检查儿童服饰和鞋带。 观察儿童的活动量，随时提醒或帮助儿童增减衣物，及时为出汗儿童擦汗，特别关注体弱儿童。 收拾场地，检查器械。 做好儿童活动后的护理工作：督促儿童洗手，用温度适宜的干净毛巾给儿童擦面，增加衣物，饮水等。 儿童如厕时须跟随。
游戏活动	能自主选择游戏内容、材料、同伴、角色、场地等，自主选择游戏。 参与游戏材料的收集与准备。 爱护和正确使用游戏材料。 会轻拿轻放、物归原处、叠放整齐，会归类整理玩具。 能遵守游戏的规则。 学习解决游戏中的问题，能克服困难，坚持游戏。	制订目标明确、有指导和观察要点的游戏活动计划。 每日保证儿童游戏活动时间不少于2 h。 保证儿童每周开展区域活动或创造性游戏不少于2次，每次40 min左右。 采用集体游戏、个体游戏、小组游戏、自由游戏形式组织儿童游戏活动。根据需要，保证游戏活动的空间及场所。小班设置3～5个活动区，中班设置4～6个活动区，大班设置5～7个活动区。 用扫描观察法、定点观察法、追踪观察法等观察方法有目的或随机地观察儿童材料使用、游戏水平、游戏状态等情况，并有目的地做好记录。	游戏活动前与教师进行沟通，了解活动目的和要求，做好游戏前材料、场地等准备工作。 观察儿童游戏与场地安全因素，活动中随时给儿童增减衣物。 带领儿童收拾、整理游戏活动材料。
学习活动	有参与活动的兴趣，能动用各种感官参与活动。 能有目的地按自己的想法参与活动。 能正确地使用和整理活动材料或用具。 遵守集体活动规则。 有良好的卫生习惯、倾听习惯、发言习惯，用眼、握笔、坐立姿势正确。	制订切实可行的活动计划。 根据活动目标准备必需的教具，提供满足每个儿童活动需要的活动材料并在当班前做好分发准备。 耐心倾听，理解儿童的想法与感受，支持、鼓励儿童大胆活动。关注儿童在活动中的表现与反应，敏锐地察觉儿童的需要，及时应答。 关注活动中个别儿童的情况，因人施教，满足不同儿童的需要。 活动中注重培养儿童的良好行为习惯。	活动前向教师了解须配合的事项。协助教师做好活动前准备，摆放活动所需材料，安排场地等。 处理活动中的偶发事件时，方法适宜。 指导或帮助儿童做好活动结束后的收拾、整理工作。 活动过程中指导儿童时走动位置恰当（不在教师讲课时横穿教室，应从教室后面绕行，以免分散儿童注意力），声音适度，不影响儿童和教师的交流。

　　做好幼儿教育活动的相关工作是办好人民满意教育的重要内容。我们在组织教育活动时，要全面贯彻党的教育方针，落实立德树人根本任务，坚持为党育人、为国育才，从小培养幼儿德智体美劳全面发展，为国家培养社会主义建设者和接班人。

单元 5
托幼机构班级物品管理工作

保育人员应妥善保管儿童衣物和本班的设备、用具，并对物品分类登记。

一、物品管理 >>>>>>>>>>>>>>>>>>>>>>>>>>>>>>>>>>>>

（一）管理内容

班级物品包括玩具、学具、图书、用具、餐具、家具、儿童的被褥和衣物等。保育人员对班里的每件物品应做到来路明、去路清、不丢失、心中有数。

（二）做好记录

做好玩具、学具、用具、家具及儿童在园物品的记录工作，表格样式可参考表 3-5-1、表 3-5-2。

表 3-5-1　班级物品登记表

物品名称	数量	颜色	质量	检查日期

表 3-5-2　儿童物品登记表

姓名	物品名称	数量	质量	带来时间	带走时间

（三）定期将实物和记录进行核对

若实物和记录出现不符，要及时查找。定期检查以上用品的质量，出现损坏及时更换，并做好坏损登记。如有借出，及时登记并索还。

（四）衣物、被褥、寝具的管理

①应熟知每个儿童的物品，做到心中有数。

②每个儿童的服装要有标记，并且和衣橱上的标记一致。

③指导或帮助儿童将脱下的衣服放到固定的地方，并叠放整齐。

④对于儿童须要经常换洗的衣服、床单、枕巾、枕套可以一套套叠起来，分类放在固定的地方，须要更换时，可以按次序分类更换。这样不仅使用方便，而且可以节约时间。对于须要换洗的或请家长带走的衣服、被褥，做到清点有数。收回时要折叠好，检查有无增减变化。物品少了要及时寻找，多出的物品要存放到固定的地方，以便物归原主。

⑤应经常检查儿童的衣服是否有破损或掉衣扣的现象，并及时修补或请家长帮忙解决。

⑥为每个儿童制作一个储物袋，把来回带的东西放在袋里，以免丢失。

（五）玩具、学具的管理

①玩具、学具摆放整齐，认真检查，定期清理，经常消毒。

②班级经常使用的教具应按主题活动或学科分类编号，放在分类柜中固定的位置，便于拿取和归位。分类柜应贴上编号和教具的名称，便于寻找。

（六）图书的管理

①分类登记书籍的名称。

②保持书架清洁，书架摆放整齐、有序，使儿童一目了然。

③帮助儿童收拾、整理图书。

二、更换、维修设备 >>>>>>>>>>>>>>>>>>>>>>>>>>>>>>>>>

（一）设施和设备

班内设施和设备有墙面、地板、天花板、屋顶、门窗、供暖设备、上下水管道、家具等。

（二）工作内容

①日常工作中应注意对室内设施和设备的爱护和保养。

②根据托幼机构的维修计划，配合托幼机构对室内设备进行常规性维修。

③及时发现室内设备的异常。

④及时上报坏损的设备。

思考与练习

一、选择题

①托幼机构儿童两正餐之间的间隔时间为（　　　）h。

A. 2～3　　　　　　B. 2.5～3　　　　　　C. 3.5～4　　　　　　D. 3～4

②儿童正确握勺的方式是（　　　）。

A. 握住勺柄下端，勺子凹陷处朝下，手心朝下

B. 握住勺柄下端，勺子凹陷处朝上，手心朝上

C. 握住勺柄上端，勺子凹陷处朝上，手心朝下

D. 握住勺柄上端，勺子凹陷处朝上，手心朝上

③1～3岁儿童每次饮水量建议为（　　　）mL。

A. 50～100　　　　B. 100～150　　　　C. 200～300　　　　D. 300～400

④3～6岁儿童每次饮水量建议为（　　　）mL。

A. 50～100　　　　B. 100～150　　　　C. 200～300　　　　D. 300～400

⑤3～6岁儿童午睡时间根据季节不同每日以（　　　）h为宜。

A. 1～1.5　　　　　B. 1.5～2　　　　　C. 2～2.5　　　　　D. 3～3.5

学习笔记

⑥ 3～6岁儿童每天保证睡眠时间(　　)h。

A. 7～9　　B. 8～10　　C. 11～13　　D. 13～14

⑦ 儿童(　　)的睡眠姿势是须要纠正的。

A. 蒙头睡　　B. 仰卧睡　　　C. 右侧卧睡　　　D. 左侧卧睡

⑧托幼机构为儿童整理床铺的顺序是(　　)。

A. 翻(晾)被→铺平床单和枕巾→叠被→检查、整理

B. 翻(晾)被→叠被→铺平床单和枕巾→检查、整理

C. 叠被→翻(晾)被→铺平床单和枕巾→检查、整理

D. 铺平床单和枕巾→翻(晾)被→叠被→检查、整理

二、判断题

①儿童午睡后教师也可以休息。(　　　)

②可以采用比赛的方式促进儿童进餐。(　　　)

三、简答题

① 常言道"汤泡饭，嚼不烂""餐前两口汤，胜似开药方"，谈谈你的看法。

② 儿童常见的睡眠姿势有哪些？请分析利弊。

③ 举例说明在美术教学活动中，保育人员如何配合教师开展教育。

④ 结合日常工作谈谈如何做好班级保育工作。

云测试及
参考答案

学习反思

保健篇

托幼机构卫生保健工作的主要任务是贯彻"预防为主、保教结合"的工作方针，为儿童创造良好的生活环境，预防、控制传染病，降低常见病的发病率，培养健康的生活习惯，保障儿童的身心健康。

模块四
学龄前儿童体格生长及评价

学习目标

①能概述儿童生长发育的规律。

②能列出儿童体格发育常用指标。

③能举例说明影响儿童生长发育的因素。

④能阐明体重、身高、坐高、头围、胸围等体格生长各项指标的正常值、计算方法及意义。

⑤能选择合适的正常儿童体格生长标准参考值，正确评价儿童生长发育状况。

⑥能定期开展儿童健康检查工作，建立健康档案。

⑦能正确认识生长现象，理解生长发育的个体差异性，尊重每一个生命个体。

学习导航

学龄前儿童体格生长及评价

- 体格生长规律
  - 儿童体格生长规律
  - 影响生长发育的因素
- 体格生长测量
  - 体重
  - 身高（长）
  - 坐高（顶臀长）
  - 头围
  - 胸围
- 体格生长评价
  - 评价原则
  - 评价方法
  - 评价内容
- 托幼机构健康检查
  - 儿童入园（所）健康检查
  - 儿童定期健康检查
  - 晨、午检及全日健康观察
  - 工作人员健康检查

单元 1
体格生长规律

学习笔记

生长发育是儿童区别于成人的重要特点。生长是指随年龄增长，儿童身体各器官、系统的长大，主要表现为形态变化，可用相应的测量值来表示其变化；发育是指细胞、组织、器官分化与功能成熟。生长和发育两者紧密相关，共同表示机体连续渐进的动态变化过程。

一、儿童体格生长规律 >>>>>>>>>>>>>>>>>>>>>>>>>>>>>>>>

由于生长是受先天遗传和后天环境因素综合影响的复杂生物学过程，每个儿童生长发育模式不尽相同，但是其生长的过程大致是相同的，遵循共同的规律。

（一）生长发育的连续性与阶段性

生长发育在整个儿童阶段是一个连续的过程，但不同年龄阶段生长发育的速度不同。一般年龄越小，体格增长速度越快。出生后第一年，尤其是前 3 个月生长速度最快，出现出生后第一个生长发育高峰；第二年以后生长速度逐渐减慢，至青春期又迅速加快，出现第二个生长发育高峰(如图 4-1-1 所示)。

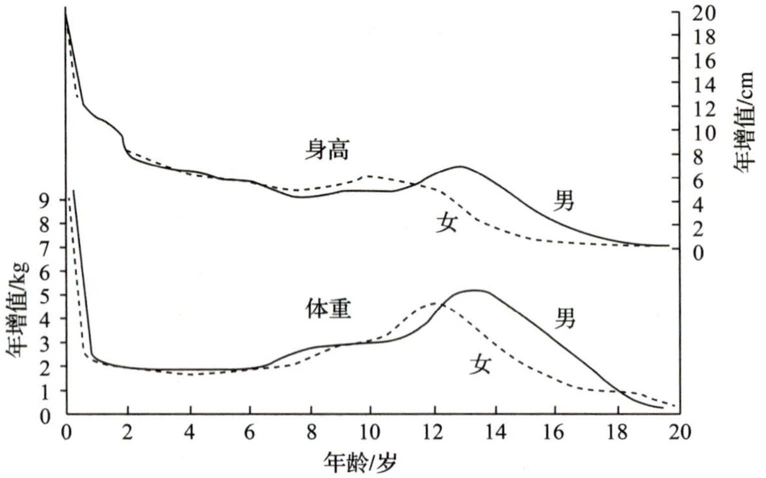

图 4-1-1　身高和体重发育速度曲线

(崔焱、仰曙芬：《儿科护理学》，6 版，15 页，北京，人民卫生出版社，2018。)

(二)各系统器官发育的不平衡性

人体的生长发育快慢交替，速度曲线呈波浪式，在生长全过程中有两次生长高峰。身体各部位的生长速度也不同，一般头颅增长 1 倍，躯干增长 2 倍，上肢增长 3 倍，下肢增长 4 倍。身体中的所有组织、器官也不是以同一速度生长的，有各自的发育特点(如图 4-1-2 所示)。如神经系统发育较早；生殖系统发育较晚；淋巴系统在小儿时期迅速发育，于青春期前达高峰，以后逐渐降至成人水平；其他如心、肝、肾等的发育基本与体格生长平行。

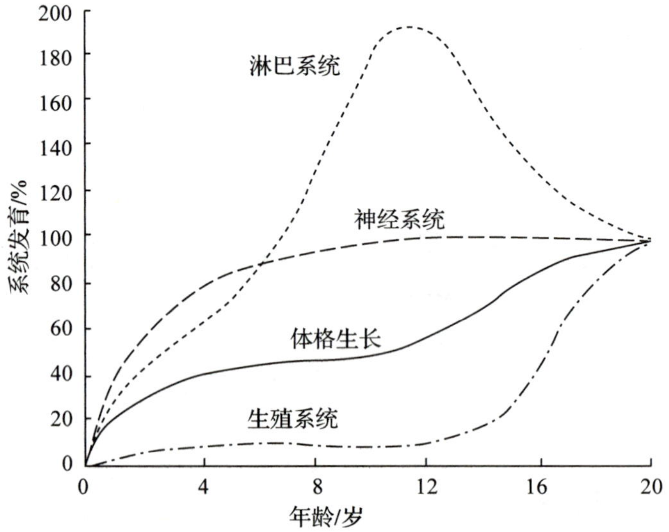

图 4-1-2　各系统器官发育速度曲线

(崔焱、仰曙芬：《儿科护理学》，6 版，16 页，北京，人民卫生出版社，2018。)

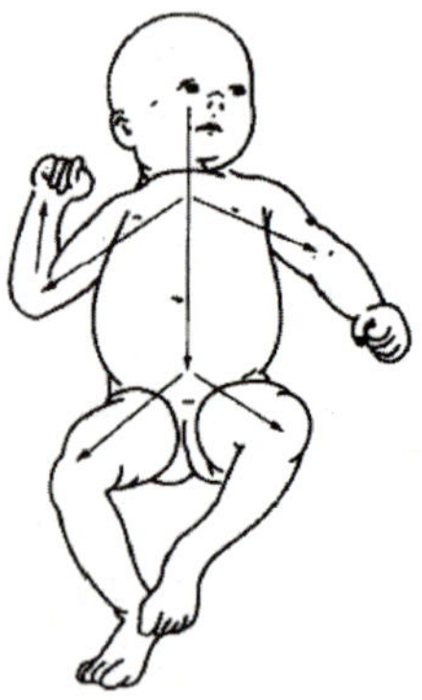

**图 4-1-3　生长发育的
顺序性**

(三)生长发育的顺序性

儿童生长发育通常遵循自上而下、由近到远、从粗到细、由低级到高级、由简单到复杂的顺序或规律(如图 4-1-3 所示)。如出生后运动发育的规律是：先抬头，后抬胸，再会坐、立、行，先抬肩、伸臂，再双手握物(自上而下)；先会控制腿，再控制脚的活动(由近到远)；先会用全手掌握持物品，再发展到能用手指摘取(从粗到细)；先会看、听和感觉事物，再发展到记忆、思维、分析、判断事物(由低级到高级)；先会画直线，进而能画图、画人(由简单到复杂)。

(四)生长发育的个体差异

儿童生长发育虽按上述一般规律发展，但由于每个儿童受遗传和环境影响各不相同而出现个体差异。这种差异不仅表现在发育水平方面，而且反映在发育速度、体型特点、达到成熟的时间等方面。体格上的个体差异一般随着年龄增长而越来越显著，青春期差异更大。

二、影响生长发育的因素 >>>>>>>>>>>>>>>>>>>>>>>>>>>>

遗传因素和环境因素是影响儿童生长发育的两个最基本因素。遗传决定了生长发育的潜力，这种潜力又受到一系列环境因素的作用和调节，遗传因素和环境因素两方面相互作用，决定了每个儿童的生长发育水平。

(一)遗传因素

儿童的生长发育受父母双方遗传因素的影响，如皮肤与头发的颜色、面容轮廓、身材高矮、性成熟的早晚等；遗传性疾病无论是染色体畸变还是代谢缺陷均对儿童的生长发育有显著影响。

性别也可造成生长发育的差异。女孩青春期较男孩早开始约两年，此时女孩身高、体重可超过男孩，但至青春期末，男孩体格生长通常会超过女孩。女孩骨化中心出现较早，骨盆较宽，肩距较窄，皮下脂肪丰满，而肌肉组织则不如男孩发达。因此，在评价儿童生长发育时应分别按男、女标准进行。

(二)环境因素

1. 营养

营养是儿童生长发育的物质基础，年龄越小受营养因素的影响越大。胎儿营养不良，不仅体格生长落后，脑的发育也迟缓；出生后长期营养不良首先导致体重不增，甚至下降，最终也会影响身高的增长和智力、心理、社会适应能力的发展。儿童摄入过多能量所致的肥胖也会对其生长发育造成严重影响。

2. 疾病

疾病对儿童生长发育的影响十分明显。急性感染常使体重减轻；长期慢性疾病可同时影响体重与身高的增长；内分泌疾病常引起骨骼生长和神经系统发育迟缓；先天性疾病，如先天性心脏病，常伴随生长迟缓。

3. 孕母情况

胎儿在子宫内发育受孕母各方面情况的影响。例如，妊娠早期感染风疹可导致胎儿先天畸形，严重营养不良可引起流产、早产或胎儿体格及脑发育迟缓，药物、放射线辐射、环境污染和精神创伤等均可使胎儿发育受阻。

4. 生活环境

良好的居住环境和卫生条件能促进儿童生长发育，反之则会带来不良影响。合理的生活习惯、科学的护理、正确的教养、适当的体格锻炼以及完善的医疗保健服务都是保证儿童体格、神经、心理发育达到最佳状态的重要因素。

🔗 相关链接

我们都不一样

　　每个人的生长"轨迹"都不完全相同，没有两个儿童的发育水平和发育过程完全一样，生长发育的这种差异一般符合生物学正态分布的特点。因此，生长发育的正常值不是绝对的，评价时必须考虑各种因素对个体的影响，并进行连续动态的观察，这样才能做出正确的判断。

想一想 🌸

　　遗传因素和环境因素是如何相互作用影响儿童的生长发育的？

✏️ 学习笔记

单元 2
体格生长测量

体格生长通常选择易于测量、有较好群体代表性的指标来表示。常用的指标有体重、身高(长)、坐高(顶臀长)、头围、胸围等。

一、体重 >>>>>>>>>>>>>>>>>>>>>>>>>>>>>>>>>>>>>>>

(一)体重的增长

体重为各器官、组织与体液的总重量，是衡量儿童生长和营养状况最重要的指标。2015 年，我国九市调查结果显示，男婴出生体重平均为(3.38±0.40) kg，女婴为(3.26±0.40) kg。新生儿出生后 1 周内由于摄入不足、水分丧失及胎粪排出，可出现暂时性体重下降(又称生理性体重下降)，体重在出生后第 3～4 d 达最低点，下降范围为 3%～9%，常于出生后 7～10 d 恢复到出生时体重。如果体重下降的幅度超过 10%或至第 10 d 还未恢复到出生时的体重，应查找原因。

儿童年龄越小，体重增长越快。一般出生后 3～4 月龄的婴儿体重约为出生时的 2 倍(6 kg)；第一年内，婴儿前 3 个月体重的增加值约等于其后 9 个月内体重的增加值，即 1 岁时体重约为出生时的 3 倍(10 kg)，呈现出生后第一个生长高峰。2 岁时体重约为出生时的 4 倍(12 kg)，2 岁后到青春前期体重每年稳步增长约 2 kg。进入青春期后体格生长再次加快，呈现出生后第二个生长高峰。

为便于日常应用，可按以下公式粗略估计儿童体重。

3～12 月龄：体重(kg)＝[年龄(月)＋9] / 2。

1～6 岁：体重(kg)＝ 年龄(岁)×2＋8。

7～12 岁：体重(kg)＝[年龄(岁)×7－5] / 2。

(二)体重的测量

【准备】

①环境准备。调节室温至 26～28 ℃，光线明亮，安全。

②物品准备。婴儿体重秤或儿童体重秤、笔、记录本。

③人员准备。着装整洁，剪指甲、洗手。

【操作步骤】

①将体重秤平稳地放在台面或地上，调至零点。

②协助儿童脱下衣服、帽子、鞋袜、尿布等。

③年龄小的婴儿取仰卧位用盘式体重秤测量(如图 4-2-1 所示)，稍大的婴幼儿可取坐位用坐式体重秤测量(如图 4-2-2 所示)，3 岁以上儿童用站式体重秤测量(如图 4-2-3 所示)。待数值稳定后读数。

④协助儿童穿衣，整理测量用物。

图 4-2-1　仰卧位测体重

⑤洗手，记录，精确至 0.01 kg。

注意事项

①体重应在空腹、排空大小便、裸体或穿背心短裤的情况下测量。若衣服不能脱成单衣单裤，则应设法减去衣服的重量，婴儿除去尿布。

②儿童不可接触其他物体或摇动。测量者用手护在儿童身体附近(不可直接接触儿童身体)保护安全。

③对不合作的儿童，可由成人抱着一起称重，测量后的数值减去衣物及成人体重即为儿童体重。

图 4-2-2　坐位测体重

二、身高(长) >>>>>>>>>>>>>>>>>>>>>>>>>>>>>>>>>>>>>>

(一)身高(长)的增长

身高指从头顶到足底的全身长度，可反映全身的生长水平和速度。3 岁以下儿童仰卧位测量称为身长，3 岁以后立位测量称为身高。立位测量值比卧位少 1～2 cm。

身高(长)的增长规律与体重增长相似，年龄越小增长越快，也出现婴儿期与青春期两个生长高峰。新生儿出生时身长平均为 50 cm；出生后第一年增长约 25 cm，即 1 岁时身长约 75 cm；第二年身长增长速度减慢，2 岁时约 87 cm；2 岁以后每年增加 6 ～7 cm；青春期受内分泌影响，出现出生后第二个身高增长加速期。

青春期前儿童身高(长)估算公式：

2～6 岁：身高(长)(cm)＝ 年龄×7＋75。

7～10 岁：身高(cm)＝ 年龄×6＋80。

图 4-2-3　站位测体重

想一想

哪些因素会造成体重测量值的偏差？

(二)身高(长)的测量

【准备】

①环境准备。调节室温至 26～28 ℃，光线明亮，安全。

②物品准备。卧式身长测量床或身高测量尺、笔、记录本。

③人员准备。着装整洁，剪指甲，洗手。

【操作步骤】

1.3 岁以内儿童仰卧位测身长

①将量床的滑板移至尾侧。

②脱去儿童外套、帽子、鞋袜等。

③测量者协助儿童仰卧于量床测量板中线上，助手扶正儿童头部使其轻贴量床顶板并固定。儿童双手自然放置于身体两侧，双足并拢。

④测量者左手轻按儿童双膝，使双下肢互相接触并贴紧测量板；右手移动滑板，使其紧贴儿童双足底部，并与测量板保持垂直(如图 4-2-4 所示)。准确读数。

⑤协助儿童穿衣，整理测量用物。

⑥洗手，记录，精确至 0.1 cm。

2.3 岁以上儿童立位测身高

①协助儿童脱去帽子、鞋袜等。

②儿童取立正姿势，两眼直视正前方，两臂自然下垂，手指并拢，脚跟靠拢，两

想一想

为何体重和身高的公式没有计算到 18 岁？

扫码看
身高(长)的测量
视频

图 4-2-4　身长测量

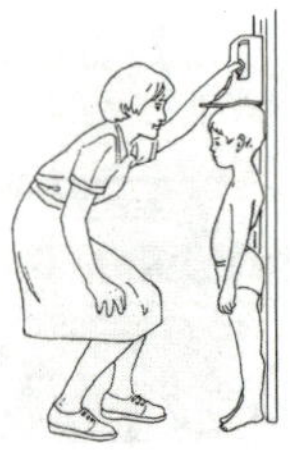

图 4-2-5　身高测量

脚尖分开约 60°，脚跟、臀部、两肩胛间和头部同时靠着立柱，头部保持正直位置。

③测量者将顶板与儿童头部顶点接触，同时观察儿童姿势是否正确(如图 4-2-5 所示)。准确读数。

④协助儿童穿衣，整理测量用物。

⑤洗手，记录，精确至 0.1 cm。

想一想

为何 3 岁以内儿童卧位测量身长？

注意事项

①保持儿童头部轻贴顶板，无缝隙。

②双侧有刻度的量床应注意两侧读数一致。

③测量过程中注意保护儿童安全、无损伤。

学习笔记

三、坐高(顶臀长) >>>>>>>>>>>>>>>>>>>>>>>>>>>>>>>>>>>

(一)坐高(顶臀长)的增长

坐高是指头顶到坐骨结节的长度，3 岁以内儿童仰卧位测量称为顶臀长，代表头颅与脊柱的生长。

由于下肢增长速度随年龄增长加快，坐高占身高的百分数随年龄增长而下降，显示了身体上下部比例的改变，反映了身材的匀称性。

(二)坐高(顶臀长)的测量

【准备】

①环境准备。调节室温至 26~28 ℃，光线明亮，安全。

②物品准备。卧式身长测量床或坐高测量尺、笔、记录本。

③人员准备。着装整洁，剪指甲，洗手。

【操作步骤】

1. 3 岁以内儿童仰卧位测顶臀长

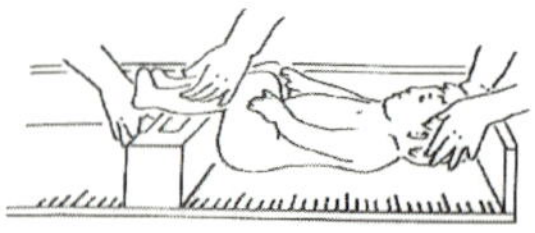

①将量床的滑板移至尾侧。

②脱去儿童外套、帽子、鞋袜等。

③测量者协助儿童仰卧于量床测量板中线上，助手扶正儿童头部使其轻贴量床顶板并固定。儿童双手自然放置于身体两侧，身体不左右摆动。

图 4-2-6　顶臀长测量

④测量者左手提起儿童小腿，使其膝关节屈曲，同时使骶骨紧贴底板，使其大腿与底板垂直；右手移动滑板紧压臀部(如图 4-2-6 所示)。准确读数。

⑤协助儿童穿衣，整理测量用物。

⑥洗手，记录，精确至 0.1 cm。

2. 3 岁以上儿童坐位测坐高

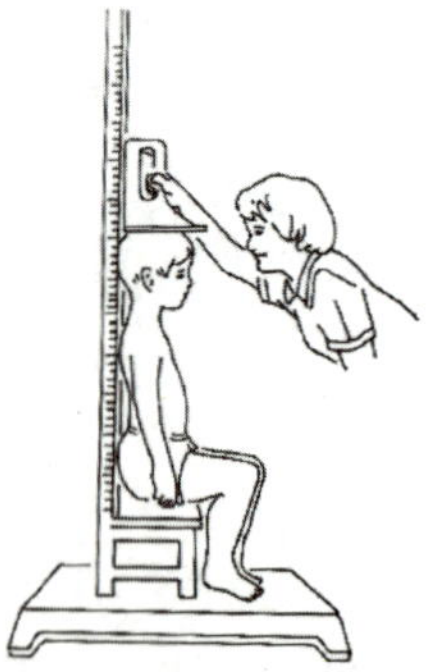

①协助儿童脱去帽子、鞋袜等，让儿童坐在坐高计的坐板上。

②使儿童骶部、两肩胛间紧靠立柱，两腿并拢，两大腿伸面与躯干成直角并与地面平行，大、小腿间成直角，双足尖并拢、向前，躯干自然挺直。

图 4-2-7　坐高测量

③头部保持正直位置，移动滑板使之与头顶接触，量板呈水平位时读数(如图 4-2-7 所示)。

④协助儿童穿衣，整理测量用物。

⑤洗手，记录，精确至 0.1 cm。

注意事项

①测量坐高时，可让儿童先身体前倾、待骶部紧靠立柱后再坐直，以保证儿童紧靠立柱。

②测量坐高时如儿童双脚不能平放于地面，可在足下加垫以保证儿童大、小腿间成直角。

③双侧有刻度的量床应注意两侧读数一致。

扫码看
坐高（顶臀长）
的测量视频

四、头围 >>

（一）头围的增长

头围指经眉弓上缘、颈后结节左右对称绕头一周的长度。头围的增长与脑和颅骨的生长有关，头围测量在 2 岁前最有价值。

正常新生儿出生时头围为 33～34 cm；第一年前 3 个月头围增长约等于后 9 个月头围的增长值(6 cm)，即 1 岁时头围约 46 cm；1 岁后头围增长速度减慢，2 岁时头围约 48 cm；5 岁时约为 50 cm。

（二）头围的测量

【准备】

①环境准备。调节室温至 26～28 ℃，光线明亮，安全。

②物品准备。软尺、笔、记录本。

③人员准备。着装整洁，剪指甲，洗手。

【操作步骤】

①儿童取立位、坐位或仰卧位，脱去帽子。

②测量者立于被测儿童前方或右方。左手将软尺零点固定于儿童右侧眉弓上缘，左手中、示指固定软尺于枕骨粗隆处，手掌稳定儿童头部；右手使软尺紧贴头皮从头部右侧经枕骨结节最高点再经左侧眉弓上缘回至零点(如图 4-2-8 所示)。准确读数。

③协助儿童戴上帽子，整理测量用物。

④洗手，记录，精确至 0.1 cm。

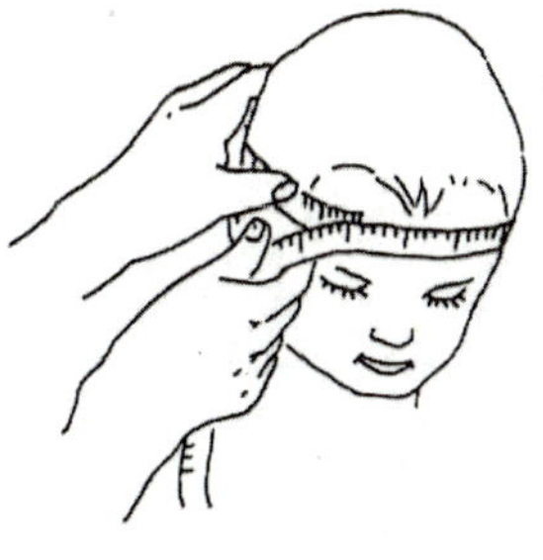

图 4-2-8　头围测量

扫码看
头围的测量视频

注意事项

①应使用无伸缩性的软尺。

②测量时，软尺应紧贴皮肤，松紧适宜，不能打褶。

③应给被测婴幼儿脱帽，并将长发者头发在软尺经过处向上下分开。

④避免软尺划伤婴幼儿面部。

练一练

用婴儿模型练习一下如何测量头围，除了要准确测量以外，请注意不要伤到婴儿皮肤。

学习笔记

五、胸围 >>>>>>>>>>>>>>>>>>>>>>>>>>>>>>>>>>>>

（一）胸围的增长

胸围指平乳头下缘经肩胛骨下缘水平绕胸一周的长度。胸围代表肺与胸廓的生长。出生时胸围约 32 cm，比头围小 1～2 cm；1 岁左右胸围约等于头围；1 岁至青春前期胸围大于头围，约为(头围＋年龄－1) cm。

（二）胸围的测量

【准备】

①环境准备。调节室温至 26～28 ℃，光线明亮，安全。

②物品准备。软尺、笔、记录本。

③人员准备。着装整洁，剪指甲，洗手。

【操作步骤】

①协助儿童脱去上衣。

②婴幼儿取仰卧位，两手自然平放；3 岁以上儿童取立位，两手自然下垂，双眼平视。

③测量者立于儿童前方或右方，用左手拇指将软尺零点固定于儿童一侧乳头下缘，右手将软尺紧贴皮肤经右侧绕背部两肩胛骨下角下缘，经另一侧乳头下缘回至零点。取平静呼、吸状态下的中间读数。

④协助儿童穿衣，整理测量用物。

⑤洗手，记录，精确至 0.1 cm。

扫码看
胸围的测量视频

练一练

如何测量胸围才能减少呼吸运动的影响？

注意事项

胸围测量受呼吸运动的影响，剧烈活动后应注意让受测儿童休息后在其平静呼吸时进行测量。

单元 3
体格生长评价

充分了解儿童生长发育规律和特点，正确评价其生长发育状况，给予适当的指导和干预，对促进儿童的健康成长十分重要。体格生长的评价方法有繁有简，一般在实际工作中多选择简单易行的方法。定期测量体格发育是评价儿童生长和营养状况的重要内容之一。

一、评价原则 >>>>>>>>>>>>>>>>>>>>>>>>>>>>>>>>>>>

①选择适宜的体格生长指标：最重要和常用的形态指标为身高和体重，其他

常用的形态指标有坐高、胸围、上臂围等。

②采用准确的测量工具及规范的测量方法。

③选择恰当的生长标准或参照值：建议根据情况选择 2006 年世界卫生组织儿童生长标准或依据 2015 年中国九市儿童的体格发育数据制定的中国儿童生长参照值。

④定期评估儿童生长状况。

二、评价方法 >>>>>>>>>>>>>>>>>>>>>>>>>>>>>>>>>>>>

(一)标准差法

标准差法是我国儿童保健门诊常用的体格生长评价方法。根据不同年龄、性别，固定分组，通过大量人群的横断面调查计算出均值($\bar{x}$)与标准差(SD)。适用于正态分布的数据，通常以 $\bar{x}\pm 2SD$(包含 95% 的总体)为正常范围。据此制定出三等级评价法(表 4-3-1)和五等级评价法(表 4-3-2)。

表 4-3-1　三等级评价法

等级	标准差法	百分位法
上	$\bar{x}+2SD$ 以上	P_{97} 以上
中	$\bar{x}\pm 2SD$	$P_3 \sim P_{97}$
下	$\bar{x}-2SD$ 以下	P_3 以下

表 4-3-2　五等级评价法

等级	标准差法	百分位法
上	$\bar{x}+2SD$ 以上	P_{97} 以上
中上	$\bar{x}+(1\sim 2)SD$	$P_{75} \sim P_{97}$
中	$\bar{x}\pm 1SD$	$P_{25} \sim P_{75}$
中下	$\bar{x}-(1\sim 2)SD$	$P_3 \sim P_{25}$
下	$\bar{x}-2SD$ 以下	P_3 以下

例如，一个 4 岁男童的体重测量值为 20.1 kg，经查表知，该数值位于同年龄组男童体重的 $\bar{x}+(1\sim 2)SD$ 范围。按三等级评价法，这名男童体重为中等；按五等级评价法，这名男童体重为中上等。

标准差法的优点是简单易行，缺点是只能对单项指标进行评价，不能对儿童体型及生长动态进行评估。

(二)百分位法

将变量(如体重、身高)值按从小到大的顺序排列，将最小值与最大值分为 100 等份，每一等份为一个百分位。按从小到大顺序确定各百分位的数值，即百分位数。常分为第 3、10、25、50、75、90、97 百分位数，P_3 代表第 3 百分位数值，P_{97} 代表第 97 百分位数值。百分位法适用于正态和非正态分布状况，通常以 $P_3 \sim P_{97}$(包含 95% 的总体)为正常范围。当变量值不完全呈正态分布时，百分位法比标准差法能更准确地反映实际数值。百分位法适用范围和优缺点与标准差法相似，等级划分见表 4-3-1 和表 4-3-2。

(三)标准差离差法(Z 积分)

用偏离标准差的程度来反映生长情况，可在不同人群间进行生长状况的比较。

Z 积分=(测量数据−同年龄同性别参考标准中位数)÷参考标准的标准差

想一想

三等级评价法和五等级评价法各有什么优点？

学习笔记

（四）曲线图法

想一想

生长发育曲线图在实际应用中有什么优点？

曲线图法是将不同年龄儿童的体格生长标准值按百分位法或标准差单位的等级绘成曲线图(如图 4-3-1 所示)。将儿童的某项体格生长指标测量值描记在相应的曲线图上，不仅可以评价出该项体格生长指标的等级，还可看出其生长趋势。生长曲线图的优点是能直观、快速地了解儿童的生长情况，通过连续追踪观察可以清楚地看到生长的趋势和变化情况。

学习笔记

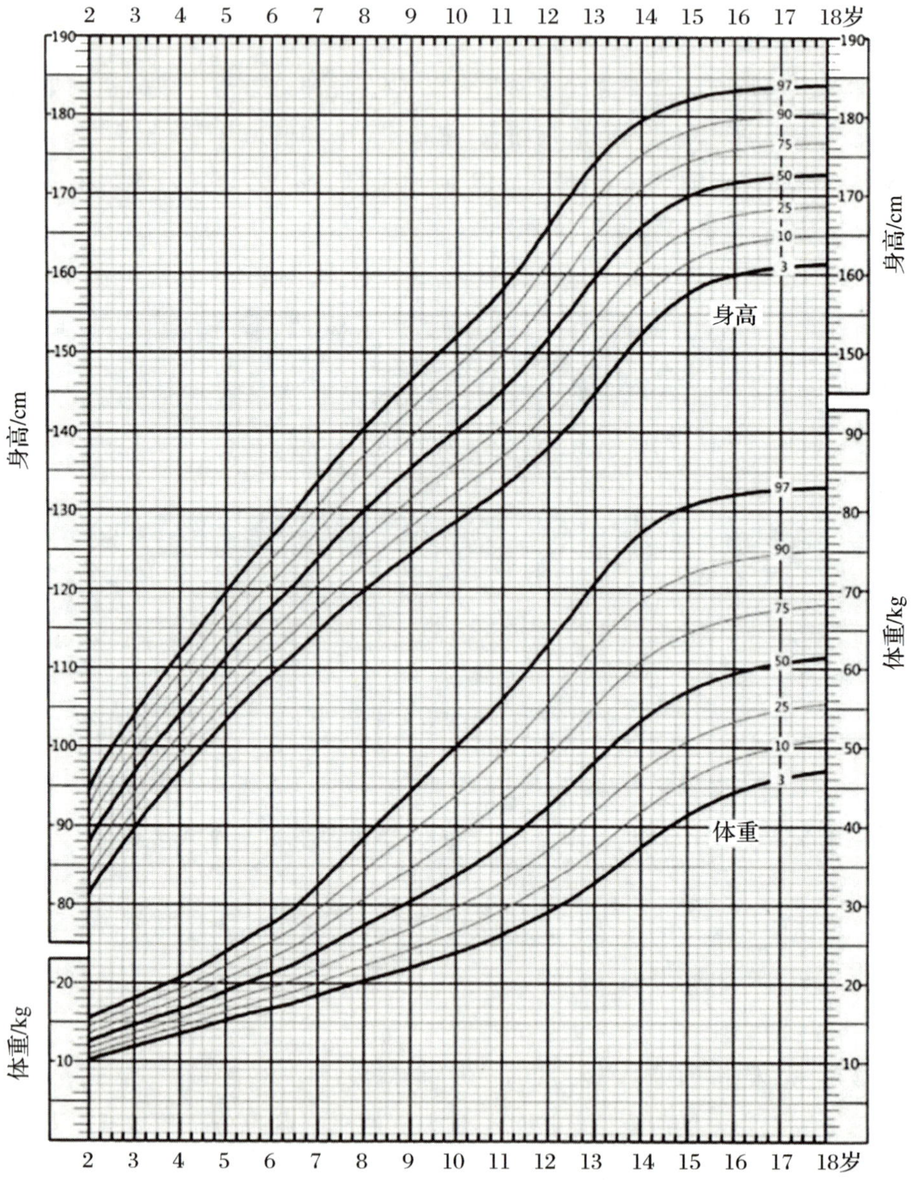

注：根据2005年九省/市儿童体格发育调查数据研究制定　　参考文献：中华儿科杂志，2009年7期

首都儿科研究所生长发育研究室 制作

图 4-3-1　中国 2～18 岁男童身高、体重百分位曲线图

（江载芳、申昆玲、沈颖：《诸福棠实用儿科学》，8 版，36 页，北京，人民卫生出版社，2015。）

（五）指数法

它是根据人体各部分之间的比例和相互关系，并借助一定的数学公式，将两项或以上指标联系起来判断营养状况、体型和体质。例如，判断胖瘦选择体重指数，判断身体比例选择身高坐高指数。

①体重指数。其实际含义是单位面积中所含的体重数。它与身体脂肪存在高度相关性，是儿童期、青春期及成年期均可使用的营养监测指标。

体重指数＝体重(kg)÷[身高（m）]^2

②克托莱指数。其实际含义是每厘米身高的体重，是以相对体重来反映人体的密度和充实度。

克托莱指数＝体重(kg)÷身高(cm)×1000

③身高胸围指数。表示胸围与身高的比例关系，可反映体型的粗壮或纤细。

身高胸围指数＝胸围(cm)÷身高(cm)×100

④身高坐高指数。反映体格上、下身长度的比例。随着年龄的增长，上身所占的比例逐渐减小，下身所占的比例逐渐增加。肢体发育与躯干发育不正常的儿童，这一指数异常。

身高坐高指数＝坐高(cm)÷身高(cm)×100

三、评价内容 >>>>>>>>>>>>>>>>>>>>>>>>>>>>>>>>>>

儿童体格生长评价包括生长水平、生长速度以及匀称程度3个方面。

（一）生长水平

将儿童在某一年龄时所获得的某一项体格生长测量值与参考人群值比较，得到其在同质(同年龄、同性别)人群中所处的位置，即为此儿童这项体格生长指标在此年龄的生长水平。

（二）生长速度

对某一项体格生长指标定期连续测量(纵向观察)，所获得的指标在某一年龄阶段的增长值即为这名儿童这项体格生长指标的速度值，将其与参考人群值的生长速度相比较，可得出正常、不增、下降和增长不足的结果。这种动态纵向观察个体儿童生长的方法最能反映个体儿童的生长轨迹和趋势，体现生长的个体差异。

（三）匀称程度

匀称程度是用多项生长指标进行综合评价，反映体型和身材的匀称度。例如，以体重指数表示一定身高的相应体重增长范围，间接反映身体的密度和充实度；以身高坐高指数反映下肢发育状况。

注意事项

①采用规范的测量工具及正确的测量方法，获取准确的体重、身高(长)、头围等指标数据进行分析。

②单次测量可评估儿童的现实生长水平，但在一段时间内的2次或多次测量能发现生长速度的变化，因此应对儿童进行定期、连续的生长监测。

③采用多种指标综合评价，以防单一指标评价的局限性。世界卫生组织积极推荐使用年龄别体重、年龄别身高和身高别体重对儿童的生长进行评价。

相关链接

我国第五次全国儿童体格发育调查结果

儿童体格发育反映了儿童营养和健康状况，是衡量一个国家和地区经济社会发展水平的重要标志。我国儿童体格发育调查始于1975年，每隔10年进行一次，到2015年已经是第五次。第五次儿童体格发育调查结果显示，10年来儿童体格发育水平进一步提高，城乡儿童身高体重差别在逐渐缩小。我国儿童体格发育平均水平明显超过了世界卫生组织颁布的儿童生长标准。

单元 4
托幼机构健康检查

托幼机构健康检查主要包括儿童入园(所)健康检查，儿童定期健康检查，晨、午检及全日健康观察，以及工作人员健康检查。

一、儿童入园(所)健康检查 >>>>>>>>>>>>>>>>>>>>>>>>>>

(一)检查目的

儿童入园(所)前必须进行健康检查。健康检查可早期发现传染病和其他疾病，防止患病儿童将传染病带入园(所)，同时可了解入园(所)儿童生长发育及健康状况，判断其能否适应集体生活。

(二)检查机构

儿童入园(所)前应经具有合法资质的医疗卫生机构(如妇幼保健机构)进行健康检查，并填写入园(所)健康检查表，合格后方可入园(所)。新生入园(所)体检率应达 100%。

儿童入园(所)时，托幼机构应当查验"儿童入园(所)健康检查表""0～6 岁儿童保健手册""预防接种证"。

(三)检查项目

入园检查按"儿童入园(所)健康检查表"中的项目要求进行检查，检查内容主要包括：入园儿童既往病史、传染病史、过敏史(要求家长确认签字)，身高、体重，视力、听力、牙齿、头颅、胸廓、脊柱、四肢、咽部，心、肺、肝、脾、外生殖器等重要器官的功能。辅助检查项目包括血红蛋白、丙氨酸氨基转移酶等。

(四)建立入托体检档案

根据查验结果，保健人员撰写入托体检总结，对发现的异常情况进行登记管理或专案管理。

二、儿童定期健康检查 >>>>>>>>>>>>>>>>>>>>>>>>>>>>>>

(一)检查目的

通过对儿童进行定期健康检查，全面了解园(所)儿童生长发育状况，定期评估儿童体格发育水平，及时发现疾病或异常情况并采取防治措施。

(二)检查项目

儿童定期健康检查项目包括：身高、体重、口腔、咽部、皮肤、心、肺、肝、脾、脊柱、四肢、视力、听力、血红蛋白或血常规。3 岁以下儿童应进行佝偻病检查。

（三）检查次数

检查次数根据儿童年龄大小而定，原则上年龄越小体检频率越高。一般 1 岁以内婴儿每 3 个月检查 1 次，每年健康检查 4 次，建议分别安排在 3、6、8、12 月龄；1～3 岁儿童每 6 个月检查 1 次，每年健康检查 2 次，建议分别在儿童 1 岁半、2 岁、2 岁半和 3 岁时进行检查；3 岁以上儿童每年全面健康检查 1 次。所有儿童每年进行 1 次血红蛋白或血常规检测。1～3 岁儿童每年进行 1 次听力筛查；4 岁以上儿童每年检查 1 次视力，也可根据儿童实际情况每半年检查 1 次视力。体检后应当及时向家长反馈儿童健康检查结果。

（四）建立定期健康检查档案

根据检查结果，保健人员要给每个儿童建立健康检查档案。

（五）登记及专案管理

保健人员应做好体检数据的登记、统计分析、专案管理、后期矫治及跟踪记录。

注意事项

①儿童离开园（所）3 个月以上，再次入园（所）前，须重新按照入园（所）检查项目进行健康检查。

②转园（所）儿童持原托幼机构提供的"儿童转园（所）健康证明""0～6 岁儿童保健手册"可直接转园（所）。若提供资料不全，接收园（所）可要求其重新体检。"儿童转园（所）健康证明"有效期 3 个月。

想一想

若儿童须转园，应该在什么时候开离园证明？

相关链接

"六一"体检工作

托幼机构"六一"体检时间一般安排在每年"六一"前后（5～6 月），体检地点安排在托幼机构，由妇幼保健机构医务人员入园为儿童进行体检。体检内容主要包括身高、体重、视力（不到 4 岁可不查视力）、听力、口腔（牙齿数、龋齿数）、咽部、血常规及心、肺、肝、脾等。根据体检的数据，筛选出体弱儿童，并按要求进行体弱儿管理。具体工作流程如下。

①对家长进行宣传工作。保健人员告知班级，由班级通知家长有关儿童的体检项目及注意事项。

②托幼机构准备工作。制订体检计划，包括体检项目、具体时间安排、体检地点、注意事项、人员安排、部分体检设施、场地准备。

③记录体检原始数据。

④将体检原始数据输入相关保健软件。

⑤打印体检汇总表、各班体检统计分析表。

⑥打印各班体检结果评价表，将体检数据、评价填写到《0～6 岁儿童保健手册》上。

⑦告知家长体检结果。

练一练

结合托幼机构"六一"体检结果，尝试写出体检总结。

⑧保健人员写出体检总结。总结内容主要包括园(所)儿童总人数，实际体检儿童人数；身高均上人数，均上率；体重均上人数，均上率；肥胖儿发生人数(轻度、中度、重度肥胖发生人数)；营养不良发生人数(低体重人数、发育迟缓人数、消瘦人数)；贫血发生人数(轻度、中度、重度贫血发生人数)；和往年体检数据进行对比分析。

三、晨、午检及全日健康观察 >>>>>>>>>>>>>>>>>>>>>>>>>>>>

（一）晨检

晨检是托幼机构保健工作的一个重要环节，是预防疾病的重要手段。通过晨检及时发现患病儿童早期症状和异常表现，并及时采取措施，以保证在园(所)儿童的健康。

1. 晨检人员

日托班晨检由保健人员和班级保教人员检查相结合的方式进行。保健人员应着工装进行晨检。

2. 晨检地点

日托班晨检地点一般靠近托幼机构大门口，如传达室、专用晨检室、门厅、走廊等。

3. 晨检物品准备

晨检车(可根据托幼机构情况准备)、手电筒、体温计、压舌板(或消毒棉签)、75%医用乙醇、记录表、笔、物品桌等。

4. 晨检方法

日托班的晨检在入园时进行，全托班的晨检应在儿童起床前进行。日托班晨检内容包括询问家长儿童在家有无异常情况，观察精神状况、有无皮肤异常，检查有无发热和携带不安全物品等。具体检查方法为一问、二看、三查。

一问：通过询问家长了解儿童离园(所)之后到来园(所)之前的一般健康情况，包括精神、食欲、睡眠、大小便等情况及有无咳嗽、流鼻涕等症状。二看：看儿童精神是否活泼，面色是否正常，有无流泪、眼结膜充血、流鼻涕等，注意皮肤(包括面、额、耳后、颈部)是否有皮疹等。三查：筛查儿童是否发热，对可疑发热者应及时测量体温；根据当地儿童传染病流行情况对易感儿童进行重点检查；同时检查儿童口袋中是否携带可造成创伤的玩物，如小刀、玻璃片、小珠子、石子等。

5. 晨检记录

对于晨检中发现的有传染病或其他疾病的可疑者，嘱咐家长带儿童去医疗机构检查、治疗。晨检后，保健人员负责将晨检中发现的异常情况进行登记，并认真填写检查记录，交给各班教师登记在交接班记录上，并对儿童进行全日观察。若晨检当日未发现异常则在记录表上登记"全园无异常"。

6. 服药登记

患病儿童应当离园(所)休息治疗，未经监护人委托或同意，托幼机构不得给儿童用药。应建立患病儿童用药委托交接制度，建议监护人只带中午一次药，特别提醒监护人不带白包药、保健药等，处方药要有医生处方。如果接受监护人委托喂药，应当做好药品交接和登记，请家长签字确认并严格管理儿童携带的药品。

注意事项

①晨检者在晨检时尽量不接触儿童，应让儿童养成主动问好（仰头张口）、主动伸手的习惯。若必须接触儿童，接触后要用手消毒剂对双手消毒。

②不允许儿童协助保健人员进行晨检工作。

（二）午、晚检

午、晚检可由带班教师进行，重点检查儿童的体温和皮肤。保健人员巡视检查并对晨检有异常需全日观察的儿童进行重点检查。

（三）全日健康观察

保教人员应对儿童进行全日健康观察，重点观察带药、生病（如感冒、咳嗽、低热、头天晚上在家发热而入园时不发热）、腹泻及有轻微外伤者等。

全日观察内容包括饮食、睡眠、大小便、精神状况、情绪、行为等，应做好观察及处理记录。保健人员每日上午、下午各巡视班级 1 次，并向班级保育人员了解儿童情况，发现患病、疑似传染病儿童应当尽快隔离，并与家长联系及时到医院诊治，并追访诊治结果。

四、工作人员健康检查　>>>>>>>>>>>>>>>>>>>>>>>>>>>>>

托幼机构工作人员上岗前必须经县级以上人民政府卫生行政部门指定的医疗卫生机构进行健康检查，取得托幼机构工作人员健康合格证后方可上岗。托幼机构在岗工作人员必须按照《托儿所幼儿园卫生保健管理办法》规定的项目每年进行 1 次健康检查。炊事人员上岗前须取得食品从业人员健康证。新参加工作和临时参加工作的食品生产经营人员都必须进行健康检查，取得健康证明后方可上岗。

（一）检查目的

掌握在园（所）工作人员健康状况，杜绝将传染病带入园（所），影响儿童健康。

（二）检查对象

在园（所）工作的全体工作人员。

（三）检查内容

检查内容有体格检查：血压、心、肺、肝、脾、皮肤、五官等。辅助检查：丙氨酸氨基转移酶、梅毒螺旋体、滴虫、淋球菌、外阴阴道假丝酵母菌、胸部 X 线检查等。

（四）健康检查管理

患有感染性疾病、皮肤病以及呼吸道和消化道等传染性疾病的工作人员应离岗治疗。治愈后持县级以上医疗卫生机构出具的诊断证明和健康合格证，方可回园（所）工作。精神病患者或者有精神病史者不得在托幼机构工作。

扫码看
《儿童健康检查
服务技术规范》

思考与练习

一、选择题

①下面（　　）反映了儿童近期营养状况。

A. 体重　　　　　　　　B. 身高　　　　　　　　C. 头围　　　　　　　　D. 胸围

②给婴儿测量顶臀长应选用（　　）。

A. 身高坐高尺　　　　　B. 直尺　　　　　　　　C. 卷尺　　　　　　　　D. 量床

③在（　　）测量头围最有价值。

A. 1 岁内　　　　　　　B. 2 岁内　　　　　　　C. 3 岁内　　　　　　　D. 4 岁内

④读取儿童胸围的测量数据时，应取（　　）。

A. 深吸气时读数　　　　　　　　　　　　　　　B. 深呼气时读数

C. 平静呼吸时的中间读数　　　　　　　　　　　D. 都不对

⑤儿童离开园（所）（　　）个月以上，须重新按照入园（所）检查项目进行健康检查。

A. 1　　　　　　　　　　B. 2　　　　　　　　　　C. 3　　　　　　　　　　D. 6

⑥儿童（　　）岁开始用国际标准视力表或标准对数视力表灯箱进行视力检查。

A. 1　　　　　　　　　　B. 2　　　　　　　　　　C. 3　　　　　　　　　　D. 4

⑦托幼机构所有在岗人员每（　　）进行 1 次健康检查。

A. 3 个月　　　　　　　B. 6 个月　　　　　　　C. 12 个月　　　　　　　D. 18 个月

⑧评价儿童生长水平、生长速度和匀称度的指标有（　　）。（多选题）

A. 体重/年龄　　　　　　B. 头围/年龄　　　　　　C. 体重/身高（身长）　　D. 身高（身长）/
年龄

二、判断题

①如果接受家长委托喂药，不可以喂保健药品。（　　　　）

②儿童入园健康体检率要达到 90％以上。（　　　　）

三、简答题

①婴幼儿进行体格测量时有哪些因素会影响到测量结果？应如何避免或减少测量偏差？

②保健人员如何指导班级保育人员进行全日健康观察？

云测试及
参考答案

学习反思

模块五
托幼机构卫生与消毒

学习目标

①了解清洁与消毒的含义。

②熟悉托幼机构常用清洁及消毒方法。

③理解清洁与消毒的区别。

④掌握托幼机构环境及物品清洁与消毒的操作流程。

⑤能运用正确方法对托幼机构的环境及物品进行清洁与消毒。

⑥熟练掌握托幼机构环境及物品日常清洁与消毒技能。

⑦培养爱岗敬业、分工协作的素养，具有做好清洁消毒工作的责任意识。

⑧关爱儿童，具有全面科学的保育观念。

学习导航

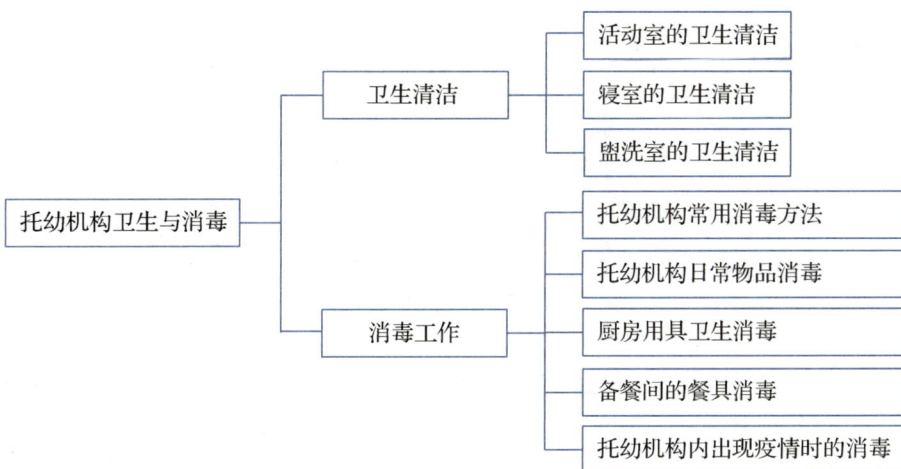

托幼机构人口密度大，儿童聚集时间长，公共用具多。儿童年龄小，免疫力低，因此要加强个人卫生与环境卫生管理，做好清洁与消毒工作，预防疾病，尤其是预防传染病的发生和传播。

负责托幼机构卫生与消毒的工作人员，应定期接受卫生保健专业知识培训，对托幼机构内的其他工作人员进行卫生知识宣传教育以及卫生与消毒、传染病防治等方面的指导。

单元 1
卫生清洁

清洁是指通过除去尘埃和一切污垢以去除或减少微生物数量的过程。清洁是对物品消毒、灭菌前必须进行的处理过程，有利于提高消毒、灭菌的效果。常用的清洁方法有水洗、洗涤剂去污、机械去污等。

一、活动室的卫生清洁　>>>>>>>>>>>>>>>>>>>>>>>>>>>>>>>

（一）卫生质量标准

①室内空气新鲜，玻璃明亮，光线充足。

②墙面无灰尘、无涂抹、无蛛网，柜面无灰尘、无杂物，地面整洁、不潮湿。

③环境布置舒适，家具摆放合理，物品摆放整齐，各种布置无尘垢。

（二）具体操作方法

操作顺序：开窗通风→擦拭→扫地→拖地。

1. 开窗通风

具体操作方法略。

2. 擦拭

①擦拭活动室所有家具，擦拭顺序应为从上到下，面、边棱、腿、拐角等都要擦到，使之无灰尘、无擦拭痕迹。做到随脏随擦，时刻保持活动室的清洁。

②擦灯具时，灯管、灯罩、开关等处都要擦干净。

③晨间擦拭流程为：睡眠室→活动室→盥洗室。

3. 扫地

①扫地顺序应由里向外顺着一个方向、避开儿童进行清扫。

②应采用湿性扫地的方法，防止尘土飞扬。

③扫地时一定将扫帚压住，以免尘土飞扬，房间的四边、四角都扫到。

④清扫后，应及时将垃圾收起。

4. 拖地

①先将家具和物品下面的地面拖干净，再拖其他位置的地面。

②拖地时要压住拖把，从左向右横拖，到两头时不要抬起拖把，可将拖把用力一转，将脏物带走；拖地时要从房间的里面向门口倒退着拖，以免自己的鞋把拖干净的地面踩脏。

③每拖完一遍，要视地面的清洁状况洗刷拖把以保持清洁。

④雨天干拖；晴天湿拖，使用半干的拖把，防止地面有水迹。油腻地板用热水、碱水拖。

⑤活动室、寝室、盥洗室拖把要专用，并贴上标识（标签），悬挂通风（如图 5-1-1 所示）。

图 5-1-1　悬挂通风

二、寝室的卫生清洁 >>>>>>>>>>>>>>>>>>>>>>>>>>>>>>>>>

（一）卫生质量标准

①通风良好，温度适宜。

②窗明几净，床铺整齐、无杂物，床下无积尘、无垃圾。

③床栏杆、暖气片、窗台、柜子等无积尘。

④墙壁干净，灯罩及灯管无积尘。

（二）具体操作方法

操作顺序：开窗通风→整理床铺→擦拭→扫地→拖地。

1. 开窗通风

具体操作方法略。

2. 整理床铺

要求床单平整，被子折叠后的宽窄与床宽窄一致，枕头平放其上、平整。被子摆放有序，方向一致。

3. 擦拭

①寝室的擦拭顺序依次为窗框、窗台、灯、墙、柜子、床。其中窗台和柜子要求每日擦拭 1 次。

②床的擦拭顺序为从上至下，床头、床栏杆、床框、床棱、床腿等处都要擦到，做到无灰尘和其他污垢。如遇到儿童发生呕吐等特殊情况，应随即清理、擦拭。床应每周擦拭 1 次。

③定期检查床褥，查看有无异物及垃圾。发现异物或垃圾应及时清理，并及时提醒及引导儿童保持清洁。

④寝室的窗帘应每月清洗 1 次。

扫地和拖地操作方法略。

三、盥洗室的卫生清洁 >>>>>>>>>>>>>>>>>>>>>>>>>>>>>>>>

（一）卫生质量标准

①盥洗室内应清洁、通风、无异味。

②盥洗室地面清洁干燥，无积水、无污渍、无垃圾堆放。

③水池的下水处无头发、无污物。

④门窗、柜子、镜子、洗手池、挂毛巾的墙面等均干净。

⑤便池无尿碱、无臭味、无蚊蝇。

学习笔记

（二）具体操作方法

操作顺序：开窗通风→清洁盥洗区→清洁便池→清洁地面→物品准备。

1. 开窗通风

盥洗室的窗户应全天敞开，遇恶劣天气时灵活掌握。

2. 清洁盥洗区

(1)擦拭镜子、柜子、瓷片

用半干的抹布擦拭镜子 2～3 次，达到无水迹、无擦拭痕迹和干净明亮的程度。擦拭柜子、瓷片等。

(2)清洁水池

用洗涤剂擦拭水池，将水池中的油污、水渍、污物彻底清除，做到池子光滑，清洁(无头发、无饭粒、无菜渣等污物)，无异味。

3. 清洁便池

①用水冲便池，用洁厕剂浸泡、刷洗便池。在池底、拐角、下水管道口 10 cm 等处应重点擦拭，做到无尿碱、无臭味。用便池专用抹布擦拭便池外部。

②便池每日早、中、晚各刷洗 1 次。

③提醒儿童大小便后及时冲厕。

4. 清洁地面

①扫净地面。暖气下、墙角、柜子底下、纸篓周围都应清扫干净。

②用前一天准备的半干的拖把拖地 2～3 遍，直至地面无积水、无污渍、无死角、透亮为止。

5. 物品准备

(1)准备卫生纸

①卷状卫生纸剪成 20 cm 长的方形纸，放入纸筐中备用。

②将纸筐或盒装卫生纸放在儿童易发现、能拿到的地方。

(2)准备小块肥皂

每个水龙头下或两个水龙头间放一小块肥皂。

(3)摆放水杯与挂放毛巾

保育人员清洁双手后，摆放水杯和挂放毛巾，要注意水杯与水杯之间、毛巾与毛巾之间应有 10 cm 的间隔；或毛巾与毛巾之间不相接触，水杯与水杯之间有隔断。

单元 2
消毒工作

消毒是用物理、化学或生物的方法清除或杀灭环境中和媒介上除芽孢以外的所有病原微生物的过程。消毒剂是用于杀灭传播媒介上的微生物从而达到消毒或灭菌要求的制剂。按有效成分可分为醇类消毒剂、含氯消毒剂、含碘消毒剂、过氧化物类消毒剂、胍类消毒剂、酚类消毒剂、季铵盐类消毒剂等，按用途可分为物体表面消毒剂、医疗器械消毒剂、空气消毒剂、手消毒剂、皮肤消毒剂、黏膜消毒剂、疫源地消毒剂等，按杀灭微生物能力可分为高水平消毒剂、中水平消毒剂和低水平消毒剂。

　　根据消毒的目的不同，可将消毒分为预防性消毒和疫源地消毒两类。预防性消毒是指在没有明确的传染源存在时，对可能受到病原微生物污染的场所和物品进行的消毒。疫源地消毒是指当发生传染病时，对疫源地内污染物的消毒。疫源地消毒又可分为随时消毒和终末消毒。随时消毒是根据传染病的种类选择合适的消毒方法和消毒剂，尽早消毒。终末消毒是为了彻底消灭传染病的病原体而对疫源地进行的一次彻底消毒。

　　托幼机构的环境和物品应以清洁卫生为主，预防性消毒为辅，应避免过度消毒带来的不利影响。

扫码看
《消毒剂使用方法》

学习笔记

一、托幼机构常用消毒方法 >>>>>>>>>>>>>>>>>>>>>>>>>>>>>

常用的消毒方法可分为两大类：物理消毒法和化学消毒法。

（一）物理消毒法

物理消毒法是利用物理因素将病原微生物清除或杀灭的方法。常用的物理消毒法有机械消毒法、热力消毒法、辐射消毒法。

托幼机构常采用的机械消毒法有冲洗、清扫、洗刷、擦拭等，常采用的热力消毒法主要有煮沸消毒法、流通蒸汽消毒法、高压蒸汽消毒法，常采用的辐射消毒法有日光曝晒法、紫外线消毒法等。

1. 煮沸消毒法

煮沸消毒法可使细菌的蛋白质变性，是最简便易行的消毒方法。将被消毒的物品全部浸没于水中，水沸后开始计时，持续煮沸 15～30 min。若中途加入新物品，则应从加入新物品煮沸后重新计时。

适用范围：餐具、水杯、毛巾类织物等耐高温、耐潮湿的物品。

2. 流通蒸汽消毒法

流通蒸汽消毒法是利用 100 ℃水蒸气进行消毒。常用的流通蒸汽消毒设备有蒸汽消毒柜、蒸汽消毒车等。消毒时间应从水沸腾并冒出蒸汽后开始计算。使用蒸汽消毒时，被蒸物品应疏松放置，并留有空隙，如餐具应垂直放置，防止空气留存在死腔内。给大量物品消毒时，应使用铁丝筐盛装。包装不宜过大过紧，能吸收大量水分的衣物不得浸湿放入。消毒时注意排除消毒柜内的冷空气。

适用范围：餐具、餐桶、菜盆、水杯、毛巾类织物等耐热、耐湿物品。

3. 日光曝晒法

日光曝晒法是利用日光中的热、干燥和紫外线作用达到消毒效果的一种消毒方法。日晒时间不低于 6 h。

适用范围：毛巾、衣物、被褥、玩具、书籍等物品。

4. 紫外线消毒法

紫外线辐射能量低，穿透力弱，仅能杀灭直接照射到的微生物。因此消毒时必须使消毒部位充分曝露于紫外线下。紫外线消毒法常采用紫外线消毒器、紫外线灯消毒。

适用范围：室内空气消毒、物体表面消毒和物品消毒。

①室内空气消毒首选的方法是开窗通风。在不适宜开窗通风时，尤其在传染病流行季节，可使用空气消毒机或紫外线灯对室内空气进行消毒。

A. 在不具备开窗通风条件时，室内空气消毒首选空气消毒机。它可以在室内有人活动时使用，开机 30 min 达到消毒效果，具体可根据各品牌、各型号产品说明使用。

想一想

用紫外线灯消毒时，为什么必须在无人条件下进行？

B. 在室内无人条件下，也可采用悬吊式或移动式紫外线灯直接照射。采用室内悬吊式紫外线灯消毒时，悬吊式紫外线灯安装的数量为平均每立方米不少于 1.5 W，有效照射距离不超过 2 m。一般 60～80 m² 的房屋空间，安装 30 W 紫外线灯管 6～8 支，在灯管紫外线辐射强度符合要求的情况下持续照射时间为 30～60 min。

②对物品表面消毒最好使用便携式紫外线消毒器近距离移动照射，也可采取紫外线消毒灯悬吊照射，有效距离为 25～60 cm。在灯管紫外线辐射强度符合要求的情况下，照射时间不少于 30 min。

③对物品消毒时应将物品摊开或挂起，定时翻动物品，使其各个表面受到直接照射。

想一想

为什么要注意紫外线灯管的清洁及使用时间？

注意事项

用紫外线灯消毒，必须保持室内清洁无尘土，因为紫外线被尘土吸收后，杀菌能力就会减弱。紫外线灯在使用过程中，应保持灯管表面的清洁，一般每 1～2 周用无水乙醇纱布或棉球擦拭 1 次，发现灯管表面有灰尘、油污时，应随时擦拭。关灯后，待灯管冷却 3～4 min 再开启或移动灯管。正确计算并记录消毒时间，使用时间达到 1000 h，须要更换灯管。紫外线灯开关应与照明灯开关保持一定距离并做明显标识，安装在儿童不能触及处。建议园（所）统一控制紫外线灯开关。消毒纸张、织物等粗糙表面时，要适当延长照射时间，两面均应受到照射。

（二）化学消毒法

化学消毒法是利用化学药品杀灭病原微生物的消毒方法。托幼机构常用的化学药品有含氯消毒剂、过氧乙酸、碘伏、乙醇等。各种化学药品因作用原理、功效不同，适用范围也不同。使用化学消毒法给物品消毒时，应掌握化学药品的浓度及有效时间。

1. 常用消毒剂

（1）含氯消毒剂

含氯消毒剂是指溶于水可产生次氯酸的消毒剂，其杀灭微生物的有效成分常以有效氯表示，是常用的消毒剂，对细菌及病毒均有效。一般用于桌椅、家具、门窗、地面、楼梯的消毒，也可用于毛巾、玩具、拖把等的消毒。

托幼机构常用的含氯消毒剂是 84 消毒液，一般消毒配比为 1∶250～1∶100。

注意事项

兑水配制时不宜用热水，以免挥发，水温要低于 30 ℃；液体对皮肤有刺激，操作者要戴手套；不要把 84 消毒液与洗涤剂或其他消毒剂混合使用。

学习笔记

（2）含氯消毒片

含氯消毒片对痢疾杆菌、伤寒、肝炎病毒均有效，主要用于厕所、痰盂、呕吐物、桌面、地面等的消毒。

常用配制：有效氯浓度为 250 mg/L 和 500 mg/L，即 1 片消毒片兑水 1 L 或 2 片消毒片兑水 1 L。一般 250 mg/L 消毒液用于桌椅等预防性消毒，500 mg/L 用于传染病流行期间消毒。以每片含有效氯 0.25 g 的消毒片配制 1 L 有效氯浓度为 250 mg/L 的消毒溶液为例：在专用容器中事先标好 1 L 的刻度线，向专用容器中加自来水至刻度线，将 1 片消毒片直接（或碾碎后）放入水中，搅拌至消毒片充分溶解方可使用。

> **注意事项**
>
> 消毒液（片）避光加盖保存，消毒液对金属有腐蚀性，用时要搅拌以免沉淀，消毒时间为 20～30 min。

2. 常用的化学消毒法

①浸泡法是将待消毒的物品全部浸没于消毒溶液内进行消毒处理的方法。消毒溶液应浸没全部物品，对腔管类物品应使消毒溶液充满管腔。作用至规定时间后，取出物品用清水冲净，晾干。根据消毒溶液的稳定程度和污染情况，及时更换所用溶液。

适用范围：便具、玩具、家具、织物等耐湿物品。

②擦拭法是指用布或其他擦拭物浸以消毒剂使用浓度的溶液，依次往返擦拭被消毒物品表面进行消毒处理的方法。作用至规定时间后还要用清水擦洗消毒物品，去除残留消毒剂。

适用范围：家具、门把手等物体表面和地面、墙面等。

③喷洒法是将消毒剂使用浓度的溶液直接喷洒于物品表面，作用至规定时间的消毒方法。对家具、门把手等物体表面进行喷洒消毒时，作用至规定时间后还要用清水擦洗，去除残留消毒剂。

适用范围：家具、门把手等物体表面和地面、墙面等。

二、托幼机构日常物品消毒 >>>>>>>>>>>>>>>>>>>>>>>>>>>>

托幼机构须每日消毒的物品主要包括毛巾、水杯、餐具、毛巾架、水杯架、门把手、水龙头、洗手池、桌椅等，须定期消毒的物品有玩具、图书、被褥、床单，以及便池、坐便器和清洁用具等。

（一）每日消毒

1. 毛巾消毒

（1）浸泡、搓洗

先将毛巾用洗涤剂浸泡 20 min 左右，认真搓洗后，漂洗干净，拧干或甩干。

（2）消毒方法

日晒法：将拧干或甩干的毛巾放在阳光下曝晒。曝晒时两条毛巾要间隔 10 cm（或两条毛巾互不接触），曝晒时间不少于 6 h（如图 5-2-1 所示）。

流通蒸汽消毒法：将干净的毛巾送消毒房，蒸汽消毒 10 min。注意被蒸物品

扫码看
毛巾类织物消毒
视频

应疏松放置(如图 5-2-2 所示)。

图 5-2-1 毛巾消毒(日晒法)

图 5-2-2 毛巾消毒(流通蒸汽消毒法)

想一想

儿童使用的毛巾类织物常用的消毒方法有哪些?

煮沸消毒法:将毛巾放入水中,水没过物品,水沸后开始计时,持续 15 min。

消毒剂浸泡法:使用有效氯浓度为 250～400 mg/L 的消毒溶液浸泡消毒 20 min,然后用流动清水将残余消毒剂冲净。

注意事项

①儿童使用的擦手毛巾,每人两条,交替使用,确保每人每天一条。

②擦手毛巾要悬挂在贴有相对固定的标识的专用毛巾架上。两条毛巾以互不接触为宜,毛巾最好不要贴墙挂。

2. 水杯消毒

(1)清洗

用洗涤剂擦拭杯内、杯口、杯外、杯底,用小刷子刷洗水杯的把手,用流动水冲洗干净,沥干水分。若用水杯喝过牛奶或豆浆,须及时洗清干净,沥干水分。

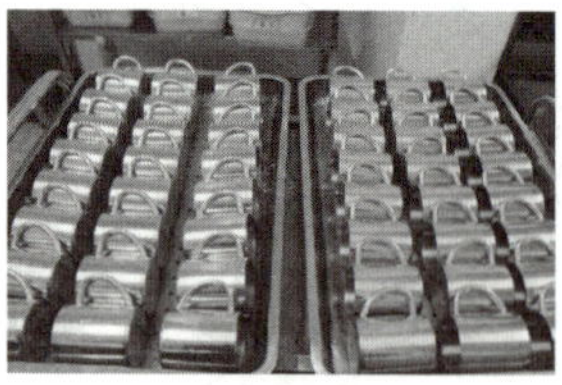

(2)消毒方法

流通蒸汽消毒法:将清洗干净的水杯放入蒸汽消毒柜内消毒 10 min(如图 5-2-3 所示)。

图 5-2-3 水杯消毒
(流通蒸汽消毒法)

煮沸消毒法:将水杯放入水中,水没过水杯,水沸后开始计时,持续 15 min,取出后沥干或烘干。

注意事项

①儿童水杯专人专用,杯口朝上放置在专用水杯架上,水杯每日清洗消毒。

②水杯数量应比实际儿童数量多 1～2 个,备用。

③水杯架应贴有相对固定的标识。

3. 餐具消毒

(1)清洗

先去除餐具表面的食物残渣,再用含洗涤剂的溶液洗净餐具表面,最后用流动水冲去餐具表面残留的洗涤剂。用洗碗机清洗的,按设备使用说明操作。

(2)消毒方法

流通蒸汽消毒法:将洗净的餐具放入蒸汽消毒柜内,温度一般控制在 100 ℃,消毒 10 min 以上。

煮沸消毒法:设专用炉灶,被煮物品应全部浸没在水中,水沸后开始计时,消毒 15 min。

扫码看
餐具消毒视频

①餐具应集中清洗、消毒，最好采用煮沸消毒法和流通蒸汽消毒法。儿童常用的碗、勺、筷子、水杯等直接入口的用具不宜采用消毒剂浸泡消毒法。

②餐具每餐消毒 1 次。消毒后的餐具，及时存放在专用的密闭保洁柜内，以免污染。

4. 毛巾架消毒

①每日用清水擦去浮灰。

②每日使用有效氯浓度为 100～250 mg/L 消毒溶液擦拭消毒，再用清水擦拭干净。

5. 水杯架消毒

(1)清洗

每日用清水擦拭 1 次。擦拭顺序由上至下，由左至右，各拐角都擦拭到，使之无灰尘、无污渍。

(2)消毒方法

每日使用有效氯浓度为 100～250 mg/L 消毒溶液擦拭消毒，再用清水擦拭干净。

①水杯架四周边缘及水杯架腿也要擦拭到，做到随脏随擦。

②水杯架布帘每周清洗 1 次。

6. 门把手、水龙头、洗手池等的消毒

每日擦拭门把手、水龙头表面，再使用有效氯浓度为 100～250 mg/L 的消毒溶液擦拭消毒，作用 10～30 min 后，用清水擦洗干净。洗手池每日清洗并擦拭消毒。

7. 便池和坐便器消毒

①洗刷：在儿童如厕后随时冲洗干净，无积粪、无尿垢、无异味。托幼机构不宜使用坐便器。如使用坐便器，每次使用后及时冲洗，对接触皮肤部位及时消毒。

②消毒：使用有效氯浓度为 400～700 mg/L 消毒溶液，浸泡 30 min 或擦拭消毒，消毒后用清水将残留消毒剂冲净后晾干。

8. 抹布、拖把消毒

(1)抹布消毒

使用抹布后，用水将附在抹布上的污物冲洗掉；用肥皂或洗涤剂将抹布洗净；使用有效氯浓度为 400 mg/L 消毒溶液浸泡消毒 20 min。消毒后用清水将残留消毒剂冲净，晾干后存放。

(2)拖把消毒

每次使用后，用清水冲洗干净；使用有效氯浓度为 400 mg/L 的消毒溶液浸泡消毒 20 min；晾晒或控干后存放。

不同场所的抹布、拖把均应专用并有标识，不得混用。

9. 地面、墙面消毒

①地面消毒：常规保洁，每天清水拖地，或不定期用有效氯浓度为 250 mg/L 的消毒溶液拖地；当地面受到病原微生物污染时，用有效氯浓度为 1000 mg/L 的消毒溶液拖地或喷洒地面，作用 30 min。

学习笔记

②墙面消毒：常规保洁；当受到病原微生物污染时，可采用有效氯浓度为1000 mg/L 的消毒溶液喷洒或擦洗处理。墙面消毒一般为 1.5 m 高即可。

10. 游泳池、戏水池消毒

使用中的游泳池、戏水池应每日进行消毒，保持清洁、无异味。消毒后符合《游泳池水质标准 CJ/T 244－2016》有关要求。

11. 体温计消毒

使用 75％的乙醇溶液，浸泡消毒 3～5 min。

（二）定期消毒

1. 玩具消毒

图 5-2-4 清洗玩具

图 5-2-5 日光曝晒

玩具消毒，一般每天用净布擦拭，每周消毒 1 次。对耐水的塑料、木制玩具，可用洗涤剂清洗(如图 5-2-4 所示)，冲洗干净后日光曝晒(如图 5-2-5 所示)不少于 6 h，或使用有效氯浓度为 100～250 mg/L 的消毒溶液擦拭表面或浸泡 10～30 min。对毛绒、棉质玩具，可用软毛刷、丝毛洗涤剂刷洗干净，日光下曝晒不少于 6 h。对室外大型玩具，定期冲洗，日光曝晒。对不宜湿拭消毒的玩具，可通过日光曝晒消毒。

2. 图书消毒

日晒法：图书应打开，相互不重叠，日光曝晒不少于 6 h，曝晒时要注意经常翻动。图书每周至少通风晾晒 1 次。

紫外线消毒法：可用紫外线灯照射消毒，要求近距离照射 30～60 min。

3. 被褥、床单消毒

儿童床上用品应专人专用。全托班每 2 周换洗床单、枕头套和枕巾 1 次；日托班每月换洗 1 次。被褥每月曝晒 1～2 次，每次不少于 6 h；每晚紫外线消毒 1 h；每学期拆洗 1 次。如遇尿床、呕吐等特殊情况，应随即换洗。

> **注意事项**
>
> ①使用消毒剂后，用清水将残余的消毒剂擦掉。
> ②毛巾、水杯若采用煮沸消毒法，消毒后应使用消过毒的夹子将其夹出，放在架子上，或将手洗净，把物品归位。
> ③循环使用的餐具、餐巾，每次使用后应消毒。
> ④抹布、拖把、水桶等用具要专用，用后及时清洗，保持其干燥。
> ⑤煮沸消毒法，水沸开始计时，计时后不得再加入新物品，否则应从新加入物品煮沸时计时。

三、厨房用具卫生消毒 >>>>>>>>>>>>>>>>>>>>>>>>>>>>>>>>

厨房应配有冷藏设备以及消毒、盥洗、排放污水、存放垃圾和封闭废弃物的设施。厨房每天小扫除，每周大扫除。

地面每天擦洗，保持清洁。炊事用具要生熟分开，专用菜刀、餐盆、餐桶每天消毒一次，专人负责，每次消毒要有记录。消毒后的餐具、用具不得提前取出。

（一）切菜板消毒

每日用硬刷和清水刷洗，再用沸水烫，必要时用有效氯浓度为 100～250 mg/L 消毒溶液浸泡消毒 10～30 min。取出后用清水冲洗、沥干水分。

（二）冰箱消毒

每周清理 1 次或有需要时及时清理。先用清水擦拭，必要时再用有效氯浓度为 100～250 mg/L 消毒溶液擦拭，然后用清水擦净。

（三）炊具消毒

对炒菜铲、厨房勺等炊具，每日用洗涤剂清洗，用清水冲洗干净后使用流通蒸汽消毒。

（四）餐盆、餐桶消毒

每日用洗涤剂清洗，清水冲洗后，用流通蒸汽消毒。

（五）灶台消毒

每餐后擦拭：用洗涤剂擦洗，清水冲洗，擦干。必要时用有效氯浓度为 100～250 mg/L 消毒溶液擦拭，然后用清水擦净。

（六）瓷砖台消毒

每日擦拭：用洗涤剂擦洗，清水冲洗，擦干。必要时用有效氯浓度为 100～250 mg/L 消毒溶液擦拭，然后用清水擦净。

（七）面板消毒

清洗，沸水浇烫，晾干。

（八）炊帚消毒

每日用后洗刷干净晾干；每周煮沸消毒 1 次。

（九）餐具柜消毒

每日先用洗涤剂擦洗，再用清水擦净；使用有效氯浓度为 100～250 mg/L 消毒溶液消毒 10～30 min，再用清水擦拭 1 遍。

（十）食物留样容器盒消毒

最好采用不锈钢加盖杯。每日清洗后，煮沸消毒或流通蒸汽消毒。

四、备餐间的餐具消毒 >>>>>>>>>>>>>>>>>>>>>>>>>>

①流通蒸汽消毒 10 min(温度为 100 ℃)。

②煮沸消毒 15 min，餐具应完全浸没于水中，水沸腾后开始计时。

③远红外线消毒箱，温度达到 125 ℃，维持 15 min。消毒后温度降至 40 ℃以下再开箱，以防碗盘炸裂。

④用自动冲洗消毒洗碗机消毒，按说明书使用。

消毒后的餐具，应存放在保洁柜内，以免污染。

五、托幼机构内出现疫情时的消毒 >>>>>>>>>>>>>>>>>>>>>

①发现传染病患儿或已知有病原微生物污染时，应做好随时消毒和终末消毒。

②消毒的重点应与传染病的传播途径相一致。例如：发生呼吸道传染病时，应加强室内空气消毒；发生肠道传染病时，应加强手、食品和饮用水消毒等。

学习笔记

想一想

清洁与消毒的区别是什么？

思考与练习

一、选择题

①室内空气消毒最有效的方法是(　　　)。

A. 开窗通风　　　　B. 食醋熏蒸　　　　C. 紫外线灯照射　　　D. 空气净化器

②日晒法日晒时间应以(　　　)h为宜。

A. 2　　　　　　　B. 4　　　　　　　C. 5　　　　　　　D. 6

③托幼机构的玩具一般(　　　)消毒1次。

A. 每天　　　　　　B. 每周　　　　　　C. 每月　　　　　　D. 半年

④托幼机构的儿童水杯一般(　　　)消毒1次。

A. 每天　　　　　　B. 每2天　　　　　C. 每周　　　　　　D. 每月

⑤紫外线灯累计使用时间不能超过(　　　)h。

A. 500　　　　　　B. 800　　　　　　C. 1000　　　　　　D. 1200

⑥托幼机构餐具消毒的方法有(　　　)。(多选题)

A. 蒸汽消毒法　　　B. 煮沸消毒法　　　C. 日晒法　　　　　D. 紫外线灯照射法

⑦日晒法主要用于(　　　)的消毒。(多选题)

A. 衣物　　　　　　B. 被褥　　　　　　C. 书籍　　　　　　D. 玩具

⑧托幼机构毛巾类织物的消毒方法有(　　　)。(多选题)

A. 煮沸消毒法　　　B. 蒸汽消毒法　　　C. 日晒法　　　　　D. 消毒剂浸泡法

二、判断题

①清洁有利于提高消毒、灭菌的效果。(　　　)

②用煮沸法给物品消毒时，水沸后开始计算时间。(　　　)

三、简答题

①如何做好托幼机构的晨间清洁工作？

②托幼机构常用的消毒方法有哪些？

③党的二十大报告指出："江山就是人民，人民就是江山。中国共产党领导人民打江山、守江山，守的是人民的心。治国有常，利民为本。为民造福是立党为公、执政为民的本质要求。必须坚持在发展中保障和改善民生，鼓励共同奋斗创造美好生活，不断实现人民对美好生活的向往。"在托幼机构的卫生消毒工作上，我们如何做才能保护好幼儿，落实守住人民的心的要求？

云测试及
参考答案

📖 **学习反思**

模块六
学龄前儿童常见疾病预防与管理

学习目标

① 了解学龄前儿童常见疾病的种类及病因。

② 熟悉学龄前儿童常见疾病的典型症状。

③ 能举例说明学龄前儿童常见疾病的防护方法。

④ 掌握基本护理技能。

⑤ 能对学龄前儿童常见疾病症状进行初步鉴别及处理。

⑥ 能做好学龄前儿童常见疾病登记与过程管理工作。

⑦ 关心、爱护儿童，具备良好的人文关怀素养。

学习导航

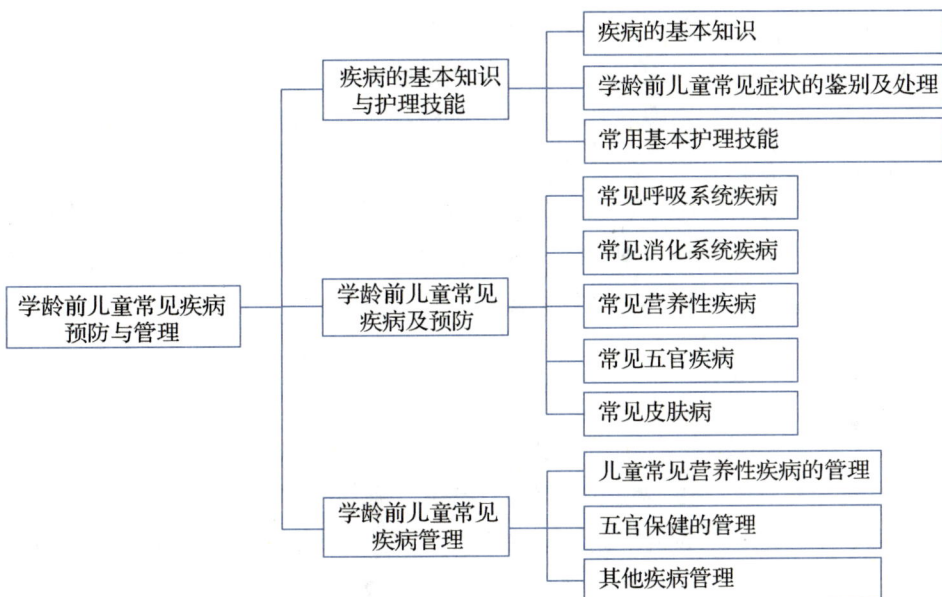

学龄前儿童正处于生长发育期，由于各器官、系统发育不成熟，机体功能处于较低水平。对环境的适应能力及对疾病的抵抗能力较弱，很多致病因素均可导致儿童患病。托幼机构是学龄前儿童集中生活的地方，一旦发生传染病极易造成流行，因此积极预防、控制和减少各种致病因素，及早发现和控制疾病的发展，是托幼机构卫生保健工作的重要内容。

单元 1
疾病的基本知识与护理技能

一、疾病的基本知识 >>>>>>>>>>>>>>>>>>>>>>>>>>>>>>

疾病是机体在一定病因的损害性作用下，因自稳调节紊乱而发生的异常生命活动过程。导致学龄前儿童患病的因素很多，如病原体的侵袭、营养不均衡、不良的生活习惯、环境污染、遗传等。医学上对疾病有不同的分类方法，比较常见的分类有：按照致病原因，分为感染性疾病和非感染性疾病。例如：流行性感冒、肺炎、细菌性痢疾、肠蛔虫等疾病是病毒、细菌、寄生虫等病原体感染致病，属感染性疾病；单纯性肥胖、近视、过敏性疾病等是因发育障碍、不良的生活和行为方式、外界环境刺激等而致病，为非感染性疾病。按照患病部位，分为呼吸系统疾病、消化系统疾病、泌尿生殖系统疾病、神经系统疾病、口腔五官疾病等。按照疾病有无传染性，分为常见病和传染病等。

随着生活环境的改变、预防医学的进步、医疗技术水平的提高，疾病的种类出现较大变化。总体上看，学龄前儿童曾经易患的一些传染病，如麻疹、百日咳、白喉、乙型肝炎、肺结核、脊髓灰质炎等，通过实施广泛的预防接种得到较好的控制或已被消灭（天花已被消灭）。但一些非感染性疾病，如单纯性肥胖、近视、哮喘、孤独症、注意缺陷多动障碍等疾病的发病率呈上升趋势。同时，还有一些新发现疾病成为威胁学龄前儿童健康的危险因素，如传染性非典型肺炎、甲型H1N1流感、艾滋病等。

二、学龄前儿童常见症状的鉴别及处理 >>>>>>>>>>>>>>>

由于学龄前儿童年龄较小，患病后自己表达不清或不全，因此，保教人员应细心观察。对出现精神、体温、饮食、睡眠、大小便异常现象的儿童，应予以重视并及时联系家长。因儿童病情变化快，保教人员发现异常后，无论病情轻重，均应及时请保健人员诊治或去医院诊治。

（一）发热

发热为体温的异常升高，是儿童很多疾病中的一种常见症状。发热可分为感

🔗 相关链接

习近平的民生关切事·幼有所育

要重视少年儿童健康，全面加强幼儿园、中小学的卫生与健康工作，加强健康知识宣传力度，提高学生主动防病意识，有针对性地实施贫困地区学生营养餐或营养包行动，保障生长发育。

——2016 年 8 月在全国卫生与健康大会上的讲话

染性发热和非感染性发热两大类。感染性发热较多见，主要是由病原体(如细菌、病毒、真菌、寄生虫等)引起的。非感染性发热多是由环境温度过高、穿衣过厚、疫苗反应、哭闹等病原体以外的各种因素引起的。

1. 发热的分度

人体正常体温有一个较稳定的范围，一般为 36.0～37.0 ℃。虽然体温可随昼夜、年龄、性别、活动等出现生理性变化，但变化范围很小，通常不超过 1.0 ℃。一般来说，当腋温超过 37.0 ℃ 或口腔温度超过 37.3 ℃，一昼夜体温波动在 1 ℃以上，就可称为发热。以口腔温度为例，发热程度可分为：低热 37.3～38.0 ℃，中等热 38.1～39.0 ℃，高热 39.1～41.0 ℃，超高热 41.0 ℃ 以上。

2. 处理原则

(1)降低体温

当儿童出现发热时，要及时送至保健室。给腋温高于 37.0 ℃ 的儿童多喝温开水，让其多排尿、多休息。密切观察病情变化，及时通知家长。对体温高于 38.5 ℃的儿童，采取物理降温和药物降温。

①物理降温。可采用温水擦拭、贴退热贴等物理方式降温。

温水擦拭：调节室温，关闭门窗。将毛巾浸入温水(32.0～34.0 ℃)中，拧至半干，以离心方式擦拭。可擦拭患儿的颈外侧、腋窝、肘窝、手心、腹股沟、腘窝等血管丰富的部位。擦拭后，用大毛巾擦干皮肤。胸部、腹部、后颈、足底等部位对刺激敏感，最好不要擦拭。擦拭时随时观察儿童有无出现寒战、面色苍白等异常现象，若有异常，停止擦拭，及时处理。对出疹的发热患儿，不要用温水擦拭降温。禁用乙醇擦拭降温，因为乙醇擦拭会使患儿通过呼吸和皮肤吸收大量乙醇。儿童肝功能不完善，对乙醇的代谢能力弱，易导致血中乙醇浓度升高，引起中枢神经系统毒性。

②药物降温。经过物理降温处理，如果患儿的体温仍然超过 38.5 ℃，有资质的卫生室可选用药物降温。药物降温主要是口服退热药。服退热药应间隔 4 h 以上，但对有高热惊厥史的儿童，发热初期即须给药。

(2)密切观察

注意观察病情变化，及时通知家长。如果儿童出现高热持续不退、精神差或伴有其他症状，如头痛、呕吐、皮疹等，应立即送往医院诊治。

3. 日常护理

①充足的休息可减少能量的消耗，有利于机体康复。高热儿童应卧床休息；低热儿童可酌情减少活动，适当休息。为患儿提供室温适宜、环境安静、空气流通的休息环境。

②补充营养和水分。补充大量的维生素和无机盐，供给适量含热量和蛋白质的流质或半流质食物。鼓励少量多餐，以补充高热的消耗，提高机体的抵抗力。及时补充水分，以补充高热消耗的大量水分，同时促进毒素和代谢产物的排出。

③口腔护理。发热时唾液分泌减少，口腔黏膜干燥，且抵抗力下降，易滋生细菌，出现口腔感染。可用温水或淡盐水漱口，保持口腔清洁。

④皮肤护理。热退时常伴有大量出汗，应及时用干毛巾擦拭并更换衣服，保持皮肤清洁、干燥，防止受凉。

✎ 学习笔记

想一想

发热都是有害的吗？

(二)腹痛

引起腹痛的原因有很多，大致可分为两大类：一类是功能性腹痛，主要由单纯的胃、肠痉挛所致，功能性腹痛的特点是阵发性、一过性且无固定部位(脐周明显)，腹部柔软、无包块；另一类为腹部器质性病变，如炎症、梗阻等，器质性病变引起的腹痛持续时间长且部位固定，常伴有呕吐、腹胀、腹泻、便秘、发热等现象，全腹或局部有压痛，腹部肌肉紧张，可摸到肿块，而且上述症状(表现)越来越严重。

1. 鉴别要点

①脐周围痛，部位不是很固定，疼痛一般不重，但经常出现阵发性疼痛，考虑肠蛔虫。

②右下腹痛，开始疼痛部位不固定，以后为右下腹痛，有反跳痛(即用手压右下腹后将手抬起时最痛)，伴有发烧、呕吐，考虑急性阑尾炎。

③右上腹痛，剧烈腹痛，伴有呕吐，有蛔虫病史，考虑胆道蛔虫症。

④左下腹痛，伴有粪便异常，考虑结肠炎或痢疾。

⑤左上腹痛，考虑脾脏创伤等。

⑥上腹部痛，常因暴食或吃不洁食物引起。

⑦疼痛剧烈，腹部可摸到索状肿物，伴有呕吐，考虑蛔虫性肠梗阻。

⑧剧烈的脐周痛或全腹痛，伴有皮下出血点，考虑过敏性紫癜。

2. 处理原则

找寻病因，根据病因做相应处理。诊断不明时切不可用镇痛药、止泻药及驱虫药等，以免误诊。若腹痛剧烈不能自行缓解，应及时送医院诊治。

(三)呕吐

诱发呕吐的原因很多，有非疾病引起的，也有疾病引起的。非疾病引起的呕吐与饮食不当、饮食过量、过度哭泣、气味刺激、刷牙刺激等有关。疾病引起的呕吐与肠道疾病、咳嗽、发热、外伤等有关。儿童发生呕吐时，应注意观察其症状，特别要询问饮食和服药的情况。

1. 鉴别要点

①呕吐伴有流涕、咽痛、咳嗽等呼吸道症状时，常为上呼吸道感染、支气管炎、肺炎。

②呕吐伴有恶心、腹痛、腹泻等消化道症状时，多见于消化道感染性疾病，如急性胃肠炎、细菌性痢疾、阑尾炎、急性肝炎、腹膜炎等。消化道梗阻患者也会出现呕吐。

③呕吐伴有发热、昏迷、惊厥等中枢神经系统症状时，要警惕中枢神经系统疾病。脑膜炎患者常有喷射性呕吐、颈项强直等脑膜刺激征表现。脑震荡患者应有头部外伤史。

④喂养不当、饮食过量可在餐后引起呕吐。误服药物中毒后也会出现呕吐。

2. 处理原则

①儿童发生呕吐时，应轻拍其背，引流出呕吐物，用热毛巾将其口周擦净，防止呕吐物吸入。

②当呕吐量多、呕吐次数频繁时要防止脱水，应及时喝些淡盐水。

③在呕吐伴有急危症状时，如精神萎靡、高热持续不退、喷射性呕吐或腹痛进行性加重时，要考虑中枢神经系统疾病或外科急腹症的可能，应及时送医院诊治。

（四）厌食

厌食为常见症状，是指较长时期的食欲减退或消失。长期厌食会伴有体重不增或下降，常有器质性病变或精神方面的障碍。

1. 鉴别要点

（1）厌食伴有不良的饮食行为

不良的饮食行为表现为生活不规律，吃饭不定时，饭前吃糖果、点心等零食。不良的饮食行为会影响神经调节功能和消化液的分泌。高糖、高蛋白饮食也会使食欲下降。儿童不良的饮食行为常为厌食的主要原因。

（2）伴有厌食的常见疾病

①慢性感染。有些慢性感染可伴有长期的食欲减退，如结核病、慢性肺部感染、肾盂肾炎、慢性肝病。

②营养障碍。锌缺乏、铁缺乏症。

③药物作用。有些药物会造成胃肠道反应，使食欲减退，如抗生素（红霉素等）。

（3）与精神、社会因素影响有关

精神与社会因素也是造成厌食的原因。

2. 处理原则

①建立规律的生活习惯，改变不良的饮食行为。

②对由各种疾病引起的厌食，应积极针对原发病进行治疗。

③采用中医中药对症治疗，服用开胃健脾的中药和捏脊疗法，对食欲或消化功能差的儿童有一定的疗效。

三、常用基本护理技能 >>>>>>>>>>>>>>>>>>>>>>>>>>>>>>

（一）测体温

体温计是用来测量体温的仪器，又叫体温表。儿童常用的体温计有玻璃水银体温计（如图 6-1-1 所示）、电子体温计（如图 6-1-2 所示）、红外线耳道体温计（仪）（如图 6-1-3 所示）。玻璃水银体温计和电子体温计用于腋温、口温、肛温的测量，红外线耳道体温计用于耳温的测量。

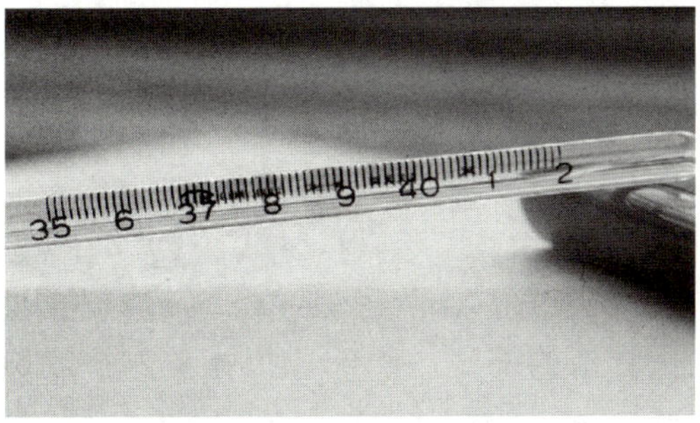

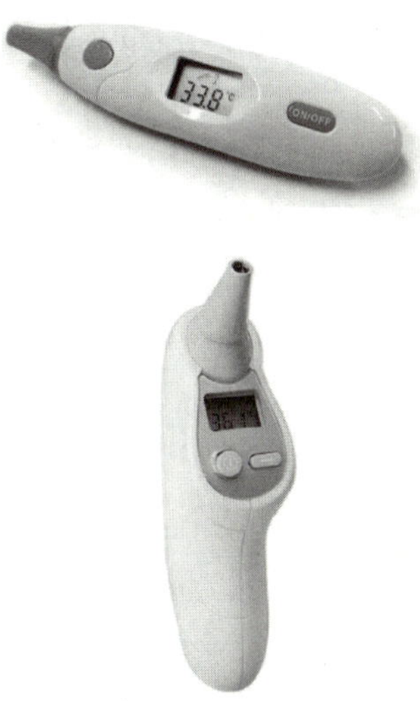

图 6-1-3　红外线耳道体温计（仪）

图 6-1-1　玻璃水银体温计

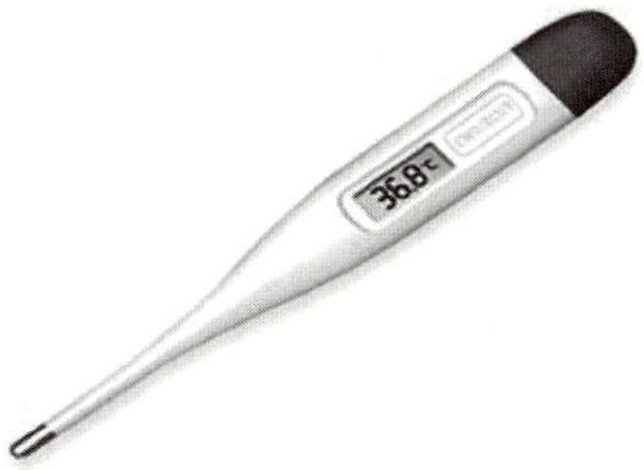

图 6-1-2　电子体温计

学习笔记

玻璃水银体温计是由一根真空毛细管，以及外侧带有刻度的玻璃棒构成，玻璃棒一端为贮汞槽，内盛汞液（水银）。当贮汞槽受热后，水银膨胀沿毛细管上行，其上行高度与受热程度呈正相关。玻璃棒外标有摄氏温度值，范围为 35.0～42.0 ℃，每一度用短线标出 10 个小格，在半摄氏度和整摄氏度的地方用较粗且长的线标记，在 37.0 ℃处染以红色，以示醒目。

玻璃水银体温计测量结果准确，但易破碎，存在水银污染的可能；测量时间一般比较长，测量腋温一般需要 5 min，测量口温和肛温需要 3 min。

电子体温计采用电子感温探头测量体温，测得温度直接用数字显示，使用方便。测温时间短，1 min 左右就能出结果，适合爱动的儿童。但电子产品须经常校准，否则测出的体温值会有较大偏差。

红外线耳道体温计（仪）与电子体温计类似，也是儿童比较常用的体温计。测量时间短，容易读数，但价格较高。测量的是耳道温度，测量结果的准确性受测量操作的规范性影响较大。10 月龄以下的婴儿不推荐耳道测温，因为婴儿耳道短、小、娇嫩，操作不当容易导致外耳道损伤。

体温测量方法有 3 种，分别为腋下测量法、口腔测量法和直肠测量法。腋下测量法既安全又卫生，是常用的体温测量方法。

测量前，操作者洗净双手并擦干，保证双手温暖。检查体温计有无破损（或电子体温计电量是否充足，数值是否归零），玻璃水银体温计水银柱是否在 35.0 ℃以下，若不在，可捏住没有水银球的一端，向下向外轻甩几下，使水银柱降到 35.0 ℃以下。

儿童取卧位或坐位，测量时解开上衣，擦去腋窝的汗液，把玻璃水银体温计的水银端（或电子体温计的感温探头）插入腋窝中间，水银端（或感温探头）不能伸出腋窝外。儿童屈臂夹紧体温计。玻璃水银体温计测量 5 min（电子体温计测量约 1 min）后取出，读数、记录。读取测量结果时，应横持玻璃水银体温计，使体温计和眼睛平行，缓慢来回转动体温计，取水平线位置观察水银柱所示温度刻度。电子体温计直接读数。

测量完成后协助儿童穿好衣服。玻璃水银体温计须把水银柱甩到 35.0 ℃以下，用 75％的乙醇消毒后放回透明外壳中，盖上盖子，妥善保存，待下次使用。电子体温计须关闭开关，用 75％的乙醇擦拭消毒，妥善保存，待下次使用。

想一想

影响体温测量结果的因素有哪些？

注意事项

①测体温最好在儿童进食 30 min 以后，安静状态下进行。

②测腋温时，体温计要紧贴皮肤，不能隔着衣服测体温。

③对于发热的儿童，每 1～2 h 可测一次体温，待体温正常后，每日可测 2 次体温。

练一练

用玻璃水银体温计给发热儿童测腋温，测后读数，判断发热情况及采取的物理降温方法。

（二）测脉搏

靠近骨骼的表浅大动脉均可作为测量脉搏的部位。腕部靠拇指侧的桡动脉是常采用的部位，此外还有颞动脉或颈动脉。测量时可用示指、中指、无名指指腹轻轻按于桡动脉（如图 6-1-4 所示）、颞动脉或颈动脉处，压力大小以清楚触到脉搏为宜。一般情况下测 30 s，测得数值乘 2，脉搏异常者应测 1 min。正常脉率为：新生儿每分钟 120～140 次，1 岁内婴儿每分钟 110～130 次，1～5 岁儿童每分钟 90～120 次，6～9 岁儿童每分钟 80～100 次。

图 6-1-4　桡动脉测量法

> **注意事项**
>
> 　　脉搏可受活动、哭闹、情绪变化等因素影响。为减少误差，应在儿童熟睡或安静时测量。

（三）测呼吸

测时可直接观察儿童呼吸时胸部或腹部起伏，婴儿以腹式呼吸为主，以腹部起伏计数；1 岁以上的儿童，以胸部起伏计数。一起一伏为一次呼吸，一般情况下测 30 s，测得数值乘 2，异常呼吸者测 1 min，记录结果。正常呼吸频率为：新生儿每分钟 40～45 次，1 岁内婴儿每分钟 30～40 次，1～5 岁儿童每分钟 25～30 次，6～9 岁儿童每分钟 20～25 次。

> **注意事项**
>
> 　　呼吸频率受运动、啼哭、精神变化等因素影响，应在儿童安静时测量。

A. 拉下眼睑

B. 将药液滴于下眼睑结膜囊内

（四）滴眼药水

①操作者洗净双手，并核对儿童姓名、药名、用药时间。

②儿童取坐位或仰卧位，头稍向后仰，眼向上看。

③若眼部有分泌物，先用消毒棉签拭去。

④操作者用左手示指或棉签向下拉开儿童下眼睑，右手持滴管或眼药瓶，在距下眼睑 2～3 cm 处将 1～2 滴药液滴在下眼睑结膜囊内。

⑤滴药后，用手指轻轻提起上眼睑，使药液在结膜囊内弥散。擦去流出的药液，让儿童轻闭双眼 1～2 min。（如图 6-1-5 所示）

C. 轻提上眼睑

> **注意事项**
>
> 　　①滴眼药水时，滴管口或药品口勿触及睑缘、睫毛和手指，以免污染。
> 　　②滴眼药水时，动作要轻柔，勿压迫眼球。
> 　　③刚从冰箱内取出的眼药水，要在室温下放一会儿再用。
> 　　④滴用多种眼药水时，两种药物间隔不少于 5 min。

D. 拭去药液

图 6-1-5　滴眼药水

（五）滴鼻药

①操作者洗净双手，核对儿童姓名、药名、用药时间。

②协助或嘱儿童轻轻擤出鼻内分泌物，清洁鼻腔。

③让儿童取仰卧位，肩下略垫高或头悬于床沿；或取坐位，背靠椅背，头尽量后仰，鼻孔向上。

④在距鼻孔 2～3 cm 处将药液滴入鼻孔，每侧 2～3 滴，轻轻按压鼻翼，使药液均匀分布在鼻腔黏膜上。

⑤滴药后保持原姿势 2～3 min。

⑥用棉球或纸巾擦去外流药液。

学习笔记

注意事项

①滴药后提醒儿童暂时不要擤鼻子。

②滴药时勿吞咽。若儿童因药液的异味而感到不适，可用温水漱口。

（六）外耳道滴药

①操作者洗净双手，核对儿童姓名、药名、用药时间。

②让儿童侧卧或取坐位，使患耳向上，用消毒棉球轻轻擦净外耳道分泌物。

③操作者一只手轻轻向后下方牵拉耳郭，将外耳道拉直，另一只手将药液沿外耳道后壁滴入 2～3 滴。

④用手指反复轻按耳屏，使药液流入耳道四壁及中耳腔内。

⑤让儿童保持原姿势 3～4 min。

⑥在外耳道口塞入干棉球，以免药液流出。

注意事项

①若刚从冰箱内取出滴耳液，要在室温下放一会儿再用，否则会引起眩晕、恶心等不良反应。

②如果双耳均须用药，滴完一侧过一会儿再滴另一侧。

（七）简易通便

1. 开塞露通便法

使用前将管口的瓶盖拧开，挤出少许液体，先润滑管口，然后将其轻轻插入肛门，再挤压后端使药液射入肛门内，起到润滑作用。让儿童尽量憋一会儿，再排便。

2. 手抠干大便法

如果儿童长时间不能排便，多量干硬大便堆积在直肠内，用以上方法通便无效时，可戴橡皮手套，用开塞露润滑手指后轻轻插入肛门，一点一点抠出积存在肛门中的硬粪块。

（八）冰袋冷敷

冷敷可减轻局部充血或出血，减轻疼痛，控制炎症扩散，降低体温等。

将冰袋用毛巾包裹或装入布套置于所需部位即可。通常将冰袋置于颈部两侧、腋窝、腹股沟等部位，放置时间不超过 30 min；或将在冷水或冰水中浸湿的毛巾拧成半干(以不滴水为度)，敷于局部跌撞处，每隔 5～10 min 更换一次，连续冷敷 15～20 min，最好有两块小毛巾交替使用。

注意事项

①使用过程中应随时观察冷敷部位局部情况，有无皮肤变色、感觉麻木等现象发生。如有，立即停用，以防冻伤。

②随时检查冰袋有无漏水，冰块融化后应及时更换，保持布套干燥。

③前胸、腹部、枕后、足底忌冷敷，对冷刺激敏感者不宜冷敷。

（九）热水袋热敷

热敷常用于保暖、解痉、消炎、减轻疼痛、减轻充血等。

✏ 学习笔记

将温度适宜(不超过 60 ℃或不烫手)的水灌入热水袋内,灌入量为热水袋容量的 1/2～2/3,排出袋内气体并拧紧塞子,擦干热水袋表面。将热水袋倒提,挤压、抖动,检查确无漏水后,装入布套中或用毛巾包裹,放在所需部位。无热水袋时也可用塑料壶(瓶)代替,只要遇热水不变形、不漏水就可以用。热敷时间一般不超过 30 min。

注意事项

①热水袋不应直接接触儿童的皮肤,及时更换热水以保持一定温度。

②软组织扭、挫伤 24 h 内勿使用热敷,面部危险三角区感染化脓时忌用,急性腹部疾病未明确诊断前勿用。

③热水袋用毕,将水倒净,倒挂晾干后,往袋内吹气并拧紧盖,保存于阴凉处。

④热敷过程中应加强观察,因儿童往往不能很好地合作,要慎防烫伤。

单元 2
学龄前儿童常见疾病及预防

儿童患病时,常常不能用语言准确表达病痛,需要照护者细心观察,及早发现异常情况,及时采取相应的措施。

学习笔记

一、常见呼吸系统疾病 >>>>>>>>>>>>>>>>>>>>>>>>>>>>>>

(一)急性上呼吸道感染

呼吸道以环状软骨下缘为界,分为上呼吸道和下呼吸道。上呼吸道包括鼻、咽、喉,下呼吸道包括气管和支气管。急性上呼吸道感染是鼻腔、咽或喉部急性炎症的总称,简称上感,俗称感冒,是学龄前儿童常见疾病。此病一年四季均可发生,以冬春季节及气候骤变时多见。一次患病后产生的免疫力不足,易反复患病。

1. 病因

由病毒引起的占 90%以上,少数由细菌引起。病毒感染后可继发细菌感染。气候无常以及儿童受凉、受热、营养不良、体弱及慢性疾病等因素均可诱发此病。

2. 主要症状

①局部症状。主要是鼻、咽部症状。轻者仅有鼻塞、流涕、打喷嚏、头痛伴咳嗽、咽部不适等症状,多于 3～4 d 自然痊愈。重者经检查可见咽部充血,扁桃体可出现脓性分泌物。

②全身症状。如发热、乏力、烦躁不安、呕吐、腹泻等,3 岁以下儿童可因高热(体温 39.0 ℃以上)引起惊厥。

③并发症。当炎症扩散时，可引起鼻窦炎、中耳炎、支气管炎及肺炎等。

3. 生活护理

①一般护理。注意休息，减少活动。做好呼吸道感染者隔离工作，患儿与其他患儿或正常儿童分室居住，接触者应戴口罩。保持室内空气新鲜，但应避免空气对流。

②发热护理。衣被不可过厚，以免影响机体散热引起体温进一步升高。体温超过 38.5 ℃时给予物理降温或药物降温。

③注意饮食。饮食要以清淡、易消化的食物为主。不要给患儿吃油腻、辛辣的食物和冷饮。

④补充水分。因发热、呼吸加快而增加水分消耗，应多喝温水。

⑤及时清除鼻腔及咽、喉部分泌物和干痂，保持呼吸道通畅。

（二）疱疹性咽峡炎

1. 病因

疱疹性咽峡炎主要由柯萨奇病毒引起，多发于夏秋季节。

2. 主要症状

起病急，有高热、咽痛、流涎、拒食、呕吐等症状。典型症状表现为咽部充血，咽腭弓、悬雍垂、软腭等处有直径为 2～4 mm 的疱疹，周围有红晕，疱疹破溃形成小溃疡。病程 1 周左右，重者可至 2 周。患儿可反复发生此病，系不同型病毒引起。

3. 生活护理

①对高热者给予物理降温或药物降温。

②注意休息、多饮水，给予富含营养、易消化的食物。忌食刺激性食物，不吃过热、过冷的食物。

③注意口腔卫生，保持口腔清洁。可用淡盐水漱口。

（三）扁桃体炎

扁桃体包括腭扁桃体、咽扁桃体和舌扁桃体。出生后 4～6 个月腭扁桃体开始发育，4～10 岁发育达高峰，14～15 岁逐渐缩小，故扁桃体炎常见于年长儿童，婴儿则少见。

出生后 6 个月咽扁桃体已发育，位于鼻咽顶部与后壁交界处。

1. 病因

因溶血性链球菌感染引起，儿童在疲劳、受凉、机体抵抗力下降时易发病。可反复发作，一年四季均可发生。

2. 主要症状

①急性扁桃体炎。发作时有高热、乏力、咽痛、呕吐、吞咽困难、颌下淋巴结肿大等症状。检查咽部时可见扁桃体红肿，表面有黄白色脓点，严重时有脓性渗出物。

②慢性扁桃体炎。急性扁桃体炎治疗不当，反复发作，可致慢性扁桃体炎。表现为咽部经常有不适及堵塞感，发干、发痒、刺激性咳嗽，伴有低热及食欲不佳等现象。检查时可见咽部和扁桃体潮红，表面不平、有黄色分泌物。儿童扁桃

体过度肥大可引起呼吸、吞咽、语言障碍或睡眠时打鼾。严重的腺样体肥大是小儿阻塞性睡眠呼吸暂停综合征的重要原因。

3. 生活护理

①给予流食或半流食，如牛奶、豆浆、粥等，让其多喝水。

②让患儿饭前、饭后用温淡盐水漱口。

（四）急性支气管炎

1. 病因

它是由细菌、病毒引起的支气管黏膜的急性炎症。常见的诱因是受凉、过度劳累以及营养不良、佝偻病、慢性鼻炎、咽炎等，空气污染、化学因素的刺激也是此病发生的原因。

2. 主要症状

大多先有上呼吸道感染症状，之后以咳嗽为主要症状。初为干咳，渐有痰。常有发热、呕吐及腹泻等。发热一般经3～4 d即退，咳嗽可持续1～2周。双肺呼吸音粗糙，有时可闻及不固定的散在干湿啰音。

3. 生活护理

护理时让患儿注意休息、保暖，给予营养丰富、易消化、清淡的饮食，使其经常变换体位，多喝开水，使呼吸道分泌物易于咳出。

（五）肺炎

1. 病因

由病毒或细菌引起，四季均易发生，以冬春季节及气候骤变时多见，感染麻疹、百日咳以后，易并发肺炎。

2. 主要症状

一般有发热、咳嗽、气喘等症状。重者面色发灰、鼻翼翕动，呼吸困难、精神差。

3. 生活护理

①休息。卧床休息，保证充足的睡眠；经常变换体位可增加肺通气，减少肺瘀血，促进痰液排出。呼吸困难时取半卧位，可用枕头垫背部抬高上身，以利呼吸。

②饮食。给予易消化、富含营养的食物，忌食辛辣、油腻食物。发热时应吃流质或半流质食物，发热和气喘会增加体内部分消耗，使痰液黏稠不易咯出，应注意适当多喝水。

③环境。室内保持安静清洁，空气流通，室温最好维持在18～20 ℃。

④穿盖。衣着要宽松，盖被不宜太厚，过热会使患儿烦躁而诱发气喘，加重呼吸困难。

（六）支气管哮喘

支气管哮喘简称哮喘，是由嗜酸性粒细胞、肥大细胞、T淋巴细胞等多种细胞参与的气道慢性炎症性疾病。

1. 病因

病因尚未完全清楚。个体过敏体质及外界环境的影响是发病的危险因素，呼吸道病毒感染是诱发儿童反复哮喘的重要原因。多数患儿有婴儿湿疹、过敏性鼻炎、食物(药物)过敏史。多为基因遗传病，多发于 5 岁前儿童。

常见的致病因素：

①室内变应原。主要包括尘螨、真菌等。室内地毯、空调、加湿器等成为变应原的理想栖息地。

②室外变应原。主要包括花粉、草粉等。

③食物。异体蛋白的摄入，如鱼、虾、蛋、奶和花生等。

④药物。阿司匹林和一些非皮质激素类抗炎药等。

⑤运动和过度通气。运动可引起哮喘儿童气流受限而有哮喘症状的短暂发作。

⑥其他因素。情绪过度激动、空气污染、被动吸烟、气候转变、呼吸系统疾病等都与哮喘发作有关。

2. 主要症状

反复喘息、气短、胸闷或咳嗽，呈阵发性反复发作，以夜间和(或)晨起为重。

3. 生活护理

①环境。保持室内空气清新、温湿度适宜，避免有害气味刺激。

②体位。患儿采取坐位或半卧位，有利于呼吸。

③饮水。保证患儿摄入足够的水分，以降低分泌物的黏稠度。

④呼吸。教会并鼓励患儿做深而慢的呼吸运动。

⑤安抚。守护并安抚患儿。

(七)常见呼吸系统疾病的预防措施

增强儿童机体抵抗力，防止病原体的侵入是预防的关键。

①增强体质。加强体格锻炼，每天保证户外活动时间至少 2 h，多接触阳光和呼吸新鲜空气。

②平衡膳食。保证儿童得到均衡营养素和足够的热量，多饮水。

③加强护理。应根据天气变化随时增减衣物。

④预防疾病。保持活动室、卧室空气流通。远离传染源，在呼吸道疾病发病季节，避免儿童到拥挤的公共场所。

⑤空气消毒。采用开窗通风、紫外线灯消毒等方式进行空气消毒。

二、常见消化系统疾病 >>>>>>>>>>>>>>>>>>>>>>>>>>>>>>

(一)腹泻病

腹泻病是婴幼儿常见疾病，是造成营养不良、生长发育障碍的主要原因之一。多在夏季和秋季发生，以病毒感染为多见，多发于 6 个月～2 岁儿童。

1. 病因

①非感染性腹泻病。因喂养不当引起，如喂养量过多或过少，辅食添加过早、过于突然，对牛奶、大豆过敏，食物不易消化，腹部受凉等。

②感染性腹泻病。食物或餐具等被病菌污染，或上呼吸道感染、中耳炎、肺炎、急性传染病等致消化功能紊乱均可引起腹泻。

2. 主要症状

①病情轻者一日腹泻数次至十几次，大便呈黄色或黄绿色，稀糊状或蛋花汤

学习笔记

想一想

为什么喂养量过多、过少会引起腹泻病？

样，体温正常或低热，尿量、食欲尚正常。

②病情重者一日腹泻十至数十次，大便呈水样，尿量明显减少或无尿，食欲减退、伴有频繁呕吐。因机体丢失大量水分、无机盐而发生脱水、酸中毒。表现为眼窝凹陷、口唇及皮肤干燥，精神极差，严重时可危及生命。

3. 生活护理

①注意腹部保暖。避免腹部着凉，可用热水袋热敷腹部。

②皮肤护理。便后用温开水洗净臀部并擦干，以保持皮肤清洁、干燥。

③调整食量。可适当进食，但量要少，忌生冷、油腻、不易消化食物。

④及时补液。轻、中度脱水者可口服补液盐，轻度脱水需 50～80 mL/kg，中度脱水需 80～100 mL/kg；严重脱水者，应及时输液，先盐后糖。

4. 预防措施

①合理喂养。提倡母乳喂养，合理添加辅食，合理断奶。

②注意饮食卫生。生吃瓜果和蔬菜时要洗净。培养儿童良好的饮食卫生习惯，如饭前便后洗手，不喝生水，不咬手指等。

③做好消毒隔离工作。严格做好餐具、用具的日常消毒。患儿所用的尿布、便盆等要彻底消毒，以免交叉感染。

> **想一想**
>
> 老人说"有钱难买六月泻"，这种说法对吗？为什么？

（二）便秘

大便干硬、量少，排便困难，称为便秘。

1. 病因

①饮食因素。摄入的食物及水分不足，消化后仅有少量残渣，使大便量少；饮食中蛋白质含量过高，缺少粗纤维，导致大便干燥。

②生活因素。生活不规律，缺乏定时排便的习惯，粪便在肠道内停留的时间过久，水分被吸收，粪便变得干硬。

③疾病影响。肛肠疾病，如肛门狭窄、肛裂、先天性巨结肠均可引起便秘；高热时体内脱水，易使大便干结；营养不良时肠蠕动减慢，水分大量被吸收而出现粪便干燥。

2. 主要症状

排便次数少，情绪不好，腹胀，排便时大便坚硬，肛门疼痛，可有便血。

3. 预防措施

①调整饮食结构。注意蛋白质和碳水化合物等食物的合理搭配，多吃粗粮、新鲜的蔬菜和水果，多喝开水。

②培养良好的生活习惯。从小培养儿童不偏食、不挑食的良好饮食习惯；每日规律作息，注意训练每日按时排便的习惯。

③适宜运动。经常参加适宜的运动，以促进肠道蠕动。

④腹部按摩。从脐部开始，顺时针按摩腹部。

三、常见营养性疾病 >>>>>>>>>>>>>>>>>>>>>>>>>>>>>>>>>

（一）蛋白质-能量营养不良

由于各种原因引起的蛋白质和(或)热能摄入不足或消耗增多引起的营养缺乏

> **学习笔记**

病，称为蛋白质-能量营养不良，简称营养不良，多见于 3 岁以下婴幼儿。

1. 病因

①长期喂养不当。婴儿出生既无母乳或母乳不足，又缺乏合理的人工喂养措施，如奶粉配制过稀、未及时添加辅食、长期以淀粉食物为主食、年长儿童的不良饮食习惯等。

②疾病因素。儿童易患呼吸道感染和腹泻病等。患病后自身消耗增多，食欲差，特别是腹泻病，除了丢失水分外，还直接影响各种营养素的消化、吸收。此外，肠道寄生虫病、急慢性传染病、消化道畸形等可造成食物摄入、吸收困难或消耗过多，也是引起营养不良的常见原因。

2. 主要症状

体重不增是营养不良的早期表现，以后出现体重下降，主要表现为消瘦、皮下脂肪逐渐减少以至消失，皮肤干燥、苍白、逐渐失去弹性，肌张力降低，肌肉萎缩。皮下脂肪厚度是判断营养不良程度的重要指标之一。皮下脂肪的消耗顺序首先是腹部，其次为躯干、臀部、四肢，最后为面颊。重度营养不良可有精神萎靡，反应差，食欲低下，腹泻、便秘交替，体温偏低，呼吸浅表等症状。

3. 生活护理

①调整饮食。营养不良患儿由于长期摄入量少，消化道已适应低摄食量的状况，如果过快增加摄食量会出现消化不良、腹泻等症状，故饮食调整的量和内容应根据实际消化能力和对食物的耐受情况及病情逐步完成。调整的原则是由少到多、由稀到稠、由单一到多样化，直到儿童恢复到正常饮食。

②促进消化，改善代谢。给予各种消化酶以促进消化，口服各种维生素，同时注意补充锌、铁、钙等矿物质。

③合理安排生活。保证充足的睡眠，坚持户外活动，纠正不良的饮食习惯。

4. 预防措施

①早产/低出生体重儿采用特殊喂养方法，定期评估，积极治疗可矫治的严重先天畸形。

②对存在喂养或进食行为问题的儿童，指导家长合理喂养和进行行为矫治，使儿童体格生长达到正常速度。

③对于反复患消化道、呼吸道感染及影响生长发育的慢性疾病的儿童，应及时治疗。

(二)营养性缺铁性贫血

营养性缺铁性贫血是因体内铁缺乏致使血红蛋白合成减少而引起的一种小细胞低色素性贫血，以 6 个月～2 岁的婴幼儿和青春期儿童发病率最高，是我国重点防治的儿童疾病之一。

1. 铁的来源

胎儿期铁来自母体，尤以妊娠后 3 个月储铁较多。出生后婴儿体内铁的主要来源：

①食物中摄取的铁。动物性食物尤其是精肉、血、内脏含铁高且吸收率高，蛋黄含铁高但吸收率低。母乳和牛乳含铁低，但母乳铁的吸收率高达 50%，比牛乳铁的吸收率高 5 倍。植物性食物中黑木耳、海带含铁量较高，谷物及蔬菜铁含

量较低。

②红细胞释放的铁。体内红细胞衰老、破坏，释放的铁几乎被全部再利用。

2. 病因

①胎内储铁不足。足月儿从母体获得的铁可供出生后 3～4 个月造血之需。如早产、双胎、多胎、母体患严重缺铁性贫血可致胎儿储存铁不足。

②食物铁摄入不足。膳食铁含量不足及搭配不合理是缺铁的主要原因。婴儿以乳类食品为主。这类食品含铁量较低，若不及时添加含铁丰富的辅食，婴儿来自母体的储存铁在 4～5 个月时会消耗尽，6 个月后易发生缺铁性贫血。

③生长发育过快。婴儿期生长发育迅速，血容量增加快，早产儿生长发育更快，铁的需要量相对增加，如不注意供给富铁食物，容易发生缺铁性贫血。

④铁吸收减少。饮食搭配不合理可影响铁的吸收，胃肠炎、慢性腹泻、营养不良导致铁的吸收出现障碍。

⑤铁丢失过多。肠道寄生虫(如钩虫、蛔虫)吸血、慢性失血等导致铁过多地丢失，造成贫血。

3. 主要症状

①皮肤、黏膜苍白，以口唇、口腔黏膜、指(趾)甲最为明显。易疲乏、不爱活动，体重不增或增长缓慢。年长儿可诉头晕、眼前发黑、耳鸣等。

②肝、脾、淋巴结肿大。

③食欲减退，可有呕吐、腹泻。少数有异食癖(嗜食泥土、煤、生米等)。

④呼吸、脉搏加快，活动后心慌、气促。

⑤烦躁不安、多动、注意力不集中。

4. 生活护理

①休息。要安排好患儿的休息和日常生活，居住环境要安静，空气要新鲜。可适当安排室外活动和体育锻炼。

②合理饮食。要多给患儿吃含铁和蛋白质的食品，如鸡蛋、瘦肉、肝、绿叶蔬菜、水果、豆浆等。

③治疗中的护理。患儿口服铁剂时可引起胃肠道反应，所以要先从小剂量开始，在两餐之间服用，以减少刺激。铁剂不能和钙片、牛奶等同时服用，以免影响吸收。

5. 预防措施

①饮食调整。多提供富含铁且铁吸收率高的食物，如鸡肝、猪肝、精肉(鸡肉、瘦牛肉等)、动物血、鸡蛋、鱼等，鼓励进食含维生素 C 丰富的蔬菜和水果，促进肠道吸收铁；纠正儿童偏食、挑食的不良习惯；保证足够的动物性食物和豆制品。婴幼儿食品(谷类制品等)应加入适量铁剂加以强化。

②寄生虫感染防治。在寄生虫感染的高发地区，应在防治贫血的同时进行驱虫治疗。

③积极预防腹泻及感染性疾病。

(三)单纯性肥胖症

肥胖症分为单纯性肥胖症和继发性肥胖症，其中单纯性肥胖症占 95％～97％，继发性肥胖症往往伴有明显的内分泌和代谢性疾病。单纯性肥胖症是由于儿童长期能量摄入超过人体的消耗，体内脂肪过度积聚，体重超过一定范围的一种营养障碍性疾病。

1. 病因

①多食少动。摄入的热能过多，缺乏体育运动或日常活动量减少，剩余的热能转化为脂肪积存体内。

②遗传因素。肥胖症有高度遗传性，如果父母双方都患肥胖症，子女患肥胖症的概率为70%～80%；父母中有一人患肥胖症，子女患肥胖症的概率为40%～50%；父母双方均不患肥胖症，子女患肥胖症的概率仅为10%～14%。

③精神因素。精神创伤或心理异常的学龄前儿童可有异常食欲，导致肥胖症。

④其他因素。家庭中不良饮食习惯和生活习惯的影响等。

2. 危害

①患肥胖症的儿童不仅行走笨拙，形体不美，且常被讥笑，容易产生心理障碍。

②儿童期患肥胖症易致扁平足，行走容易腰痛、腿痛。

③因肥胖形成腹部脂肪堆积，横膈上升，使呼吸不畅。

④儿童期患肥胖症会增加心血管的负担，为成年后患高血压、冠心病、脂肪肝、糖尿病等埋下隐患。

3. 预防措施

①饮食管理。

A. 控制饮食。控制饮食但必须保证儿童的基本营养需求，推荐低脂肪、低糖类和高蛋白质食物。主要控制脂肪的过多摄入；蛋白质必须保证每天1～2 g/kg且优质蛋白质占1/2以上；主食仍以碳水化合物(米、面)为主，但应限制甜食、含糖饮料、零食及含热量高的食物的摄入。多吃瓜果、蔬菜，并补充适量的蛋白质，如瘦肉、鱼、蛋、豆制品等。为满足儿童食欲，可补充体积大而产热量少、膳食纤维含量多的食物，如黄瓜、番茄、芹菜、白菜、红薯等，以增强饱腹感。

B. 减慢进食速度。提醒肥胖儿童细嚼慢咽，增加咀嚼次数和时间，使唾液和食物充分拌合，以增加食物体积，加强饱腹感。

C. 养成健康的饮食和生活习惯。避免暴饮暴食，少食多餐，睡前2 h不进食等。

②增加运动量。每日可坚持1 h左右的运动，但要循序渐进，持之以恒。运动形式可选择适合儿童特点的有氧运动，如走、跳、钻、爬等。

③心理治疗。因精神因素、心理异常所致肥胖者，应进行心理治疗。

（四）维生素 D 缺乏性佝偻病

它是由于体内维生素D不足引起钙、磷的吸收和利用受到影响，产生的一种以骨骼病变为主要特征的全身慢性营养性疾病。这种疾病多发于2岁以下的婴幼儿，北方地方患病率高于南方。随着生活水平和卫生保健水平的提高，维生素D缺乏性佝偻病的发病率在逐年降低，病情也趋于减轻。

1. 维生素 D 的来源

儿童体内维生素D的来源主要有3种途径。

①母体—胎儿的转运。胎儿可通过胎盘从母体内获得维生素D，胎儿从母体

内获得的维生素 D 可满足出生后一段时间生长需要。新生儿体内维生素 D 的含量与母体维生素 D 的营养状况及胎龄有关。

②食物中的维生素 D。天然食物及母乳中维生素 D 的含量很少，但婴儿可从配方奶粉、米粉等维生素 D 强化食品中获得充足的维生素 D。

③皮肤的光照合成。日光照射可促进人体合成维生素 D。

2. 病因

①先天因素。围生期维生素 D 不足。母亲在妊娠期间特别是在妊娠后期维生素 D 营养不足，会导致出生后婴儿体内维生素 D 储存不足。早产儿、多胎儿体内维生素 D 也会储存不足。

②维生素 D 摄入不足。天然食物中除一些海鱼的肝脏含大量维生素 D 外，乳类、蛋黄、肉类等含量很少，谷类、蔬菜、水果中几乎不含，故每日摄入的天然食品中维生素 D 含量通常不能满足人体需要。

③日光照射不足。维生素 D 的主要来源是皮肤的光照合成。地区、季节、衣着、空气质量都会影响紫外线照射强度，北方冬季日光照射不足、城市高大建筑、烟雾、尘埃、工业污染等均可使紫外线减少，影响维生素 D 的合成。

④生长速度过快。骨的生长速度与维生素 D 和钙的需要量成正比。早产儿、多胎儿体内钙、磷储备不足，且出生后生长速度较足月儿快，易发生此病。0～1岁是婴儿出生后生长速度最快的时期，因此维生素 D 的需要量多，此病的发生率也高。2 岁后的儿童生长发育速度逐渐减慢，维生素 D 的需要量也相应减少，维生素 D 缺乏性佝偻病的发病率降低。

⑤疾病及药物影响。反复呼吸道感染、慢性消化道疾病、肝肾疾病等影响机体对维生素 D 的吸收。长期服用抗惊厥药物可导致维生素 D 不足。

3. 主要症状

①神经精神症状。易惊、多汗、夜啼等，睡眠不安，常有枕秃。常见于 2～3个月的婴儿。

②骨骼表现。颅骨软化(多见于 6 个月内婴儿)、前囟扩大、方颅(多见于 7～8个月婴儿)、出牙迟(较大婴儿)，串珠肋、鸡胸、漏斗胸等，"O"形腿、"X"形腿(常见于 1 岁以上开始行走的婴儿)等。

4. 生活护理

①户外活动。尽量曝露皮肤并逐渐增加晒太阳的时间。每日户外活动时间在 2 h 以上。

②补充维生素 D。按时引入换乳期食物，给予富含维生素 D、钙、磷和蛋白质的食物；遵医嘱给予维生素 D。

③预防骨骼畸形和骨折。避免早坐、久坐、早站、久站、早走；胸部畸形可做俯卧位抬头扩展胸部运动，下肢畸形可做肌肉按摩。

5. 预防措施

维生素 D 缺乏性佝偻病的预防应从围生期开始，以 1 岁内婴儿为重点对象，并系统管理到 3 岁，做到"抓早、抓小、抓彻底"。

①保持适当日照。晒太阳是预防维生素 D 缺乏性佝偻病最有效、方便、经济的方法。孕妇、乳母及婴儿、儿童每日均应适当晒太阳，可选择在上午 9:00—

相关链接

学前儿童营养改善计划

为帮助 3～5 岁贫困儿童改善营养状况，2015 年，中国儿童少年基金会、中国发展研究基金会、中国营养学会等联合发起"为 5 加油——学前儿童营养改善计划"，为集中连片贫困地区的数百所山村幼儿园的儿童每人每天免费提供一片儿童营养咀嚼片，补充 17 种幼儿成长必需的营养素，帮助贫困地区 3～5 岁儿童在成长关键期，获得必要的营养补充与健康教育，促进儿童健康成长。

想一想

经常晒太阳为什么可以补钙？

10：00，下午 3：00—4：00，尽量裸露皮肤，儿童可在树荫下晒太阳。

②补充维生素 D。孕妇应经常进行户外活动，进食含钙、磷丰富的食物。妊娠后期在秋冬季者，应注意补充维生素 D。提倡母乳喂养，预防性补充维生素 D，自婴儿出生后 2 周至 2 岁维生素 D 摄入量 400 IU/d。合理添加维生素 D 强化食品。

四、常见五官疾病 ≫≫≫≫≫≫≫≫≫≫≫≫≫≫≫≫≫≫≫≫≫≫≫≫≫≫

（一）龋病

龋病俗称"虫牙"，是学龄前儿童常见的口腔疾病。5～6 岁儿童患龋病率可达 90%。

1. 病因

儿童牙齿发育不良，残留在口腔中的食物残渣在乳酸杆菌的作用下发酵产生酸，腐蚀牙釉质，形成龋病。

2. 主要症状

视牙齿破坏的程度，将龋病分为浅龋、中龋、深龋(如图 6-2-1 所示)。

浅龋病变仅在牙釉质。釉质表面粗糙、色泽灰暗，感觉不到疼痛。中龋病变已达牙本质，浅层形成龋洞，患儿对冷、热、酸、甜等刺激都会感到疼痛。深龋对冷热刺激更加敏感，食物嵌塞，龋洞扩大到牙髓时，会经常发生剧痛。

3. 危害

①患龋病的儿童因牙痛而影响食欲、咀嚼，进而影响消化、吸收和生长发育，还可诱发牙髓炎、牙周脓肿等并发症。

②龋病是乳牙过早丢失的主要原因，乳牙过早丢失，会使恒牙萌出异常，给人的一生造成影响。

4. 预防措施

①口腔清洁。对 0～1 岁婴儿，应用消毒纱、棉签或指套牙刷布蘸温开水擦洗口腔与牙齿，每天 1～2 次。对 1～2 岁儿童，用儿童牙刷帮助其刷牙，每天 1～2 次，2 岁儿童应学会漱口。3 岁儿童应学会自觉刷牙，培养饭后漱口、早晚刷牙的习惯。教会儿童正确的刷牙方法。

②合理营养。多晒太阳，以保证牙齿正常钙化，增强牙釉质的抗酸能力。

③氟化防龋。用含氟牙膏刷牙，口含氟化自来水。氟化防龋的方法只能用于水源低氟区，高氟区不能使用。

④定期口腔检查。乳牙萌出后至少每半年检查一次，6 岁后 1 年检查一次。发现龋齿，应及早治疗。

（二）弱视

弱视是指在视觉发育期间，由各种原因引起的视觉细胞有效刺激不足，导致单眼或双眼最佳矫正视力低于其年龄段正常值，而眼部无明显器质性病变的一种视觉状态。

1. 病因

①斜视性弱视。因斜视引起复视(视物成双)和视觉紊乱，日久形成弱视。

浅龋

破坏浅表牙釉质
尚无痛感

中龋

浸入牙本质
冷热刺激痛

深龋

伤及牙神经
剧烈疼痛

图 6-2-1 龋齿

扫码看
《儿童口腔保健
指导技术规范》

②屈光不正或屈光参差，可致弱视。

③形觉剥夺性弱视。学龄前儿童时期由于种种原因使光线不能充分进入眼内，视网膜得不到足够的刺激，导致弱视。

④其他原因。无屈光异常、斜视及形觉剥夺性等因素，也无其他器质性病变，而表现为视力低下。

2. 危害

正常的视功能包括立体视觉，即物体虽然在两眼视网膜上单独成像，但大脑能将其融合成一个有立体感的物象，称双眼单视功能。

弱视儿童不能建立完善的双眼单视功能，难以形成立体视觉。缺乏立体视觉则不能很好地分辨物体的远近、深浅等，难以完成精细的技巧工作，给生活、学习和将来的工作都带来不良影响。

3. 预防措施

①早发现异常。为了及早发现弱视，可在不同发育时期，给学龄前儿童做对照检查。例如：出生后即看有无先天缺陷和异常，眼是否追视物体，有无瞬目反射，用一只手挡一只眼是否引起反感，有无斜视，有无视物眯眼或皱眉头，看东西移近、歪头、斜眼或距荧光屏很近看电视等不正常现象。发现出现上述现象，应及时到眼科检查。

②定期视力检查。托幼机构应每半年或1年查一次视力，发现异常及时转眼科做全面检查、矫治。

（三）化脓性中耳炎

中耳炎一般分为化脓性中耳炎和非化脓性中耳炎，两者又有急性、慢性之分。化脓性中耳炎多见于学龄前儿童。

1. 病因

①患上呼吸道感染、急性传染病(如麻疹、猩红热)等，细菌可通过咽鼓管进入中耳，引起中耳炎。

②婴儿吐奶、呛咳及擤鼻涕太用力或游泳时呛水，易使细菌经咽鼓管进入中耳，引起中耳炎。

③给儿童掏挖耳朵，不小心损伤了外耳道黏膜或鼓膜导致感染，蔓延到中耳发生炎症。

2. 症状

①主要症状。耳痛并伴有发热，儿童不会诉说耳痛、耳鸣等局部症状，常表现为搔耳、摇头、烦躁、哭闹、拒食、睡眠不安等现象。

②鼓膜穿孔。脓液穿破鼓膜自外耳道流出，耳痛可得到缓解，哭闹停止。

③并发症。急性化脓性中耳炎若治疗不彻底可转为慢性，穿孔鼓膜不愈合，中耳听小骨遭到破坏，会造成听力下降，还会引起脑膜炎、脑脓肿等，甚至危及生命。

3. 预防措施

①预防感冒，积极预防和治疗上呼吸道感染。

②坐位喂哺，避免呛奶；教会儿童正确擤鼻涕的方法，擤鼻要轻，一侧擤完再擤另一侧；儿童洗澡、游泳时要注意耳部卫生和保持耳部干燥。

想一想

为什么应及早治疗弱视？

学习笔记

③不要给儿童挖耳屎。

五、常见皮肤病 >>>>>>>>>>>>>>>>>>>>>>>>>>>>>>>>>>

（一）湿疹

1. 病因

湿疹是一种比较常见的过敏性皮肤病。引起过敏的原因很多，可因食物引起过敏，如牛奶、羊奶、鱼、虾、蛋等，也可因灰尘、羊毛、化纤等引起过敏。

2. 主要症状

湿疹多发生在 2～3 月龄的乳儿。最初在前额、两颊、头皮等处出现小米粒大小的疹子，有痒感，以后有液体渗出，干燥后形成黄色痂皮。因皮肤刺痒，乳儿睡眠不安、烦躁哭闹。湿疹一般在乳儿断奶后可自愈。

3. 预防措施

①乳母尽量少吃鱼虾及刺激性食物，多吃维生素丰富的食物，以免将致敏原经乳汁带给乳儿。怀疑学龄前儿童对牛奶过敏，可用部分或完全水解奶粉或氨基酸奶粉代替。

②选择透气、吸汗的纯棉衣服，不用化纤、羊毛织品做贴身的衣服、帽子等。

③保持面部清洁，避免湿疹感染。不要用碱性肥皂给学龄前儿童洗脸。

④保持家居清洁，减少室内尘埃飞扬，避免用地毯。

⑤避免饲养有毛的宠物及种植有花粉的植物。

⑥勤给儿童剪指甲，以免抓伤皮肤引起感染。

（二）痱子

1. 病因

痱子是皮肤汗腺开口部位的轻度炎症。夏天气温高，出汗多，将表皮浸软，污垢堵塞汗腺口，形成痱子。皮肤瘙痒，可因搔抓感染而形成痱毒。多见于肥胖儿童。

2. 主要症状

①痱子多发生在多汗或容易受摩擦的部位，如头皮、前额、颈部、胸部、腋窝、腹股沟等处。痱子初起时皮肤出现红斑，继之为针尖大小至米粒大小的红色丘疹或丘疱疹，刺痒。

②痱毒初起是小米粒大小的脓疱，逐渐变为豆粒大或杏核大，渐变软、破溃，流出黄稠的脓液。

3. 生活护理

①可用温水、痱子水洗浴，擦干，再用痱子水。

②如果已抓破感染，可用抗生素治疗。

4. 预防措施

①保持通风：夏季注意保持室内通风散热。

②皮肤清洁：夏天勤用温水洗澡，勤换衣；及时擦汗。

③合理穿衣：儿童衣服宜宽大、柔软、吸水性强，不赤膊睡觉。

单元 3
学龄前儿童常见疾病管理

作为实施儿童保健的重要场所，托幼机构应将儿童常见的呼吸道、消化道疾病及营养性疾病列为常见病、多发病防治的内容，对患有贫血、营养不良、肥胖等营养性疾病，先天性心脏病、哮喘、癫痫等疾病，以及有药物过敏史或食物过敏史的儿童进行登记管理，加强日常健康观察和保育、护理工作。对中、重度贫血和营养不良儿童进行专案管理，督促家长及时带患病儿童进行治疗和复诊。定期开展儿童眼、耳、口腔保健，发现视力低常、听力异常、龋齿等问题进行登记管理，督促家长及时带患病儿童到医疗卫生机构进行诊断及矫治。重视儿童心理行为保健，开展儿童心理卫生知识的宣传教育，发现有心理行为问题及时告知家长带儿童到医疗保健机构进行诊疗。

一、儿童常见营养性疾病的管理 >>>>>>>>>>>>>>>>>>>>>>>>>

（一）营养性缺铁性贫血儿童的管理

1. 贫血程度判断

血红蛋白值 90～109 g/L 为轻度贫血，血红蛋白值 60～89 g/L 为中度贫血，血红蛋白值＜60 g/L 为重度贫血。

2. 管理方法

①登记管理。对贫血儿童进行登记并专案管理，记录初诊、复查日期以及血红蛋白测查结果，附化验单；督促家长及时带患病儿童进行治疗和复诊。

②定期检查。健康儿童每年检查血红蛋白一次，轻、中度贫血儿童服药及调整饮食 2～4 周后复查血红蛋白。

③ 转诊。贫血儿童经铁剂正规治疗 1 个月后无改善或进行性加重者，应及时转上级妇幼保健机构或专科门诊会诊治疗。

④结案。治疗满疗程后血红蛋白值达正常即可结案。

3. 家长指导

①祛除病因。在查明病因的基础上，积极治疗原发病。

②营养指导。给予富含铁或铁强化的食物。在补充铁剂的同时可适当补充维生素 C，以促进铁的吸收。铁剂药物宜在餐后半小时服用，以减少铁剂药物对胃黏膜的刺激；许多植物性食物中含有大量的植酸、磷酸、草酸、碳酸、鞣酸以及粗纤维素等，这些成分都有阻止铁吸收的作用，因此不要与铁剂同时食用。

4. 健康教育

通过多种途径积极宣传预防营养性缺铁性贫血的重要性，以及婴幼儿是高危人群的原因和此病完全可以预防的知识。重点宣传合理安排饮食。

🖊 学习笔记

（二）营养不良儿童的管理

1. 评估及分类

蛋白质-能量营养不良分别以体重/年龄（W/A）、身高（长）/年龄（H/A）和体重/身高（长）（W/H）为评估指标，采用标准差法进行评估和分类，测量值低于中位数（M）减 2 个标准差为低体重、生长迟缓和消瘦（表 6-3-1）。

表 6-3-1 蛋白质-能量营养不良评估及分类

指标	测量值标准差法	评价
体重/年龄	$M-3SD\sim M-2SD$	中度低体重
	$<M-3SD$	重度低体重
身高（身长）/年龄	$M-3SD\sim M-2SD$	中度生长迟缓
	$<M-3SD$	重度生长迟缓
体重/身高（身长）	$M-3SD\sim M-2SD$	中度消瘦
	$<M-3SD$	重度消瘦

［中华人民共和国卫生部：《儿童营养性疾病管理技术规范（卫办妇社发〔2012〕49 号）》，载《中国儿童保健杂志》，2012，20(11)。］

2. 管理方法

①登记管理。对营养不良儿童进行登记管理，对中、重度营养不良儿童进行专案管理，分析病因并与家长沟通管理内容。

②定期监测。定期进行体格检查，做好发育监测，及早发现并预防营养不良的发生。对低体重儿童每月测量体重 1 次，对生长迟缓儿童每 3 个月测量体重、身高 1 次，对消瘦与严重营养不良儿童每月测量体重、身高 1 次。

③及时反馈。监测结果及时告知家长，中、重度营养不良儿童应及时转诊至医疗或保健机构进行治疗。

④转归及结案。对监测结果进行过程性记录及评价，体重/年龄或身高（长）/年龄或体重/身高（长）$\geqslant M-2SD$ 即可结案。

3. 家长指导

①祛除病因。在查明病因的基础上，积极治疗原发病。

②营养指导。根据病情轻重、消化功能好坏，循序渐进地增加热量和蛋白质。中、重度营养不良，消化、吸收功能低下者，可先按身高别标准体重给能量 167～250 kJ/kg（40～60 kcal/kg），逐渐增至 501～625 kJ/kg（120～150 kcal/kg），蛋白质从 1 g/(kg·d)开始逐渐增至 3～4 g/(kg·d)，同时还要补充各种维生素、微量元素。营养状况好转，体重增加到接近正常时，可恢复至推荐摄入量水平。

4. 健康教育

防止儿童偏食、挑食等不良饮食行为。要做到摄取营养丰富均衡的膳食，饭前、便后洗手，饮用安全干净的水，预防腹泻和其他肠道传染病等。

(三)超重与肥胖儿童的管理

1. 评估与分度

(1)体重/年龄

以同性别、同年龄健康儿童体重均值为 $\overline{X}$。

①采用标准差对超重和肥胖进行诊断和分度。$\overline{X}+1SD\sim\overline{X}+2SD$ 为超重，$\overline{X}+2SD\sim\overline{X}+3SD$ 为轻度肥胖，$\overline{X}+3SD\sim\overline{X}+4SD$ 为中度肥胖，高于 $\overline{X}+4SD$ 为重度肥胖。

②采用超过理想体重的比率对超重和肥胖进行诊断和分度。

超过标准体重的比率＝[(个体实际体重－理想体重)/理想体重]×100％。以10％为超重切点，以20％为肥胖切点，以20％为轻度肥胖切点，以30％为中度肥胖切点，以40％为重度肥胖切点，以60％为极重度肥胖切点。

(2)体重/身高(长)

体重/身高(长)是国内常用的肥胖筛查方法，可采用标准差法、百分位法、Z评分及中位数百分比法(表6-3-2)。

表 6-3-2　根据体重/身高(长)判断超重或肥胖的界值点

指标	测量值			评价
	百分位法	标准差法(5岁以下)	中位数百分比法	
体重/身高(长)	$>P_{85}$	$>M+2SD$	110％～120％	超重
	$>P_{97}$	$>M+3SD$	>120％	肥胖

(陈荣华、赵正言：《儿童保健学》，5 版，273 页，南京，江苏凤凰科学技术出版社，2017。)

(3)体重指数

体重指数是评价肥胖的另一个指标。当体重指数大于同年龄、同性别的第95百分位数可诊断为肥胖；第85～95百分位数为超重，并具有肥胖的风险。

2. 管理方法

①登记管理。对单纯性肥胖儿童进行登记管理，对中、重度肥胖儿童建立专案管理。

②定期监测。建议对筛查出的所有肥胖儿童采用体重/身高(长)曲线图或体重指数曲线图进行生长监测；定期进行体格检查，重点监测体重增长幅度。1～3岁儿童每月测体重1次，每3个月测身高(长)1次。学龄前儿童每季度测体重、身高1次，进行过程性记录并评价。

③及时反馈监测结果。评价结果及时反馈给班级教师及肥胖儿童家长，并对超重/肥胖儿童进行饮食状况和生活方式分析，纠正不良饮食和生活习惯。

④转归及结案。肥胖儿童身高标准、体重正常并继续维持3个月后可结案。肥胖程度减轻或不升，不良行为改变，并在半年内稳定为管理有效。

3. 家长指导

家园共同行动，改变儿童不良的生活方式、饮食习惯和不合理的膳食结构；减少肥胖症发生的心理因素，加强运动，及时给予医疗监督，控制肥胖的发生、发展。

4. 健康教育

提高家长对肥胖的认知能力，真正认识到儿童肥胖的后果——成年期患疾病

学习笔记

扫码看《儿童营养性疾病管理技术规范(卫办妇社发〔2012〕49号)》

(高血压、冠心病、动脉硬化、糖尿病)的概率提高。

二、五官保健的管理 >>>>>>>>>>>>>>>>>>>>>>

(一)儿童眼保健管理

　　健康儿童应在出生后 28～30 d 进行首次眼病筛查，在 3、6、12 月龄分别进行眼病筛查，在 6、8、12 月龄进行视力筛查；在 2、3、4、5、6 岁健康检查的同时进行阶段性眼病筛查和视力检查。1 岁以后每年至少进行 1 次阶段性筛查，包括视觉行为评估、红光反射检查、屈光筛查、视力检查、眼位及眼球运动检查。

1. 视力检查

　　采用国际标准视力表、标准对数视力表检查儿童视力。检测距离 5 m，视力表照度 500 Lux，视力表悬挂高度应为受检儿童的眼与国际标准视力表上 1.0(标准对数视力表 5.0)的视标行同一水平。检查时遮挡一只眼，但勿压迫眼球，按照先右后左的顺序，进行单眼检查。自上而下辨认视标，直到不能辨认的一行为止，其前一行即可记录为被检儿童的视力。如辨认至第 7 行不能辨认，则其视力为 0.6，若辨认出第 7 行其中 2 个，则计为 0.6^{+2}。

　　建议从 3 岁开始进行视力检查。4 岁以上儿童每年至少检查 1 次视力。

2. 儿童视力标准

　　儿童视力标准见表 6-3-3。

表 6-3-3　儿童视力标准

单眼裸眼视力	1 岁	2 岁	3 岁	4 岁	≥5 岁
视力正常参考标准	0.2～0.25	0.5	0.7	0.8	1.0
视力低常参考标准	—	—	≤0.5	≤0.6	≤0.8

3. 视力低常儿童管理方法

　　①登记管理。对托幼机构视力低常儿童进行登记管理，督促协助弱视儿童坚持弱视训练。

　　②定期复查。4 岁儿童单眼裸眼视力 0.6 及以下，5 岁及以上儿童单眼裸眼视力 0.8 及以下，或两眼视力相差 2 行及以上都应当在检查后 2 周至 1 月复查 1 次。复查后视力仍低常的儿童，应转诊眼保健专科门诊进一步检查。

　　③家长指导。改变不良的用眼习惯。

(二)儿童听力保健管理

1. 听力筛查

　　儿童听力筛查可分为新生儿和 0～6 岁儿童两个阶段。新生儿听力筛查在出生后 2～3 d 在分娩的医院或妇幼保健院采用电生理测听进行初筛，未通过者于出生后 42 d 进行复筛，仍未通过者转听力诊断中心诊治。

　　新生儿听力筛查后，进入 0～6 岁儿童保健系统管理，在健康检查的同时进行耳及听力保健，其中 6、12、24、36 月龄为听力筛查的重点年龄。应及早发现听力损失。

2. 听力障碍儿童管理方法

　　①登记管理。托幼机构对听力障碍儿童进行登记管理，督促其在专科医院坚

持进行康复训练。

②给予密切关注及特别照护。

三、其他疾病管理 >>>>>>>>>>>>>>>>>>>>>>>>>>>>>>>>>>

对患有先天性心脏病、哮喘、癫痫等疾病，以及有药物过敏史或食物过敏史的儿童进行登记。合理安排先天性心脏病患儿的活动量、活动强度、活动时间；关注哮喘儿童的饮食，加强其体格锻炼，预防上呼吸道感染，保证睡眠充足；避免癫痫儿童过度紧张、兴奋、剧烈运动，详细了解其发作特点、持续时间、诱发因素。

🔗 相关链接

健康儿童行动提升计划

儿童健康是全民健康的重要基石，《"健康中国 2030"规划纲要》明确提出实施健康儿童计划。2018 年 4 月，我国启动实施了第一周期《健康儿童行动计划（2018—2020 年）》，为提升儿童健康水平发挥了重要作用。为巩固完善第一周期成果，我国卫生健康委研究制定了《健康儿童行动提升计划（2021—2025 年）》，到 2025 年，覆盖城乡的儿童健康服务体系更加完善，基层儿童健康服务网络进一步加强，儿童医疗保健服务能力明显增强，儿童健康水平进一步提高。

思考与练习

一、选择题

①测体温前要将玻璃水银体温计的水银柱甩至（　　）。

A. 37 ℃以下　　　　　B. 36 ℃以下　　　　　C. 35 ℃以下　　　　　D. 34 ℃以下

②滴眼药水时，应该将药液滴在（　　）。

A. 角膜　　　　　　　B. 下眼睑内　　　　　C. 眼角　　　　　　　D. 眼睑

③对患单纯性肥胖症的儿童推荐的饮食结构是（　　）。

A. 低脂肪、低糖、高蛋白饮食　　　　　　　B. 高脂肪、高糖、高蛋白饮食

C. 低脂肪、高糖、高蛋白饮食　　　　　　　D. 低脂肪、高糖、高纤维饮食

④急性上呼吸道感染的预防措施是（　　）。（多选题）

A. 加强体格锻炼　　　B. 饮食均衡　　　　　C. 开窗通风　　　　　D. 及时增减衣服

⑤小儿喂养量过多、过少易发生腹泻病的原因是（　　）。（多选题）

A. 消化系统发育不成熟　　　　　　　　　　B. 胃酸和消化酶分泌不足

C. 消化酶活性低　　　　　　　　　　　　　D. 对食物质和量变化耐受性差

⑥对患单纯性肥胖症儿童的管理措施是（　　）。（多选题）

A. 加大运动量，运动量越大越有利于减肥

B. 选择体积大、饱腹感明显而热量低的蔬菜食品

C. 采用低脂、低碳水化合物、高蛋白饮食

D. 消除心理负担，鼓励参加社交活动

⑦托幼机构须进行专案管理的常见病是（　　）。（多选题）

A. 中、重度贫血　　　　　　　　　　　　　B. 先天性心脏病、哮喘、癫痫

C. 视力低常、听力异常　　　　　　　　　　D. 中、重度营养不良

二、判断题

①给儿童测量腋温的时间一般是 5～10 min。（   ）

②儿童年龄越小呼吸频率越慢。（   ）

③腋窝有汗液时测得体温偏低。（   ）

三、简答题

①民间说"生一个孩子掉一颗牙"，请分析其中的道理。

②"小儿龋病不要紧，反正还要换恒牙"，这种说法对吗？

③举例说明托幼机构如何管理患肥胖症的儿童。

云测试及
参考答案

学习反思

模块七
学龄前儿童常见传染病预防与控制

学习目标

① 了解传染病的特性、流行环节及预防措施。

② 熟悉学龄前儿童常见传染病的典型症状。

③ 举例说明学龄前儿童常见传染病预防方法。

④ 能做好托幼机构预防接种管理工作。

⑤ 能做好托幼机构传染病的管理工作。

⑥ 提高科学化卫生管理能力，能提供高效、人性化服务。

学习导航

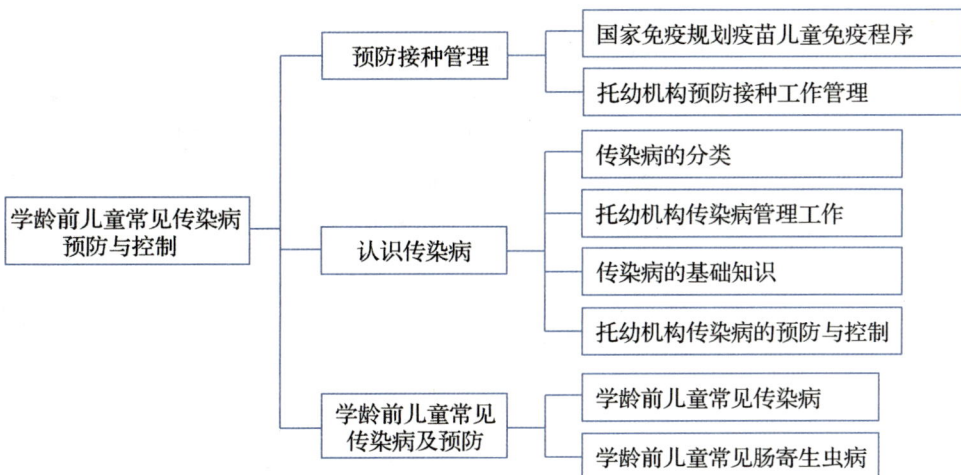

学龄前儿童免疫系统发育不完善，对疾病的抵抗能力较弱，在集体生活中朝夕相处，接触频繁，容易受病原体的感染，发生传染病，且可造成流行。因此，预防传染病是托幼机构卫生保健工作的一项重要内容。

单元 1
预防接种管理

计划免疫是指根据儿童免疫特点和传染病疫情的监测情况制定的免疫程序，是有计划、有目的地将生物制品接种到儿童体内，以确保儿童获得可靠的抵抗疾病的能力，从而达到预防、控制乃至消灭相应传染病的目的。预防接种是计划免疫的核心。

扫码看
《国家免疫规划疫苗儿童免疫程序及说明》

一、国家免疫规划疫苗儿童免疫程序 >>>>>>>>>>>>>>>>>>

各级卫生保健部门应按照国家规定的儿童常规疫苗免疫程序，有计划地对适龄儿童进行预防接种。我国将疫苗分为两类：一类疫苗(计划内疫苗)是由各级政府提供的免费疫苗，是依照国家规定必须受种的疫苗；二类疫苗(计划外疫苗)是由公民自费并且自愿受种的其他疫苗，是根据儿童健康及实际需要选择接种的疫苗。国家免疫规划疫苗儿童免疫程序见表7-1-1。

📝 学习笔记

二、托幼机构预防接种工作管理 >>>>>>>>>>>>>>>>>>>>>

①预防接种记录。必须建立、应用和管理好个案预防接种记录，对不接种的要注明原因。预防接种应做到及时、全程、足量、有计划地按免疫程序接种，避免重种、漏种。要将"预防接种证"作为儿童入园、入学的保健档案。

②在儿童入园(所)前，托幼机构应当查验其"预防接种证"，发现没有"预防接种证"或未依照国家免疫规划受种的儿童，应督促监护人带儿童到当地规定的接种单位补证或补种。托幼机构应当在儿童补证或补种后复验预防接种(证)。

③保健人员应督促家长按免疫程序和要求完成儿童预防接种。配合疾病预防控制机构做好托幼机构儿童常规接种、群体性接种或应急接种工作。

表 7-1-1　国家免疫规划疫苗儿童免疫程序(2021 年版)

可预防疾病	疫苗种类	接种途径	剂量	英文缩写	接种年龄														
					出生时	1月	2月	3月	4月	5月	6月	8月	9月	18月	2岁	3岁	4岁	5岁	6岁
乙型病毒性肝炎①	乙肝疫苗	肌内注射	10 或 20 μg	HepB	1	2					3								
结核病①	卡介苗	皮内注射	0.1 mL	BCG	1														
脊髓灰质炎	脊灰灭活疫苗	肌内注射	0.5 mL	IPV			1	2											
脊髓灰质炎	脊灰减毒活疫苗	口服	1粒或 2 滴	bOPV					3								4		
百日咳、白喉、破伤风	百白破疫苗	肌内注射	0.5 mL	DTaP				1	2	3				4					
百日咳、白喉、破伤风	白破疫苗	肌内注射	0.5 mL	DT															5
麻疹、风疹、流行性腮腺炎	麻腮风疫苗	皮下注射	0.5 mL	MMR								1		2					
流行性乙型脑炎②	乙脑减毒活疫苗	皮下注射	0.5 mL	JE-L								1			2				
流行性乙型脑炎②	乙脑灭活疫苗	肌内注射	0.5 mL	JE-I								1,2			3				4
流行性脑脊髓膜炎	A 群流脑多糖疫苗	皮下注射	0.5 mL	MPSV-A							1		2						
流行性脑脊髓膜炎	A 群 C 群流脑多糖疫苗	皮下注射	0.5 mL	MPSV-AC												3			4
甲型病毒性肝炎③	甲肝减毒活疫苗	皮下注射	0.5 或 1.0 mL	HepA-L										1					
甲型病毒性肝炎③	甲肝灭活疫苗	肌内注射	0.5 mL	HepA-I										1	2				

注：①主要指结核性脑膜炎、粟粒性肺结核等。

②选择乙脑减毒活疫苗接种时，采用两剂次接种程序。选择乙脑灭活疫苗接种时，采用四剂次接种程序；乙脑灭活疫苗第 1、2 剂间隔 7—10 天。

③选择甲肝减毒活疫苗接种时，采用一剂次接种程序。选择甲肝灭活疫苗接种时，采用两剂次接种程序。

（摘自中华人民共和国国家卫生健康委员会网站）

单元 2
认识传染病

传染病是由各种病原体引起的能在人与人、动物与动物或人与动物之间相互传播的一类疾病。

一、传染病的分类 ≫≫≫≫≫≫≫≫≫≫≫≫≫≫≫≫≫≫≫≫≫≫≫≫≫

根据传染病的传播方式、传播速度、流行强度、对人体健康和社会危害程度不同，中国的法定报告传染病分为甲、乙、丙三类。甲类传染病：鼠疫、霍乱。乙类传染病：新型冠状病毒感染的肺炎、传染性非典型肺炎、艾滋病、病毒性肝炎、脊髓灰质炎、人感染高致病性禽流感、麻疹、流行性出血热、狂犬病、流行性乙型脑炎、登革热、炭疽、细菌性和阿米巴性痢疾、肺结核、伤寒和副伤寒、流行性脑脊髓膜炎、百日咳、白喉、新生儿破伤风、猩红热、布鲁氏菌病、淋病、梅毒、钩端螺旋体病、血吸虫病、疟疾、人感染 H7N9 禽流感。丙类传染病：流行性感冒、流行性腮腺炎、风疹、急性出血性结膜炎、麻风病、流行性和地方性斑疹伤寒、黑热病、棘球蚴病、丝虫病，除霍乱、细菌性和阿米巴性痢疾、伤寒和副伤寒以外的感染性腹泻病、手足口病。

二、托幼机构传染病管理工作 ≫≫≫≫≫≫≫≫≫≫≫≫≫≫≫≫≫≫≫≫≫

（一）建立制度

托幼机构应当建立可行的传染病管理制度。托幼机构内发现传染病疫情或疑似病例后，应当立即向属地疾病预防控制机构(农村乡镇卫生院防保组)报告。

（二）严格登记

班级教师每日登记本班儿童的出勤情况。对因病缺勤的儿童，应当了解患病情况和可能的原因，对疑似患传染病的，要及时报告给托幼机构疫情报告人。托幼机构疫情报告人接到报告后应当及时追查儿童的患病情况和可能的病因，以做到对传染病儿童的早发现。

（三）设立隔离室

托幼机构内发现疑似传染病病例时，应当及时设立临时隔离室，对儿童采取有效的隔离控制措施。临时隔离室内环境、物品应当便于实施随时性消毒与终末消毒，控制传染病在托幼机构内暴发和续发。

（四）严加消毒

托幼机构应当配合当地疾病预防控制机构对被传染病病原体污染(或可疑污染)的物品和环境实施随时性消毒与终末消毒。

（五）重视检疫

对发生传染病的班级按要求进行医学观察，医学观察期间该班与其他班相对隔离，不办理入托和转园(所)手续。

三、传染病的基础知识 >>>>>>>>>>>>>>>>>>>>>>>>>>>>>>>

（一）传染病的特性

1. 有病原体

病原体大部分是微生物(细菌、病毒、真菌等)，小部分为寄生虫。由寄生虫引起的疾病又称寄生虫病。传染病都有其特异的病原体，如甲肝的病原体是甲肝病毒，乙肝的病原体是乙肝病毒，痢疾由痢疾杆菌引起。

2. 有传染性

病原体经一定的途径进入易感者体内，引起传染病的发生。各种传染病都具有一定的传染性。但不同传染病的传染性强弱不等，即使同一种传染病，处于不同病期，其传染性亦各不相同。

3. 有流行性

传染病可在人群中散在发生，或在局部地区人群中大量出现，甚至在许多地区大面积发生。

4. 有季节性

传染病易在某个季节内发生、流行。例如，呼吸道传染病多发生于冬、春季，消化道传染病多发生于夏、秋季。

5. 有免疫性

患传染病痊愈后，人体对该传染病产生不感受性，称为免疫。有些传染病患病一次后可终生免疫，如麻疹、水痘等；而有些传染病痊愈后，经过一段时间可再度感染，如流感、痢疾等。

6. 有规律性

传染病从发生、发展到恢复一般要经过以下 4 个时期。

①潜伏期。从病原体侵入人体到出现最初症状，称为潜伏期。因病原体的种类、数量、毒性及人体免疫力的不同，潜伏期的长短不同。有的数日，如麻疹；有的数月，如狂犬病；有的可达数年，如麻风病。多数传染病的潜伏期较恒定。

根据某种传染病的最长潜伏期，可以确定这种传染病的检疫期限。例如，某幼儿园中班发现一名患水痘的儿童，自患儿离园之日起，该班的检疫期限为 21 d(水痘的最长潜伏期为 21 d)。过了检疫期限，未再发现新患儿，该班就可解除检疫。

②前驱期。前驱期已具有传染性。急性传染病可能不会出现前驱期，而慢性传染病有一般性的症状，如头痛、发烧、乏力。

③症状明显期。患病后逐渐出现某种传染病特有的症状，如猩红热出现细密皮疹。

④恢复期。该期主要症状逐渐消失，体温、精神、食欲逐渐恢复正常，但此期间病情有时会恶化或发生并发症。因此，恢复期仍须加强护理，直至完全康复。

（二）传染病流行的三个基本环节

传染病在人群中发生流行必须同时具备传染源、传播途径和易感人群这三个基本

学习笔记

环节。缺少其中任何一个环节，传染病就流行不起来。

1. 传染源

传染源是指被病原体感染，能够散播病原体的人或动物。传染源一般可分为三种。

①病人。指感染了病原体，并表现出一定症状的人。病人是主要的传染源。病人排出病原体的整个时期称为传染期。根据某种传染病的传染期，可决定患者的隔离日期。

②病原携带者。指无症状而能排出病原体的人或动物。包括潜伏期病原携带者、恢复期病原携带者及健康病原携带者。

③受感染的动物。例如，感染了狂犬病的狗等。

2. 传播途径

它是指病原体离开传染源后传染给其他易感者所经过的途径。传染病可经过一种或多种途径传播。常见传染病的传播途径主要有以下几种。

①空气传播。病原体随同患者或携带者说话、咳嗽、打喷嚏时喷出的飞沫，散布到周围的空气中，被易感者吸入体内而引起感染。例如，流行性感冒、麻疹等呼吸道传染病主要由飞沫传播。

②食物传播。病原体污染了食物或饮用水，经口进入人体而传染，如甲型肝炎、细菌性痢疾等。

③虫媒传播。病原体通过媒介昆虫(如蚊、虱、蚤等)进入易感者体内而引起感染，如蚊子可传播流行性乙型脑炎。

④日常生活接触传播。患者或携带者排出的分泌物污染了日常用品，如毛巾、衣被、食具等，被易感者接触后引起感染，如水痘、急性结膜炎等。

⑤医源性传播。未能严格按规章制度和流程操作，造成某些传染病的传播，如血液制品受污染引起的艾滋病、乙型肝炎等。

⑥母婴传播。由母亲直接将病原体传给易感儿。例如，艾滋病患者可通过胎盘、分娩损伤、哺乳等途径将艾滋病传给婴儿。

⑦土壤传播。人体接触带有病原体的土壤而感染疾病，如破伤风、钩虫病等。

⑧自身传播。带有病原体的儿童可反复发生自身感染，如蛲虫病等。

3. 易感人群

易感人群指对某些传染病缺乏免疫力，容易受感染的人。易感人群的数量对传染病的发生和流行有很大影响。

四、托幼机构传染病的预防与控制 >>>>>>>>>>>>>>>>>>>>

(一)控制传染源

多数传染病在起病早期传染性最强。要做到早预防、早发现、早诊断、早报告、早隔离、早治疗，并实行及时正确的检疫等综合措施。

1. 早发现

把好儿童入园体检关，加强晨、午、晚检及全日健康观察工作。对缺勤儿童，要及时与家长联系，以便采取相应措施。

2. 早隔离

及时隔离患儿及传染病接触者，对曾与传染病患儿接触过的儿童，要实行检疫，进行观察。检疫期限应根据该传染病的最长潜伏期而定。托幼机构在进行检疫时，要求发现传染病患儿的班级不得与其他班级的儿童接触，不收新生、不转班、不转园。

患传染病的儿童隔离期满后，凭医疗卫生机构出具的痊愈证明方可返回园(所)。根据需要，来自疫区或有传染病接触史的儿童，检疫期过后方可入园(所)。检疫期满无新患儿，方可解除检疫。

(二)切断传播途径

1. 做好经常性的预防工作

平时注意环境清洁、饮食卫生，培养儿童良好的卫生习惯；消灭传播疾病的媒介生物，做好日常消毒工作。

2. 根据每种传染病的不同传播途径，采取不同的预防措施

①呼吸道传染病。室内定时通风，保持空气新鲜，或用紫外线灯对空气进行消毒，有条件的也可用空气消毒器等消毒。在传染病流行季节，儿童不要去公共场所。

②消化道传染病。培养良好的卫生习惯，户外活动后、饭前、便后用肥皂、流动水洗手；生吃瓜果最好削皮，不吃生冷、腐败变质、不清洁的食物；消灭蚊、蝇、老鼠等传染病媒介。

③日常生活接触传染的疾病。学龄前儿童日常用品，如毛巾、衣被、玩具、学习用品、餐具、桌椅等可分别采用清洗、曝晒、拆洗、消毒液擦拭等方法切断传播途径。

(三)保护易感儿童

1. 预防接种

有计划地进行各种预防接种是提高机体免疫力、保护易感儿童的有效措施。

2. 增强体质

合理安排儿童一日生活，培养儿童良好的个人卫生习惯，提供合理的营养，保证充足的睡眠，坚持体育锻炼和户外活动，提高儿童对传染病的抵抗力。

3. 健康宣传

卫生保健人员应当定期对儿童及其家长开展预防接种和传染病防治知识的健康教育，提高其防护意识和能力。传染病流行期间，加强对家长的宣传工作。

✎ 学习笔记

🔗 相关链接

> **我国免疫规划成就**
>
> 免疫规划工作是我国卫生健康事业成效最为显著、影响最为广泛的工作之一，是儿童健康的基本保障，也是预防、控制乃至消灭可预防传染病的有效手段。党中央、国务院历来高度关心和重视免疫规划工作，各级党委和政府大力加强对免疫规划工作领导，加大科普宣传力度，提高公众对预防接种工作的认知度和知晓率，营造良好的社会氛围。适龄儿童国家免疫规划疫苗接种率保持在90%以上，成功实现了普及儿童免疫的目标，为健康中国战略的实施提供了强大助力。

单元 3
学龄前儿童常见传染病及预防

一、学龄前儿童常见传染病 >>>>>>>>>>>>>>>>>>>>>>>>>>>>>>>

（一）常见病毒性出疹性传染病

1. 水痘

水痘是由水痘-带状疱疹病毒引起的一种急性传染病，通过呼吸道和接触传播，传染性较强，以发热，皮肤、黏膜分批出现斑疹、丘疹、疱疹、结痂且各期皮疹同时存在为特征。

（1）流行特点

水痘四季均可发病，多发于冬、春季。水痘和患带状疱疹的患儿为主要传染源，主要通过空气飞沫传播，当皮肤疱疹溃破后，可经衣物、玩具、用具等传播。易感者多为 2～6 岁儿童。病后可获得持久免疫力，一般不再发生水痘，但病毒可以长期潜伏在体内，多年后可发生带状疱疹。

（2）主要症状

①潜伏期为 12～21 d，平均 14 d。

②前驱期常无症状或病初 1～2 d 有低热、头痛、乏力、咽痛等轻度不适，随后出现皮疹。

③出疹期 1～6 d。最初皮疹为细小的红色斑疹，数小时后变为红色丘疹，再经数小时后发展为疱疹，呈椭圆形，直径 3～5 mm，疱液透明，数小时后变浑浊。此时，患儿常常因瘙痒而烦躁不安，将疱疹抓破而感染。1～2 d 后从疱疹中央开始干枯结痂，数日后痂皮脱落，干痂脱落后皮肤上一般不留瘢痕。若因患儿抓挠继发感染，可在皮肤上留下轻度凹痕。水痘皮疹呈向心性分布，先见于躯干和四肢近端、头皮，逐渐延及面部、四肢远端。皮疹为躯干多、四肢少、成对出现。在患病的一周内，由于新的皮疹不断出现，而旧的皮疹已经结痂，也有的正处在水疱阶段，所以在疾病高峰期，患儿的皮肤上可同时见到四种类型的皮疹：斑疹、丘疹、疱疹、结痂（如图 7-3-1 所示）。

（3）生活护理

①让水痘患儿卧床休息，多喝水，食用易消化的食物。

②保持皮肤清洁，勤换洗内衣、被单。

③勤给患儿剪指甲，防止搔抓皮肤，以免引起感染。

④皮肤瘙痒，可用止痒药液涂擦皮肤。

（4）预防措施

①控制传染源。隔离患儿至皮疹全部干燥、结痂、没有新皮疹出现，隔离时

图 7-3-1　水痘皮疹表现

间不少于 2 周。接触者检疫观察 3 周左右。

②切断传播途径。加强对空气和物品的消毒，如室内用紫外线灯照射，每天 1 次，1 h 为宜。患儿停留过的房间开窗通风 3 h。

③保护易感儿童。托幼机构做好晨间检查。没有出过水痘的儿童要避免和患儿接触，并应及时接种水痘减毒活疫苗。12～18 月龄初种，4～6 岁复种；13 岁以上儿童和成人注射 2 次，间隔 4～12 周。

2. 幼儿急疹

幼儿急疹又称婴儿玫瑰疹，是由病毒引起的呼吸道传染病，传染性不强。以小儿突发高热、热退疹出为主要特征。

(1)流行特点

一年四季都可发生，以春、秋两季较为普遍。幼儿急疹的传染源是无症状成人和急性期患儿。该病多数为非显性感染，多为散发，多发于 6～24 个月的儿童。

(2)主要症状

①潜伏期为 7～17 d，平均为 10 d。

②发热期起病急，可达 40 ℃，食欲差，但精神较好。

③出疹期，发热 3～5 d 后，体温骤降，随之患儿全身出现皮疹，最初出现在颈部和躯干，然后蔓延至全身，以腰部和臀部较多，其次为额、颈、上臂、股等部位，而面部、肘和膝部以下较少见。皮疹为充血性玫瑰色丘疹，在 24 h 内出齐，1～2 d 皮疹全部退尽。皮疹退后无脱屑，也无色素沉着。

(3)生活护理

高热期间应卧床休息，多喝开水，适当口服退热药降温，以免因高热而惊厥。

(4)预防措施

幼儿急疹无特效预防措施，与幼儿急疹患者接触过的婴幼儿，应密切观察 10 d。如有发热，应即时隔离，以免发生疾病的流行。

3. 风疹

风疹是由风疹病毒引起的呼吸道传染病，以发热、皮疹及耳后、枕后淋巴结肿大为主要特征。

(1)流行特点

风疹多发生于冬、春季。风疹患者是唯一传染源，主要通过空气中的飞沫传播，也可间接传染。6 个月～5 岁内的儿童多见，病后终生免疫。孕妇妊娠早期感染可致胎儿畸形。

(2)主要症状

①潜伏期为 14～21 d。

②前驱期症状较轻，表现为低热、咳嗽、流鼻涕、乏力、咽痛、结膜炎、食欲不佳等。

③出疹期，发热后 1～2 d 开始出现细沙样淡红色斑丘疹，从面部、颈部开始，24 h 内遍及全身，手心、脚心少见皮疹。常伴有耳后及枕部淋巴结肿大。

④恢复期，皮疹一般在 3 d 内消退，无脱屑和色素沉着。

(3)生活护理

①让发热患儿卧床休息、多喝水，给予营养丰富的流质或半流质食物等。

📝 学习笔记

②注意保持皮肤卫生。

（4）预防措施

①控制传染源。隔离患儿至出疹后 5～7 d。密切接触者检疫观察 21 d。

②切断传播途径。开窗通风，保持空气新鲜。

③保护易感者。风疹流行期间，少带易感儿去公共场所。孕妇妊娠早期应避免接触风疹患者。接种疫苗是最有效的预防措施。对 8 个月以上的婴幼儿可接种麻腮风疫苗，6 岁时复种 1 剂。后续再对 2～14 岁儿童和易感育龄期妇女开展强化免疫。

4. 麻疹

麻疹是由麻疹病毒引起的急性呼吸道传染病，传染性很强，以发热、咳嗽、流涕、眼结膜充血、颊黏膜上有麻疹黏膜斑及皮肤出现红色斑丘疹为特征。

（1）流行特点

麻疹一年四季均可发生，以冬、春两季最为多见。病毒大量存在于发病初期患儿的眼泪、鼻涕、唾液中，主要经空气飞沫传播。6 个月～2 岁儿童发病率最高，病后终生免疫。

（2）主要症状

典型麻疹的病程可分为潜伏期、前驱期、出疹期、恢复期四个阶段。

①潜伏期一般为 10～14 d，平均为 10 d。有轻度体温上升症状。

②前驱期一般为 3～5 d。主要症状为发热、咳嗽、流涕、流泪、怕光。发烧 2～3 d 后在两侧乳磨牙旁的颊黏膜上可见麻疹黏膜斑（柯氏斑）（如图 7-3-2 所示），为白色小点，周围有红晕，并有黏膜充血现象。这是早期诊断麻疹的重要依据，皮疹出现后逐渐消失。

③出疹期。发热 3～4 d 开始出疹，3～5 d 出齐。出疹顺序为：先见于耳后、发际，渐波及前额、面部、颈部，自上而下蔓延至躯干（胸、背、腹部）、四肢，最后到达手掌、足底。皮疹初为稀疏淡红色斑丘疹，疹数逐渐增多，融合成片，呈暗红色，但疹间可见正常皮肤（如图 7-3-3 所示）。随着皮疹的出现，全身症状加重，体温可高达 40 ℃，患儿常伴有惊厥。

④恢复期。出疹 3～5 d 后皮疹开始消退，消退顺序与出疹顺序相同，体温逐渐恢复正常。在无并发症的情况下，食欲、精神等其他方面的症状也随之减轻。疹退后，皮肤留有糠麸状脱屑及棕色色素沉着，7～10 d 可恢复正常肤色。

（3）生活护理

①维持正常体温，卧床休息至皮疹消退、体温正常为止。处理高热时须兼顾透疹，不宜用药物及物理方法强行降温。如果体温升至 40.0 ℃，可以小剂量使用退热剂以免惊厥。

②保持室内空气新鲜，避免直接吹风。

③注意患儿的皮肤、眼睛、鼻腔、口腔的清洁。勤洗脸、勤漱口。

④饮食以清淡、易消化、营养丰富的流质、半流质食物为主，多喝温水。

⑤注意观察病情，及早发现并发症。麻疹常见并发症有肺炎、喉炎、心肌炎及脑炎等。

图 7-3-2　颊黏膜麻疹黏膜斑：第二臼齿对面的颊黏膜上有蓝白色或紫色小点，周围有红晕

图 7-3-3　出疹高峰时皮疹数目明显增多，但疹间皮肤仍属正常

学习笔记

（4）预防措施

采取以预防接种为主的综合性预防措施。

①控制传染源。麻疹流行期间，要加强晨检，及早发现患儿，隔离患儿至出疹后 5 d，合并肺炎者延长至 10 d。接触者应检疫观察 3 周。

②切断传播途径。患儿所在的托幼机构、班级应开窗通风并彻底消毒。

③保护易感者。接种麻疹疫苗，出生后 8 个月初种，18～24 个月复种。麻疹流行期间，少带儿童去公共场所。

想一想

如何鉴别麻疹、风疹、幼儿急疹？

5. 手足口病

手足口病是由肠道病毒引起的一种儿童常见传染病，传染性强，以手、足、口腔等部位疱疹（如图 7-3-4 所示）为主要特征，故称手足口病。

（1）流行特点

手足口病四季均可发病，多发于春末夏初。手足口病患儿和隐性感染者为主要传染源。肠道病毒适合在湿、热的环境下生存，可通过感染者的粪便、咽喉分泌物、唾液和疱疹液等广泛传播。密切接触是手足口病重要的传播方式，通过接触被病毒污染的手、毛巾、手绢、牙杯、玩具、餐具以及床上用品、内衣等引起感染；还可通过呼吸道飞沫传播；饮用或食入被病毒污染的水和食物亦可感染。多发于 5 岁以下的儿童，感染后可获得免疫力，但持续时间尚不明确。成人为隐性感染者，感染后大多不发病，但能够散播病毒。

图 7-3-4　手掌部位水疱

（2）主要症状

①潜伏期多为 2～10 d，平均 3～5 d。起病急，患儿常有发热、口痛、厌食等症状。

②手足口病普通型主要表现为发热，手、足、口、臀等部位出疹，可伴有咳嗽、流涕、食欲不振等症状。部分病例仅表现为皮疹或疱疹性咽峡炎，个别病例可无皮疹。典型皮疹表现为斑丘疹、丘疹、疱疹。皮疹周围有炎性红晕，疱疹内液体较少，不疼不痒，皮疹恢复时不结痂、不留瘢痕。不典型皮疹通常小、厚、硬、少，有时可见瘀点、瘀斑。

③手足口病普通型病程短，症状轻，多在 1 周内痊愈，无后遗症。少数患儿发病后迅速累及神经系统，表现为脑干脑炎、脑脊髓炎、脑脊髓膜炎等，发展为循环衰竭、神经源性肺水肿的患儿病死率高。

扫码看《〈手足口病诊疗指南（2018 年版）〉节选》

（3）生活护理

①积极控制高热。对体温超过 38.5 ℃者，采用药物降温或物理降温治疗。

②患儿发烧时应卧床休息，多饮水，吃有营养、易消化的流质、半流质食物。

③饭后漱口，保持口腔清洁。

（4）预防措施

①控制传染源。发现患儿应立即隔离治疗至皮疹消退，一般须隔离 2 周。

②切断传播途径。保持良好通风，儿童玩具和常接触的物品应当定期进行清洁、消毒。对患儿的鼻咽分泌物、粪便及污染物随时消毒，病愈后进行终末消毒。

③保护易感者。接种疫苗；养成良好的卫生习惯，勤洗手、足；不要让儿童喝生水，不吃生冷食物；避免儿童与患手足口病的儿童密切接触。

学龄前儿童常见出疹性传染病鉴别要点见表 7-3-1。

想一想

如何有效预防手足口病？

表 7-3-1　学龄前儿童常见出疹性传染病的鉴别要点(供参考)

项目	麻疹	风疹	幼儿急疹	猩红热	水痘	手足口病	药物疹
常见发病年龄	6个月~2岁	6个月~5岁	6个月~2岁	2~8岁	2~6岁	5岁以下	有药物史，服药2~3 d后出现，停药2~3 d后消失；可见各种类型皮疹，斑疹、斑丘疹、疱疹、荨麻疹或溃疡，分布不一；出疹无规律
常见发病季节	冬、春	冬、春	春、秋	冬、春	冬、春	春末夏初	
发热与出疹关系	发热3~4 d出疹	发热1~2 d出疹	发热3~5 d后，热退疹出	发热1 d左右出疹	发病1~2 d出疹	发热同时出疹或多不发热	
出疹顺序	耳后—颜面—躯干—四肢，3~5 d出齐	面部—躯干—四肢，1 d内布满全身	颈部—躯干—全身，1 d出齐	耳后—颈部—前胸—全身，1 d出齐	呈向心性分布，躯干多于四肢，头皮多于颜面	手指或足趾、掌面较多，四肢、躯干少	
疹形	颊黏膜可见柯氏斑，暗红色斑丘疹，疹间有正常皮肤，亦可融合	淡红色、细小均匀、斑丘疹，3 d内消退	玫瑰色丘疹，1~2 d退尽	皮肤呈弥漫性潮红，点状红疹，压之褪色	斑疹—丘疹—疱疹—结痂，分批出现，同一部位可见各期皮疹	斑丘疹—疱疹，圆形或椭圆形，较水痘皮疹小，质较硬	
脱屑	糠麸状	无	无	糠屑样至大片状脱皮	无	无	
色素沉着	有	无	无	无	无	无	
并发症	肺炎、脑炎、喉炎、心肌炎	少见	少见	少数于病后2~3周并发肾炎或风湿热	皮肤感染、肺炎、脑炎、心肌炎	个别重症合并并发症，脑脊髓膜炎、心肌炎等	

(二)其他常见病毒性传染病

1. 流行性腮腺炎

流行性腮腺炎是由腮腺炎病毒引起的急性呼吸道传染病，传染性强，以发热、一侧或两侧耳下腮部肿大、疼痛为主要特征。常在托幼机构和学校中流行。

(1)流行特点

流行性腮腺炎四季均可发病，多发于冬、春季节，患者和隐性感染者为此病的主要传染源。主要通过空气中的飞沫经呼吸道传播，或直接接触经唾液污染的餐具、玩具等途径传播。常见发病年龄为5~15岁，病后获得较持久的免疫力。

(2)主要症状

①潜伏期通常为8~25 d，平均18 d。

②前驱期，儿童大多无明显症状。部分患儿可出现发热、头痛、恶心、呕吐、食欲不振等症状。

③腮肿期，发病1~2 d后腮腺肿胀，常一侧腮腺先肿大，2~4 d后波及对侧。肿胀以耳垂为中心向周围弥漫肿大，边缘不清。表面灼热，有轻度压痛，张口或咀嚼时感到腮腺部位胀痛，吃硬的或酸的食物时疼痛加剧。腮腺肿大持续约4~5 d后逐渐消肿。整个病程10~14 d。

④常见并发症有脑膜炎、睾丸炎、卵巢炎及急性胰腺炎等。

（3）生活护理

①注意保持口腔清洁，多饮水，进食后用淡盐水漱口。

②以流质或半流质食物为宜，避免吃酸、辣等刺激性食物。

③腮腺肿胀时，可局部冷敷，以减轻炎症充血及疼痛，或用中草药外敷。

（4）预防措施

①控制传染源。隔离患儿至腮腺完全消肿，对接触者检疫21 d。

②切断传播途径。居室定时通风并进行消毒，患儿物品曝晒。托幼机构加强消毒工作。

③保护易感者。按时接种腮腺炎疫苗。腮腺炎流行期间尽量少带儿童到人群密集的公共场所。

2. 流行性乙型脑炎

流行性乙型脑炎是由乙脑病毒引起的急性中枢神经系统传染病，以高烧、惊厥、昏迷为主要特征。

（1）流行特点

该病多发于夏、秋季。传染源是被感染的人或动物，其中猪是重要的传染源。主要通过蚊虫叮咬传播，人普遍易感，以10岁以下儿童居多。

（2）主要症状

潜伏期4～21 d，一般为10～14 d。发病1～3 d为前驱期，起病急，主要表现为高热，体温可达40 ℃，伴有头痛、精神倦怠、恶心、呕吐和嗜睡等症状，重者可出现惊厥、昏迷，甚至出现呼吸衰竭而死亡。经治疗，多数患儿能在2周左右恢复。严重患儿若发病半年后仍无法完全恢复，会留有痴呆、失语、瘫痪等后遗症。

（3）生活护理

患儿注意休息、饮食。病初饮食应清淡，以流质食物为主，恢复期应提供高营养、高热量饮食，供给足够的水分，并密切注意患儿的病情变化。

（4）预防措施

①控制传染源。隔离患儿至体温正常。搞好饲养场所环境卫生，人畜居地分开，流行季节前给幼猪接种疫苗。

②切断传播途径。主要采取防蚊、灭蚊措施，消灭蚊虫滋生地。

③保护易感人群。在该病流行前1个月接种疫苗。

3. 病毒性肝炎

病毒性肝炎是由多种不同肝炎病毒引起的以肝脏受损为主的一类传染病，以疲劳、食欲减退、肝大、肝功能异常为主要表现。肝炎病毒最常见的是甲、乙两型。

（1）流行特点

甲型肝炎是由甲型肝炎病毒引起的，主要经消化道传播。病毒存在于患者的粪便中。粪便污染了食物、餐具、饮用水，健康人不注意洗手，用了被污染的用品，喝了被污染的水或吃了被污染的食物，都可造成感染。

乙型肝炎由乙型肝炎病毒引起，主要通过血液传播。病毒存在于患者的血液

练一练

某托幼机构中班发现一名患腮腺炎的儿童，自患儿离园之日起，对该班儿童进行检疫。但在第8天，该班又发现了一名腮腺炎儿童，那么如何计算检疫期？

学习笔记

中，患者的唾液、鼻涕、乳汁等亦带有病毒。含有乙型肝炎病毒的极微量的血液就可造成传染，可通过输血、注射血制品等途径传播。由于患者的唾液和鼻咽分泌物中带有病毒，所以日常生活密切接触、共用牙刷、餐具等，也是重要的传播途径。

(2)主要症状

感染了甲型肝炎病毒，约经 1 个月的潜伏期发病，多为黄疸型。病初类似感冒，相继出现食欲减退、恶心、呕吐、腹泻等症状，尤其不喜欢吃油腻的食物。患者精神不好、乏力。发病 1 周左右，巩膜(白眼球)、皮肤出现黄疸，尿色加深，大便呈灰白色，肝功能不正常。出现黄疸后 2～6 周，黄疸消退，食欲、精神好转。肝功能逐渐恢复正常。

感染了乙型肝炎病毒，经 2～6 个月的潜伏期发病，多为无黄疸型肝炎，主要表现为食欲减退、恶心、肝脏肿大、肝功能异常。

(3)生活护理

①急性肝炎患儿应卧床休息。卧床可以减轻肝脏的负担，有利于肝功能的恢复。病情好转后应轻微活动，逐渐增大运动量，以不感觉疲劳为宜。患儿的生活要有规律。

②饮食宜低脂肪，适当增加蛋白质和碳水化合物的摄入量。多吃水果、蔬菜，多饮水。

(4)预防措施

①控制传染源。隔离患儿不少于 30 d，接触者应观察 45 d。

②切断传播途径。加强饮食、水源、环境卫生管理。做好日常消毒工作，餐具、用具、玩具均应即时刷洗、消毒，便盆用消毒液浸泡。加强血液制品的管理。

③保护易感者。按时为儿童接种肝炎疫苗。

4. 流行性感冒

流行性感冒是由流感病毒引起的急性呼吸道传染病，简称流感。具有较强的传染性。一般全身症状较严重，如发热、头痛、咽痛、肌肉酸痛、全身乏力等。

(1)流行特点

流感多发于冬、春季，流行可持续 6～8 周，主要发生于人口密集的单位或地区，如幼儿园、学校等。流感患者及隐性感染、病毒携带者为主要传染源，主要通过空气中的飞沫传播，也可通过口腔、鼻、眼睛等处黏膜直接或间接接触传播，接触患者的呼吸道分泌物、体液和被病毒污染的物品也可成为传播途径。人群普遍易感，尤以儿童及老年人为多。在感染后虽可产生一定的免疫力，但在病毒变异后，人群可重新易感而反复发病。

(2)主要症状

流感潜伏期多为 1～7 d。症状比普通感冒重，以突发高热、寒战、头痛、全身肌肉酸痛、乏力、全身不适等为特点。咳嗽、鼻塞、咽痛等上呼吸道症状较轻。少数患儿可有呕吐、腹泻等消化道症状。发热 3～5 d 后消退，全身症状减轻，但上呼吸道症状加重。婴幼儿及有基础性疾病患儿病程较长，出现高热不退、剧烈咳嗽等症状，常继发细菌性肺炎，少数患儿病情进展迅速，出现呼吸衰竭、多脏器功能不全或衰竭。

（3）生活护理

①一般护理。患儿卧床休息，减少活动。

②发热护理。衣被不可过厚，以免影响机体散热，引起体温进一步升高。体温超过 38.5 ℃时给予物理降温或药物降温。

③注意饮食。以清淡、易消化的食物为主，不要给患儿吃油腻、辛辣的食物和冷饮。

④补充水分。因发热、呼吸增快而增加水分消耗，应多喝开水。

⑤促进舒适。及时清除咽喉部分泌物及鼻腔分泌物和干痂，保持鼻孔周围清洁。

（4）预防措施

①控制传染源。早发现、早隔离患儿及带菌者，彻底治疗。

②切断传播途径。加强环境消毒，注意个人卫生。保持室内空气流通，在呼吸道疾病发病季节，避免儿童到拥挤的公共场所。

③保护易感人群。加强体格锻炼，保证充足的户外活动时间，多晒太阳和呼吸新鲜空气。

（三）常见细菌性传染病

1. 细菌性痢疾

它是由痢疾杆菌引起的肠道传染病，简称"菌痢"，以腹痛、腹泻、"里急后重"、黏液脓血便为主要表现。

（1）流行特点

一年四季均可发病，多发生于夏、秋季。主要通过粪—口途径传播，带菌者的粪便污染了手、食物、饮用水、日常用具等，易感者经口感染，也可通过食用苍蝇污染的食物而感染。学龄前儿童发病率高。

（2）主要症状

细菌性痢疾的潜伏期为数小时至 7 d，多数为 1～2 d。急性细菌性痢疾可分为普通型、轻型和中毒型。普通型一般出现发热、腹痛、腹泻、每日排便十次至数十次等症状，伴"里急后重"。初为稀便或水样便，后转为黏液脓血便，左下腹部有压痛感。中毒型肠道症状较轻，少数未见脓血便就出现高热、抽风、昏迷。若病程超过 2 个月，则为慢性细菌性痢疾。

（3）生活护理

①速送医院。按医嘱给患儿服药，配合医生治疗。急性细菌性痢疾治疗不彻底易转成慢性细菌性痢疾，较难治疗。久痢久泻还易导致儿童脱肛和营养不良。

②注意饮食。以流质、半流质食物为主，忌油腻或有刺激性的食物。病情好转后逐步改为软食，并加强营养，多晒太阳。

③便后用温水洗臀部。

（4）预防措施

①控制传染源。早发现、早隔离患儿及带菌者，彻底治疗。对密切接触者医学观察 7 d。

②切断传播途径。注意个人卫生、饮食卫生、环境卫生。做好水源及粪便的管理工作，消灭蚊蝇。做好日常消毒工作，特别要加强餐具、毛巾、杯子、玩具、

学习笔记

想一想

什么是"里急后重"？

厕所、便器、患儿吐泻物的消毒工作。

③保护易感人群。加强晨检及全日观察。保教人员应观察儿童是否发烧，检查大便情况，加强卫生教育。

2. 猩红热

猩红热是由溶血性链球菌引起的急性呼吸道传染病，传染性强，以发热、咽喉肿痛、全身弥漫性猩红热皮疹和疹退后明显脱屑为主要特征。

(1)流行特点

全年均可发病，常见于冬、春季。患者和带菌者是主要传染源。主要通过空气中的飞沫传播，也可由被污染的用具、玩具、食物等间接传播，多见于学龄前及学龄期儿童。

(2)主要症状

①潜伏期一般为 1～7 d。起病急，病初以畏寒、发热、头痛、咽痛、呕吐为主。

②出疹期。典型皮疹：1～2 d 内出皮疹，先见于耳后、颈部和上胸部皮肤，24 h 之内迅速蔓延至全身。全身皮肤潮红、布满针尖大小的点状红色小丘疹，呈"鸡皮"样，抚摸有细沙样感觉，疹间无正常皮肤。手按压皮肤时红色可暂时消退数秒，出现苍白色手印，称为贫血性皮肤划痕。帕氏线：在颈部、腋窝、肘窝、腘窝、腹股沟等皮肤皱褶处皮疹密集，色深红，间或有出血点形成的红色线条。口周苍白圈：面部潮红且有皮疹，口唇周围皮肤苍白无皮疹，称口周苍白圈。舌部表现：病初，舌部有白苔样覆盖物，舌乳头红肿，称"草莓舌"，病后 3～4 d，白苔脱落，露出红的舌面及突出的乳头，称"杨梅舌"(如图 7-3-5 所示)。

图 7-3-5 "杨梅舌"

③恢复期。出皮疹 3～5 d 后按出疹顺序逐渐消退，2～3 d 退尽。皮疹消退后开始脱皮，脱皮的程度与病情轻重成正比。轻者为糠屑样脱皮，常见于面部和躯干。重者为大片状脱皮，常见于手、脚掌等部位。典型皮疹、帕氏线、口周苍白圈、"杨梅舌"、脱屑均有助于诊断。

(3)生活护理

①病儿须卧床休息，用淡盐水漱口，保持口腔清洁。

②病后 2～3 周，要检查尿，因少数患儿可并发急性肾炎等疾病。

(4)预防措施

①控制传染源。猩红热患儿隔离至有效抗生素治疗后 24 h。接触者检疫 7 d，在检疫期间发现咽炎、扁桃体炎，尽早用抗生素治疗。

②切断传播途径。患儿居室要经常开窗通风换气，对患儿的分泌物及用品消毒。

③保护易感人群。儿童要加强体育锻炼，不断提高自身的抗病能力。

3. 流行性脑脊髓膜炎

流行性脑脊髓膜炎简称流脑，是由脑膜炎球菌引起的急性呼吸道传染病，以高热、头痛、频繁呕吐、皮肤黏膜瘀点或瘀斑及脑膜刺激征为主要特征。

(1)流行特点

流脑多发于冬、春季，流脑带菌者和患者是传染源。隐性感染率很高，隐性感染者是重要传染源。主要经咳嗽、打喷嚏借飞沫由呼吸道直接传播。人群普遍

学习笔记

易感，以 5 岁以下儿童为主，6 个月～2 岁婴幼儿发病率最高。

（2）主要症状

潜伏期一般 1～10 d，多为 2～3 d。病初有低热、咽痛、鼻塞、咳嗽等上呼吸道感染症状；少数患儿因致病菌侵入血液循环可发生败血症，出现头痛、全身乏力、肌肉酸痛和神志淡漠、哭闹不安、惊厥等症状；发病后数小时可出现皮肤黏膜瘀点或瘀斑。多数患儿发病后 24 h 左右出现脑膜刺激征，表现为高热、头痛、频繁呕吐、颈项强直。

（3）预防措施

①控制传染源。隔离患儿至症状消失后 3 d。密切接触者检疫 7 d。

②切断传播途径。注意室内卫生和个人卫生，保持室内空气流通。流脑流行期间，避免儿童到拥挤的公共场所。

③保护易感人群。接种流脑疫苗。

4. 急性细菌性结膜炎

急性细菌性结膜炎（急性卡他性结膜炎）俗称红眼病，是由细菌感染引起的传染性眼病。

（1）流行特点

急性细菌性结膜炎常通过被污染的手、毛巾、水等多种媒介造成接触感染，在公共场所、集体单位（学校、托幼机构）迅速蔓延，导致流行，尤以春季为甚。潜伏期 1～3 d，病程约 2 周，通常有自限性。

（2）主要症状

结膜充血、眼红、分泌物增多、眼睑肿胀。患眼常有异物感、疼痛、畏光、流泪等症状。

（3）生活护理

①忌包扎患眼，以免分泌物无法排出，致使细菌大量繁殖。忌热敷，应冷敷。

②坚持用眼药，白天点眼药水，临睡前涂眼药膏。

（4）预防措施

①控制传染源。加强晨检，一旦发现患儿立即隔离。

②切断传播途径。应做到一人一巾，每日消毒。做好室内用具、玩具、脸盆、毛巾等物品的消毒。照料人员应注意洗手，防止交叉感染。

③保护易感人群。教育儿童不用手揉眼，要用流动水洗脸，夏季游泳后应及时滴眼药水进行预防。

5. 沙眼

沙眼是沙眼衣原体感染所致的慢性传染性结膜角膜炎。因其在睑结膜表面形成粗糙不平的外观，形似沙粒，故名沙眼。

（1）流行特点

沙眼主要通过眼分泌物直接接触或污染物间接接触传播，多发生于儿童及少年时期。潜伏期 5～12 d，常隐匿发病。

（2）主要症状

①患儿感到眼痒，有摩擦、异物感，眼部有少量黏性分泌物。眼睛有时发干、流泪。

②病变发展，睑结膜被破坏，形成瘢痕。

③严重的沙眼可使眼睑内翻和倒睫，严重影响视力，甚至失明。

(3)生活护理

保持患眼清洁，分泌物多时，可用生理盐水冲洗结膜囊；正确滴眼药。

(4)预防措施

①注意清洁卫生，要勤洗手，勤剪指甲，保持手清洁，不用手揉擦眼睛。

②实行一人一巾、每日消毒。用流动水洗手、洗脸。

二、学龄前儿童常见肠寄生虫病 >>>>>>>>>>>>>>>>>>>>>>>>

(一)蛔虫病

蛔虫病是由蛔虫引起的、儿童时期较为常见的肠道寄生虫病。蛔虫通常寄生于小肠内摄取营养。轻者出现消化不良、营养不良，重者可影响生长发育。

蛔虫雌雄异体，雌虫虫体较雄虫大。成虫通常寄生于人体小肠，以肠内容物为食物。雌虫每日产卵约 20 万个，虫卵随粪便排出体外，在适宜的环境中经 2～3 周发育成熟，具有感染性。虫卵在 5～10 ℃环境中可生存 2 年。

1. 流行特点

多发于 6—8 月。蛔虫病患者是主要的传染源。环境卫生和个人卫生差，是发病的主要原因。感染性虫卵通过被污染的手、食物或生水经口进入人体是主要的传播途径，也可通过吸入附着在尘埃上的感染期虫卵而引起感染。蛔虫病的感染率农村高于城市，儿童高于成人。

2. 主要症状

①成虫在肠道内寄生，由于机械刺激常引起脐周围阵发性疼痛，片刻可自行缓解。患儿常有食欲减退、恶心、呕吐等症状。

②蛔虫的代谢产物或死亡后产生的毒素刺激神经系统，可引起低热、多汗、夜惊、磨牙等症状。

③并发症。因蛔虫具有游走、钻孔和扭曲成团的特性，常会引起蛔虫性肠梗阻、胆道蛔虫症、肠穿孔及腹膜炎等并发症。

3. 预防措施

(1)驱虫治疗

让患病儿童和带虫者口服驱虫药治疗。蛔虫感染率在 50% 以上的儿童机构可采取集体驱虫治疗，药量遵医嘱。治疗时间应在感染高峰期后 2～3 个月，即 9—10 月进行集体驱虫治疗。因 6—7 月最易感染蛔虫卵，9—10 月已长为成虫。蛔虫感染率在 5% 以下的儿童机构，无须定期驱虫。

(2)加强个人卫生、环境卫生

儿童注意个人卫生、饮食卫生，饭前、便后要洗手，勤剪指甲，不吮吸手指，不随地大小便等；生吃瓜果蔬菜要洗净，不喝生水。搞好环境卫生，进行粪便无害化处理，消灭蛔虫卵，防止感染。

(二)蛲虫病

蛲虫病是由蛲虫寄生于人体小肠下段、盲肠、结肠引起的儿童常见肠道寄生

学习笔记

虫病，以夜间肛门及会阴附近奇痒并见到蛲虫为主要特征。

1. 流行特点

患者是唯一传染源。蛲虫病主要由蛲虫卵污染手、食物、餐具等经口进入人体感染，感染期的虫卵散落在衣裤、被褥、室内用具上也可造成传染。若儿童穿开裆裤，也可使虫卵散布在滑梯、木马、玩具等处造成传播。

2. 主要症状

蛲虫的雌虫常在夜间爬到肛门周围产卵，引起儿童肛门周围和会阴部奇痒。患儿常哭闹不安，影响睡眠，同时还可出现烦躁不安、夜惊磨牙，以及食欲减退、腹痛恶心等消化道症状。患儿搔抓可引起肛门周围皮肤发炎。

3. 预防措施

①避免自身重复感染。夜间睡前可在儿童肛周涂蛲虫药膏，以粘住虫卵并止痒；早晨用温水洗净臀部。患儿的内裤及被单应清洗干净并煮沸消毒，在阳光下曝晒。

②培养儿童良好的卫生习惯，如饭前、便后洗手，勤剪指甲，不吮吸手指等。

③儿童应及早穿封裆裤，避免虫卵侵入。要勤换内衣，勤晒被褥。

近几年，新型冠状病毒对公共安全造成了重大威胁，我们应提高重大疫情早发现的能力，加强重大疫情防控救治体系和应急能力建设，有效遏制重大传染性疾病传播。

> **学习笔记**

> **想一想**
>
> 托幼机构的儿童为什么须穿封裆裤？

思考与练习

一、选择题

①确定某种传染病的检疫期是根据该病的（　　　）。

A. 最短潜伏期　　　　　B. 最长潜伏期　　　　　C. 平均潜伏期　　　　　D. 传染期

②典型麻疹的出疹顺序是（　　　）。

A. 先由耳后，到发际、面部、躯干、四肢，最后到手足心

B. 先由面部、躯干、四肢，到耳后、发根，最后到手足心

C. 先由耳后，到手足心，最后到发根、颜面、躯干、四肢

D. 先由手足心、面部、躯干、四肢，到耳后，最后到发根

③水痘的多发季节是（　　　）。

A. 夏、秋　　　　　B. 秋、冬　　　　　C. 冬、春　　　　　D. 夏、季

④成人大多通过（　　　）途径获得手足口病抗体。

A. 显性感染　　　　　B. 隐性感染　　　　　C. 病原携带感染　　　　　D. 潜伏性感染

⑤蛔虫感染人体的主要途径是经（　　　）。

A. 皮肤　　　　　B. 口　　　　　C. 呼吸道　　　　　D. 肛门

⑥托幼机构发现传染病患儿的班级应注意（　　　）。（多选题）

A. 发生传染病的班级在医学观察期间与其他班相对隔离

B. 不办理入托和转园(所)手续

C. 加强晨、午、晚检及全日健康检查工作

D. 检疫期满无新患儿，该班方可解除检疫

⑦手足口病的传播途径包括（　　　）。（多选题）

A. 呼吸道飞沫传播　　　　　B. 粪—口传播　　　　　C. 密切接触传播　　　　　D. 血液传播

⑧预防手足口病的关键是（　　）。（多选题）

A. 做好托幼机构卫生　　　　　B. 吃熟食　　　　C. 勤洗手　　　　D. 常通风

⑨预防流行性腮腺炎的措施包括（　　）。（多选题）

A. 隔离患儿　　　　　　　　　　　　B. 居室通风消毒

C. 接种腮腺炎疫苗　　　　　　　　　D. 接触者检疫 21 d

⑩防治蛲虫病的主要措施有（　　）。（多选题）

A. 患儿的内裤及被单应清洗干净，并煮沸消毒

B. 儿童应及早穿封裆裤

C. 饭前、便后洗手

D. 勤剪指甲，不吮吸手指

二、简答题

①结合水痘、手足口病的流行特点，请说一说托幼机构应开展哪些预防工作。

②为什么有些传染病感染过一次可获终生免疫，而有些传染病（如流感）会反复感染？

云测试及
参考答案

◀ 学习反思

模块八
学龄前儿童心理健康与保健

学习目标

①了解学龄前儿童心理健康的标志。

②了解影响学龄前儿童心理发展的因素。

③掌握促进学龄前儿童心理发展的措施。

④掌握常见心理行为问题的表现和形成原因。

⑤能够应用科学的手段预防和矫治学龄前儿童常见的心理行为问题。

⑥尊重儿童个体差异，尊重生命多样性，尊重人权。

⑦能为心理行为异常的儿童提供人性化的服务，具有对儿童人文照护的精神。

学习导航

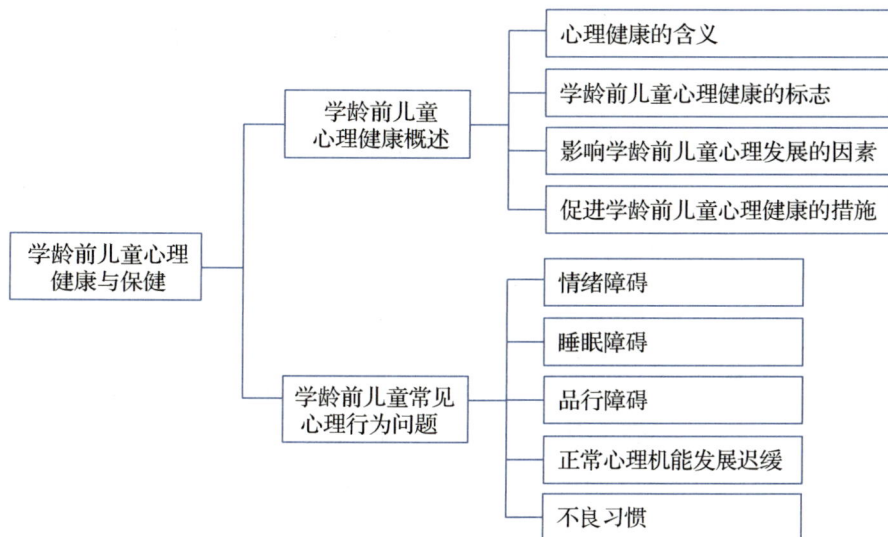

单元 1
学龄前儿童心理健康概述

一、心理健康的含义 >>>>>>>>>>>>>>>>>>>>>>>>>>>>>>>>

心理健康，又称精神卫生或心理卫生，是指一种良好的、持续的心理适应状态。心理健康的人应具备完整的人格、进取的精神、充沛的精力、愉快的情绪、适当的行为，以及对现实环境良好的适应状态。

学龄前儿童对外界环境比较敏感，容易受各种不良因素的影响。做好学龄前儿童的心理健康工作，不仅可以预防行为问题、心理障碍的发生，而且能够促进儿童在认知、情感、意志和个性等方面全面发展，培养健全的人格，使其对社会具有良好的适应能力。

二、学龄前儿童心理健康的标志 >>>>>>>>>>>>>>>>>>>>>>>>

学龄前儿童的心理健康特征与其身心发展情况密切相关，主要从智力、情绪、行为、人际关系等方面衡量。一般认为学龄前儿童心理健康有如下几个特征。

（一）智力发展正常

正常的智力水平是学龄前儿童与周围环境取得平衡和协调的基本条件，是心理健康的首要标志。智力的高低是先天遗传和后天环境共同作用的结果。虽然个体之间的智力发展存在一定的差异，但只要基本符合该年龄阶段的智力发展水平就属于正常。

（二）情绪稳定，反应适度

情绪是一个人对客观事物的内心体验。它既是一种心理过程，又是心理活动赖以进行的背景。良好的情绪，反映了中枢神经系统功能活动的协调性，表示人的身心处于积极的平衡状态，是心理健康的直接表现。如果一个儿童的情绪极易变化、喜怒无常，经常处于消极状态，与所处环境很不协调，那么，该儿童的情绪就是不健康的，不利于其身心发展。

（三）乐于与人交往，人际关系融洽

学龄前儿童也有人际交往的需要，同伴交往、亲子交往、师幼交往等都是其人际交往形式，通过与他人的交往能够反映其心理健康状况。儿童之间正常的交往既是儿童维持心理健康的重要条件，也是获得心理健康的必要途径。一些心理不健康的儿童，其人际交往往往是失调的，或自己远离伙伴，或成为群体中的"嫌弃儿"。心理健康的儿童乐意与人交往，能与同伴合作游戏，分享快乐，也是群体中受欢迎的一员。

（四）行为协调统一

随着年龄的增长，学龄前儿童的思维逐渐变得有条理，主动注意的时间逐渐延长，情绪、情感的表达方式日趋合理。心理健康的儿童，其心理活动和行为方式是和谐统一的，表现为既不异常敏感，也不异常迟钝。心理不健康的儿童往往有异乎寻常的注意力不集中或不能自制的过度活动。

（五）性格特征良好

性格是个性最核心、最本质的表现，它反映在对客观现实的稳定态度和习惯化的行为方式之中。心理健康的儿童，一般具有热情、勇敢、自信、主动、合作等性格特征，而心理不健康的儿童常常表现出冷漠、胆怯、自卑、被动、孤僻等性格特征。

上述儿童心理健康的标志，是"理想"的标志。实际上，每个儿童都可能有这样或那样的不足。这些心理健康的标志，是培养儿童应努力达到的目标。

三、影响学龄前儿童心理发展的因素 >>>>>>>>>>>>>>>>>>>

影响学龄前儿童心理发展的因素有很多，主要有生理、心理、社会等因素。

（一）生理因素

影响学龄前儿童心理发展的生理因素主要包括遗传因素、先天的非遗传因素、后天脑损伤和儿童感觉统合失调等方面。

遗传物质是学龄前儿童心理发展的生物前提，它提供了心理发展的可能。特别是中枢神经系统的发育，是儿童心理发展的物质基础。

一些先天的非遗传因素，如妊娠早期受致畸因素的影响，胎儿期孕母营养不良，或围生期出现宫内窒息、产伤等，都可能对胎儿的脑部造成伤害，使儿童期出现种种行为问题。

意外事故或传染病(结核性脑膜炎、乙型脑炎等)会造成脑损伤、脑疾病，从而造成儿童心理发展迟滞，如学习困难、智力低下、情绪障碍等。

儿童感觉统合失调是指儿童无法对视觉、听觉、触觉、肌肉关节的本体感觉和前庭的方位、平衡觉等信息进行有效管理，以致影响大脑对上述信息的认知和判断。这样的儿童容易出现好激动、多动、注意力不集中的情况，或学习时在读、写、计算、记忆、注意、思维等方面存在困难。

（二）心理因素

影响学龄前儿童心理发展的心理因素包括气质类型、动机、情绪和自我意识等方面。

气质对儿童的行为、情绪、个性发展具有非常重要的影响作用，一般分为3种类型：难养型、兴奋缓慢型、易养型。其中难养型儿童更易产生攻击行为、焦虑、敌意等。

动机是为满足个体的需要并促使其活动的诱因。学龄前儿童在活动中不仅不断产生需要和满足需要，还有受挫的时候。所以，既要满足儿童一定的心理需要，使其产生良好的动机，也要培养其具有必要的心理承受能力和处理动机冲突的简单技巧，以协调动机需要与现实的反差，保持平衡的心态。

学习笔记

情绪包括情感感受力、情感控制力和理解、影响他人情绪的能力。情感感受力正常，受到别人的爱抚、关心、体贴、照顾会感到幸福，从而心情愉快。情感控制力正常，能合理宣泄不良情绪，就会避免一不顺心就闹情绪、撒泼打滚等问题行为的产生。具有同情心的儿童，更能理解他人的情绪。

自我意识是组成个性的一部分，对人的心理活动和行为有着调节作用。正确认识自我，是儿童使自己的行为适应环境的基本条件之一。自我评价过低的儿童，常常表现为沉默寡言、行为退缩、不合群，他们的个性和行为因此出现问题。在学龄前儿童中，较多的儿童表现出过高地评价自己的倾向。随着年龄的增长，自我评价逐渐接近客观事实。如果儿童到了一定年龄，仍自我评价过高，就会阻碍个性健全地发展。

（三）社会因素

从出生起，婴儿就是一个社会人。随着儿童年龄的增长，他们经历了由简单到复杂的社会环境。这些环境或有益于他们的心理健康，或给其正常的心理发展带来不良的影响。

1. 家庭

家庭是学龄前儿童社会化的主要场所。家庭成员，特别是父母的行为、人格特征、亲子关系、教育观念、教育方法，都与儿童的心理健康有密切的关系。家庭和睦，接受良好教育、能享受到童年快乐的儿童，在人格发展上一般是健全的；从小家庭不健全、不和睦，或者父母的教育方式不正确，会使儿童的心理出现问题，导致问题行为的发生。

2. 托幼机构

托儿所、幼儿园是儿童最早进入的集体教育机构。托幼机构的人文环境和物质环境对儿童社会适应性的形成有深远的作用。

学龄前儿童对教师、保育人员有着较高的依赖性。教师、保育人员是儿童接触较多的"早期照管人"。儿童与早期照管人的关系，将对儿童的心理发展和心理健康产生重要的影响，且将涉及日后的心理状态。幼教工作者对儿童多一分关心、多一分耐心、多一分操心，儿童就会多得到一分温暖、安全和愉悦感。

托幼机构教育和教学活动的安排、组织，也与儿童的心理健康有密切关系。

3. 社会

学龄前儿童接触的任何人，特别是小伙伴，接触的任何事物，特别是大众传播媒介，如电视、图书、网络等，都会影响儿童的心理健康。生存环境中的不良刺激，诸如噪声、过冷、过热、过湿，都会影响儿童的情绪和行为。

生理、心理和社会因素互相联系，不可分割地交织在一起，对儿童的心理产生影响。

四、促进学龄前儿童心理健康的措施 >>>>>>>>>>>>>>>>>>>

学龄前儿童心理健康涉及的范围比较广泛，凡是能够促进儿童生长发育，提高其社会适应能力，改善其个性品质，以及有利于心理健康的方法和措施，都属于要研究的内容。对儿童心理健康问题进行教育干预的人员主要有家长、幼教工作者、心理工作者、医生等。其主要内容包括以下几个方面。

（一）为儿童提供良好的生活环境和教育环境

儿童生活的家庭、托幼机构和整个社会，都应该为儿童的健康发展提供良好的生活环境和教育环境。保障儿童的基本权益，减少并消除有损于儿童身心正常发育的各种因素；充分发展儿童的潜能，避免儿童遭受虐待和伤害；尊重儿童的人格，保证儿童心理健康发展。

（二）对学龄前儿童进行心理健康教育

对学龄前儿童进行心理健康教育的主要内容是：帮助儿童学会调节和表达自己的情绪、情感，掌握社会交往技能、培养良好的生活习惯，对儿童进行性教育等。培养儿童养成有益于心理健康的行为和习惯，有利于其自觉抵制各种不健康的行为，增强自我心理保健的意识和能力，健康成长。

（三）对学龄前儿童开展心理咨询、行为指导和心理治疗

对儿童开展心理咨询是及早发现儿童心理健康问题的重要手段。心理咨询涉及的方面很多，如儿童身心特点与发展规律，家庭、托幼机构和社会在儿童发展中的作用，影响儿童心理健康的因素，不同应激源对儿童情绪健康的影响，心理挫折和冲突所导致的心理危机，儿童的各种行为问题、心理障碍或心理缺陷产生的原因等。通过心理咨询，及早发现有各类行为问题、心理障碍和心理疾病的儿童，确定问题的性质，采取有针对性的措施，对他们进行早期教育、早期干预或早期治疗。对于大部分只有轻微行为问题的儿童，以教育和指导为主，及早纠正他们的不良行为。对于少数有明显心理障碍和心理缺陷的儿童，专业人员根据问题的性质、障碍和缺陷的程度及儿童本身各个方面的情况，确定心理治疗方案，并对其实施心理治疗。

（四）一般心理保健措施

在儿童生长发育的过程中，卫生保健部门、家庭和托幼机构应做好相应的心理保健工作，如遗传咨询、婚前检查、妊娠期保健、产前检查。另外，还有儿童期护理和心理保健、母乳喂养的提倡、合理营养、计划免疫、健康检查等，使个体生命从孕育到成长都能得到良好的维护和发展。

扫码看
《儿童心理保健技术规范》

单元 2
学龄前儿童常见心理行为问题

学龄前儿童在身心发展的过程中，出现一种或几种心理行为问题的现象比较常见，如夜惊、口吃、遗尿、吮吸手指等。这些心理行为问题有较大的易变性，有的随着年龄增长自然消失，有的经过矫治可以纠正。

一般来说，学龄前儿童常见的心理行为问题主要有情绪障碍、睡眠障碍、品行障碍、正常心理机能发展迟缓、不良习惯等。

一、情绪障碍 >>>>>>>>>>>>>>>>>>>>>>>>>>>>>>>>>>>

（一）儿童期恐惧

开始有想象力的一两岁儿童出现"怕"的反应很正常，如怕生、怕黑等。这种怕并不强烈，容易转移，只要正确引导，不会成为心理问题。但如果儿童对某些物体或情景产生过分激烈的情感反应，恐惧强烈、持久，影响正常的情绪和生活，特别是到了某个年龄对本不该害怕的事物仍表现出过度惧怕，就属于儿童期恐惧。

1. 原因

①特殊刺激引起的直接经验。例如：突然出现在面前的小动物会使儿童产生恐惧。

②通过观察或模仿他人的言行而产生恐惧心理。例如：好大惊小怪的父母，其孩子也胆小。

③受恐吓的结果。例如：用威胁、吓唬的方法让不听话的孩子就范。

2. 预防与矫治

有学者认为，儿童对某一特定对象恐惧的持续时间比较短暂，仅仅在某一年龄阶段或某一时期表现得比较明显，故儿童期恐惧一般不须要特殊治疗。

①在生活中应鼓励儿童观察和认识自然现象，对恐惧对象增加了解。

②家长要处事不惊。儿童会模仿家长行为，克服恐惧心理。

③任何情况下都不要对儿童进行恐吓，也不要让他们看恐怖的影视、图片等。

④对于已经出现恐惧情形的，一般可采用系统脱敏法进行矫治。

如果个别儿童的恐惧程度严重，且持续时间较长，必须专门治疗，以避免发展为严重的儿童期恐惧症。

（二）分离性焦虑

分离性焦虑是指儿童离开亲密照顾者，尤其是离开母亲时，出现的极度焦虑的反应。男、女童均可出现此问题。其中，入园焦虑是分离性焦虑的典型表现。

1. 原因

①源于儿童早期的依恋行为。一般来说，对于婴儿，乃至1岁半以下的儿童，

在与母亲或其他亲密照料者分离时，表现出一定的焦虑心理，这是正常表现。但对于 3 岁以上儿童，在与亲人分离时，仍表现出坐立不安、害怕等情绪，且表现程度严重，持续时间较长的，就属于心理问题。

②陌生环境使儿童失去安全感。离开熟悉的家庭环境前往幼儿园，极易让部分儿童失去安全感，感到恐惧，因而黏住亲人不愿离开，大声哭闹，甚至出现头痛、肚子痛等种种生理上的不适。

2. 预防与矫治

预防和矫治学龄前儿童的分离性焦虑，应从改善环境和教育方式入手。

①降低亲子依恋强度。家长应从小培养儿童独处的经验和能力，经常和孩子说"再见"。学会放手，培养儿童的独立性，并在此基础上用于应对亲人之间的短暂分离。

②提前熟悉幼儿园环境，建立新的依恋对象。针对儿童因为入园产生的分离性焦虑，可让儿童参观幼儿园，或参与幼儿园亲子活动等，提前熟悉幼儿园环境。教师可采取抱一抱、搂一搂、拍一拍的方式，让儿童产生安全感、信任感，找到被爱、被呵护的感觉。

③多和儿童交流，倾听儿童诉说。切忌采取简单粗暴的训斥、恐吓的方法，切忌强制儿童终止宣泄心中的不满与紧张不安。

扫码看
《分离性焦虑测
试表》

（三）屏气发作

屏气发作是指儿童因受到刺激而哭闹时，过度换气之后，出现屏气、呼吸暂停。轻者呼吸暂停 0.5～1 min，面色发白，口唇发绀；重者呼吸暂停 2～3 min，口唇发绀，全身僵直，意识丧失，出现抽搐，之后肌肉逐渐松弛，恢复正常呼吸。多发生于 3 岁以下的儿童，3 岁以后很少发生，6 岁以后更为罕见。

1. 原因

主要由于某种心理诱因的诱发，如紧张、恐惧、发怒、疼痛或受到挫折等。另外，可能与机体内缺铁、家族遗传等有一定关系。

2. 预防与矫治

①尽可能消除可引起儿童心理过度紧张的种种因素。

②不要过度溺爱儿童。

③对于正发作的儿童，成人应保持镇定，松开儿童衣领、裤带，使其侧卧，并轻轻扶着他。待其恢复正常后，通过讲故事、与其做游戏等转移他的注意力。

（四）暴怒发作

儿童在个人要求或欲望得不到满足，或受到挫折时，出现哭闹、尖叫、打滚、撞墙、撕东西、扯头发等过火的行为，称为暴怒发作。多见于学龄前儿童，男童比女童更容易暴怒发作。

1. 原因

①这种行为往往与成人不适当的教育方式有关。儿童每次发作时，家长都会妥协，满足他的要求，这种结果强化了儿童的行为而使之愈演愈烈。其他儿童看到，也会照此模仿。

②可能与儿童的气质类型有关系。

学习笔记

2. 预防和矫治

①使儿童懂得合理宣泄不良情绪，避免不正当的方式和乱发脾气。

②不要对儿童过度溺爱，应该从小教育他们讲道理、懂道理。尤其第一次出现暴怒发作时，家长不能妥协，绝不迁就不合理的要求。

③在儿童发作时可以"冷处理"，或转移其注意力，待其安静下来再讲道理，这样能有效地帮助儿童学习控制自己的行为。若哪次能克制自己不发作，应及时予以表扬和奖励。

二、睡眠障碍 >>

（一）夜惊

夜惊是睡眠障碍的一种表现，是指睡眠中突然出现的一种短暂性惊恐反应，俗称"撒呓挣"。常见于 4～7 岁儿童，男童略多于女童。夜惊一般发生于入睡后 0.5～2 h，表现为儿童在入睡后没有任何外界刺激的情况下，突然坐起，尖叫哭喊，瞪目直视或双眼紧闭，极为惊恐，伴有心率加快、呼吸急促、瞳孔扩大、大汗淋漓等，可持续数分钟。发作时，一般很难唤醒或哄他安静下来；发作后，能重新平静入睡；次日，对夜晚发生的事情很难回忆。发作次数不定，可隔数天发作 1 次，严重者可一夜发作几次。

1. 原因

①中枢神经系统发育不完善。尤其是控制睡眠觉醒的大脑皮质细胞发育不成熟，功能不完善，会使儿童的睡眠受到影响。

②与一定的生理原因有关。例如：鼻咽部疾病致使呼吸不畅，或患有寄生虫病，都容易引发夜惊。

③与精神紧张、焦虑不安等心理因素有关。例如：家庭不和、与父母分离、亲人伤亡、父母吵架或离异、受到严厉惩罚等，或者睡前看了惊险的电视或听了情节紧张的故事等。

④与不良的睡眠环境和习惯有关。例如：室温过高，空气污浊，手压胸口，晚餐过饱，等等。

2. 预防与矫治

如果学龄前儿童夜惊发作的情形不很明显或较少发作，则不必担心，随着年龄的增长，大多会自行消失。对于夜惊症状明显的儿童，一般也不需要药物治疗，主要从以下几方面进行调节。

①适当运动，增强儿童体质，促进脑的发育。白天儿童活动量大，晚上就容易入睡，睡得也香甜。但是，运动量也不能太大，超过儿童合理负荷，过度的兴奋和劳累也容易引起夜惊。

②应消除引起儿童紧张不安的心理诱因，减少情绪紧张。家庭生活应注意和睦温暖，避免儿童参与到家庭纷争中，避免儿童目睹亲人或家庭的巨变，睡前不批评儿童，不看、不听惊险故事，等等。

③建立良好的睡眠环境和习惯。注意休息室的通风和温度，注意培养良好的睡眠习惯，按时睡觉，睡前不吃太多东西，睡姿应正确。

④预防和治疗躯体疾病。

儿童发生夜惊时，成人应帮助儿童重新入睡，避免个别儿童发作时出现自伤或暴力行为。

3. 甄别

须要注意的是，少数儿童的夜惊是癫痫发作的一种形式。因此，如果发现儿童经常夜惊，在白天，精神、行为也有些异常(如吃着饭，突然失神，碗摔了，筷子掉了，这是癫痫发作的一种症状，称"失神小发作")，应去医院诊治。

(二)梦魇

梦魇的主要表现是做噩梦。学龄前儿童在睡眠过程中梦到落入深渊、被猛兽追赶等可怕景象，伴有呼吸急促、心跳加剧，自觉全身不能动弹，以致从梦中惊醒、哭闹。醒后仍有短暂的情绪失常，表现出紧张、害怕、出冷汗、面色苍白等，对梦境尚有片段的记忆。发作后依然可入睡。

多见于3～7岁的儿童，只要不是经常发作，可不做特殊治疗。

引起学龄前儿童梦魇的主要原因以及预防与矫治方法，与夜惊基本一致，此处不再赘述。

三、品行障碍 >>>>>>>>>>>>>>>>>>>>>>>>>>>>>>>>>>>>>>>

品行障碍指那些习惯性的、经常出现的、对他人造成伤害的行为，而不是指偶然的或过失的行为。

(一)攻击性行为

攻击性行为是学龄前儿童常见的一种品行障碍，到学龄期后日渐减少。在学龄前期，其主要表现为当儿童遭受挫折时，显得焦躁不安，采取打人、咬人、抓人、踢人、冲撞他人、夺取他人的东西、扔东西以及其他类似的方式，引起同伴或成人与其对立和争斗。男童比女童更具攻击性，随年龄增长差异更明显。他们攻击的对象可为同伴或教师，更多的则是针对父母。

1. 原因

①与发育有关。部分儿童出现频繁的攻击性行为，与其大脑两半球的均衡性发展与协同性功能较差、遗传基因存在某些缺陷等有关。

②家庭教育不当。有些家长惯于用暴力惩罚儿童，结果这些儿童也以同样的方式对待其他人。有些家长对儿童过分娇纵，纵容儿童的不良行为，也是滋生攻击性行为的温床。还有部分原因是家长对男性儿童的性别期待。

③宣泄情绪，保护自己。学龄前儿童自我调节能力弱，缺乏社会交往经验，遇到矛盾或挫折时，为了解除心理紧张或维护自尊，便采取攻击他人的行为。

④不正确的模仿。如果儿童身边经常有攻击性行为出现，或所看影视节目中常有暴力行为镜头，则其可能模仿学习，进而付诸行动。大多数儿童的攻击性行为是学习和模仿的结果。

2. 预防和矫治

成人应旗帜鲜明地表明态度，讲清对错，并帮助儿童避免犯同样的错误。

①采用正确的教育方式。对待儿童应耐心地引导和教育，不能简单、粗暴地

✎ 学习笔记

对待他们，也不能过于溺爱，放纵其暴力行为。

②创设良好的交往环境。教师可以调整班级中的人际关系，帮助儿童学会与他人相处。游戏时提供足够的玩具、空间等，消除攻击性行为出现的环境和条件。鼓励儿童之间进行合作、分享等，使其良好行为受到强化。

③帮助儿童调控情绪。教育儿童进行自我调节，合理宣泄不良情绪，正确对待挫折。当儿童遇到挫折、产生不满或愤怒情绪时，可用一些有趣的事物转移其注意力。可以进行跑步、打球或者下棋、绘画等活动，陶冶性情，恢复心理平衡，逐渐消除攻击性行为。

④科学采用"冷处理"。在儿童出现攻击性行为时，采用冷处理，暂时不理睬，直到他自己平静下来；避免呵斥、打骂等方式。消除攻击行为的奖励物，如让儿童把抢来的玩具还给他人。

（二）说谎

说谎是学龄前儿童常见的现象，无性别差异。成人对此比较敏感，甚至认为"说谎是小偷的开始"，这是不太正确的看法。

根据心理因素分析，儿童说谎大致可分为无意说谎和有意说谎两大类。

1. 无意说谎

无意说谎是由学龄前儿童的心理发展特点造成的，主要有 3 种情况。

①有时把幻想、愿望与现实混合在一起。儿童为了满足某种需要，常常无意识地和不自觉地"说谎"，这与品德行为无关。

②因认识不足和理解错误产生心理错觉，用想象的情节代替记忆不确切的情节，于是便出现了"说谎"行为。

③由于理解问题的简单化和不善于分辨想象与现实，往往不切实际地说"大话"，夸"海口"。

对于此类说谎，成人应承认其存在的必然性，做好适当的引导，使儿童明白"该怎么说"即可，而不可指责儿童"说瞎话"。

2. 有意说谎

有时，学龄前儿童为达到某种目的会有意说谎。这类说谎与品行有关，虽不能说是品行坏，但多少反映了该儿童品德发展中存在的问题，成人应给予足够的重视。形成这种有意说谎的原因有以下 4 个。

①取悦成人，虚夸成绩。学龄前儿童有时想取悦成人而没有实际成绩，往往会有意编造事实骗人。这种说谎错误性质较为严重，多发生在 5 岁以上儿童身上。

②谎造优越感，满足虚荣心。学龄前儿童为了提高自己在同伴中的地位、引起同伴的羡慕和认可、满足自己的虚荣心而说谎。这类说谎在学龄前儿童中较为多见，多与家庭教育不当有关。

③开脱责任，逃避惩罚。往往由恐惧心理所致，多是对学龄前儿童滥施惩罚而致。有 3 种表现：一是只承认一部分错误，极力减轻错误的分量；二是否认全部错误，极力表白错误与己无关；三是嫁祸于人。

④对成人不良行为的模仿。家长有说谎行为，或成人对儿童的承诺不兑现，会使儿童产生"说谎不为错"的错觉。

3. 有意说谎的对策

面对这种说谎，虽然应及时制止、批评教育，但也不能采用一味批评的方法。

①教育儿童，使其知道诚实是一种美德，从而养成良好的品德和习惯。

②改变教育方式，营造民主宽容的气氛，正确对待儿童的错误和过失，不过分惩罚儿童。

③及时揭穿谎言，使其谎话不能得逞，避免谎话得逞后对说谎行为的强化。

④成年人应诚实诚信，做到以身作则、言传身教。

（三）拒绝上幼儿园

学龄前儿童初次去幼儿园，不习惯与家长分离，出现一些情绪波动是很自然的现象。随着在园时间的延长，能很快度过适应期。只有少数儿童，情绪波动大，持续时间长，一提去幼儿园就哭闹，甚至勉强送去，也拒绝吃东西、喝水、睡午觉等。

1. 原因

这种行为，反映儿童的社会适应性很差，有强烈的分离性焦虑。

①因成人对儿童过分娇惯和保护而形成过分强烈的亲子关系，以及儿童缺乏与外界(尤其是同龄人)的交往等因素，可能是造成儿童拒绝上幼儿园的主要原因。

②教师过于严厉的言行也会导致这类行为的发生。

2. 预防和矫治

对于拒绝上幼儿园的儿童，成人应尽量想办法使其适应集体生活，不要轻易放弃去幼儿园，否则容易在学龄期发展成拒绝上学或逃学。

①先充分了解儿童拒绝上幼儿园的原因、在幼儿园的心理状况。家园配合，经常给予一些积极的鼓励和暗示，减轻他们进入陌生环境的紧张、不安心理。

②家长应多鼓励儿童和同龄小伙伴一起玩，有机会多参加一些适宜的社交活动，增强其社会适应能力。

③幼儿园的保教人员应给予儿童关爱、关心和情感上的支持，使其获得心理上的满足和温暖，爱上幼儿园。

四、正常心理机能发展迟缓 >>>>>>>>>>>>>>>>>>>>>>>>>

（一）遗尿症

儿童在 5 岁或 5 岁以上仍不能控制排尿，经常夜间尿床、白天尿裤，称为遗尿症。男童多于女童。所谓"经常"，是指 5 岁时，每月至少有 2 次遗尿；6 岁时，每月至少有 1 次遗尿。

1. 原因

5 岁后发生的遗尿中，有少数是器质性疾病造成的，称为器质性遗尿，如先天性泌尿道畸形、寄生虫病、儿童糖尿病等容易导致遗尿。大脑皮质及皮质下中枢功能失调造成的遗尿，称为功能性遗尿。在遗尿症中，功能性遗尿约占 90%。因此，人们一般说的遗尿症是指功能性遗尿。

①遗传因素。研究发现，遗尿儿童的父母中 40%～55% 在幼年时也有遗尿现象。

②排尿习惯不良。一些儿童排尿习惯训练不良，如常用尿布而忽略了对排尿

的训练，或成人强迫无尿意的儿童排尿等。

③睡眠过深。白天过于疲劳，有尿意时无法醒来，就容易出现遗尿情况。

④精神紧张。强烈的精神刺激、环境改变、过度惊吓、大病一场等因素引起大脑皮质功能失调，容易造成遗尿。

2. 预防和矫治

对有遗尿症的儿童，成人不必过于紧张，首先要排除各种生理疾病的原因，再进行训练和矫治。

①训练良好的排尿习惯。从小培养儿童良好的排尿习惯，是预防遗尿的基本方法。训练排尿的开始年龄应在 2 岁左右。如果太早训练，儿童的脑组织发育不成熟，很难学习这种颇为复杂的条件反射，会增加儿童的挫折感，使以后的训练更困难。训练时，要教给儿童正常的排尿方法，在儿童按程序完成排尿后，要及时给予适当表扬进行正强化。

②养成良好的生活习惯。避免儿童白天过于劳累，睡前减少饮水，不要过度兴奋；创造舒适放松的睡眠环境，让儿童按时作息。这样可在一定程度上预防儿童遗尿。

③消除精神不安因素。避免儿童精神紧张、害怕等不良情绪，能减少遗尿的发生。同时，不要因为遗尿而嘲笑或惩罚儿童。这种方式不仅不能减少遗尿的发生，而且会加重心理负担，遗尿也会愈加频繁。

④唤醒排尿。掌握儿童遗尿的时间规律(多数在睡熟后 2～4 h 内)，可利用闹钟、蜂鸣器或褥垫内的唤醒器提前将其唤醒，起床排尿。经过多次重复，儿童可形成有尿意时醒来的条件反射。

⑤针灸、药物治疗。针灸有一定疗效。服药须在医生指导下进行。

3. 甄别

刚入园的儿童因为紧张、不安，总觉得有尿意而往厕所跑，或因为紧张而尿湿裤子，这种现象不属于遗尿。对这样的儿童，教师要帮助他们熟悉环境，多给予关心、照顾，鼓励他们参加各种有趣的活动。当他们熟悉了环境，消除了紧张不安的情绪，尿频、尿急的现象就会消失。

想一想

假如在托幼机构的工作中，遇到一个经常尿床的儿童，你会怎么做？

(二)口吃

口吃是一种常见的语言节律障碍，表现为正常的语言节律受阻，无法控制地重复某些字音或词句，发音延长或停顿。常伴有面红耳赤、张口结舌、伸颈昂头、挤眼、摇头、握拳等，想说的话说出后才能放松下来。大多起始于 2～5 岁的儿童，且男童多于女童。

口吃对儿童的心理发展十分不利。由于口吃，他们害怕当众讲话，怕上课时教师提问，怕与小朋友交往时受到讥笑、模仿，等等。他们的情绪容易激动，常常焦虑不安、恐惧，有的还有遗尿、食欲低下等症状。因此，这些儿童容易形成孤僻、害羞、退缩、自卑等不良个性特征。

1. 原因

口吃并不是由于发音器官或神经系统有缺陷，而是与神经中枢和心理状态等有关。

①疾病影响。儿童在患了百日咳、流感、麻疹、猩红热或大脑受伤以后，大脑功能受损，容易产生口吃。

②不正确的模仿。父母或周围熟人有口吃现象，当儿童学习语言时，会因有意或无意地模仿而受到影响。

③精神过度紧张。儿童受到惊吓、严厉的训斥、惩罚以及突然而强烈的精神打击，如父母去世、离异，环境突然改变，教师在语言上对儿童要求过高，或因口吃受到指责、批评或讥笑等。这些因素都会导致或强化儿童口吃。

2. 预防和矫治

防治儿童口吃应注意以下方面。

①远离不良的语言环境。不要让儿童过多接触口吃的成人，避免因为好奇和模仿形成口吃。

②消除紧张因素。家长、教师不要责怪、埋怨，更不能训斥、嘲笑，要关心、鼓励，树立其自信心，减少环境的不良强化作用。成人宜用平静、从容、缓慢、轻柔的语气、语调和儿童说话，感染他们，使他们学会说话时不着急，呼吸平稳，全身放松，不要注意是否口吃。

③让儿童多进行语言训练。例如，进行发音练习，让儿童多练习儿歌、朗诵，进行有准备的发言。

④尊重儿童，不强迫儿童当众说话。

除此以外，和谐的家庭氛围、正确的教育方法、有规律的生活、充足的睡眠，都有助于儿童恢复正常的语言节律。

3. 甄别

须要明确的是，2~5 岁是儿童语言和心理飞速发展的阶段，词汇还未丰富，语言功能尚未成熟，不善于选择词汇，有时说话会有迟疑、不流畅的现象，这种现象是发育性口齿不流利，而不是口吃。这是生长发育中的一种正常现象，它会随儿童年龄增长而逐渐消失。成人不应过分紧张，避免造成强化，导致真正口吃的发生。

（三）儿童期多动综合征

儿童期多动综合征简称多动症，又名轻微脑功能失调，或注意缺陷障碍，是指以明显的注意力不集中、活动过多、行为冲动和学习困难等为主要特征的一组综合征。起病在学龄前期，但通常在入学后才被发现。男童多于女童。

1. 原因

儿童多动症的原因至今还没有定论。一般认为可能有以下几个方面的因素。

①与产前、产时、产后的轻微脑损伤有关。

②与遗传、脑外伤、某些传染病、环境污染、铅中毒等有关。

③与不良的教育方式、不和谐的家庭、不良的社会环境影响等有一定关系。

2. 预防和矫治

学龄前儿童的活动量本来就存在很大差异，而且不同的父母、教师对儿童吵闹的忍耐度也各不相同，因此，判断学龄前儿童是否患多动症要特别慎重。

家长平时要多关注学龄前儿童的生活，协调幼儿园和家庭的关系。为儿童创造和谐、温馨的家庭环境，耐心、细致地引导孩子，有规律地生活，培养规范的行为习惯，从而避免多动症的发生。

对学龄前儿童多动症的治疗一般不宜使用药物，应从以下几方面进行。

①感知觉及认知训练。此类儿童通常在绘画、语言、动作技能以及社会适应

✎ 学习笔记

性等方面较一般儿童发展迟缓，因此，可以从培养基本的能力开始训练。

②注意力训练。包括视觉注意训练、听觉注意训练、动作注意训练以及混合注意训练等多方面的训练。

③心理辅导。家长和教师应给予儿童较多的爱心，避免当众批评；不能管束过严，不能动不动就打骂，也不能溺爱放任；尽量将儿童吸引到有益于身心健康的活动中来。

五、不良习惯 >>>>>>>>>>>>>>>>>>>>>>>>>>>>>>>>>>>>>>>

（一）吮吸手指

婴儿的吮吸是一种原始的本能反射，有时会把自己的手指放到口中吮吸。随着年龄的增长、与外界接触的增多，这种行为会在不知不觉中自行消失。但如果持续的时间太长，尤其3岁以后，仍保留这种行为，则不易戒除。

经常吮吸手指，会引起手指肿胀、局部溃脓，若延续到换牙期，还会影响牙齿发育，导致下颌发育不良、牙列异常等。同时，这种行为会引起同伴的嘲笑和成人的指责，加深儿童的心理紧张和焦虑。

1. 原因

①喂养方式不当。在喂养过程中，成人没能满足其吮吸的需要，如突然断奶，致使婴儿以吮吸手指的方式来抑制或满足吮吸的需要，最后逐渐形成习惯。

②缺乏环境刺激或缺乏成人的关爱。儿童在孤独无伴、缺乏玩具、不被关注、缺乏情感交流和肌肤接触，或在饥饿、焦虑、身体不舒服时，会以吮吸手指得到一定的满足。尤其是缺乏母爱，很容易导致儿童从小就以吮吸手指来自娱自乐或自我安慰。

③心理处于紧张状态。在父母争吵、家长过于严厉等不良环境下成长起来的儿童，当心理处于紧张状态时，也会不自觉地表现出吮吸手指的行为。

2. 预防和矫治

①应从小培养儿童良好的卫生及饮食习惯。注意正确的喂养方法，不要让儿童感到饥饿；从小注意培养其良好的生活习惯和卫生习惯，告诫儿童吮吸手指是不卫生的。

②要多给予儿童关心、爱护和关注。亲人尤其是母亲应多给予儿童关爱，使其有较多的时间与成人或小朋友玩耍，在心理上获得安全感和满足感。

③给予丰富的环境刺激。给儿童足够的玩具，设计、实施有趣的活动，转移其注意力，分散和淡化其对吮吸手指的注意和依赖。

④不以打骂、嘲笑、恐吓等方式制止吮吸行为，以免引起儿童心理紧张，产生逆反心理或自卑感。

（二）咬指甲

咬指甲是指经常控制不住地表现出用牙齿咬去手指甲的行为。这是学龄前儿童发病率较高的一种无意识行为，多发生在3岁以上。咬指甲严重的儿童，往往会将10个手指头的指甲都咬得很短，有的甚至会把甲床咬出血来。个别儿童不仅咬手指甲，还咬手指上的各个关节、衣服袖子或其他物品等。这种行为会引起甲周、牙齿等的疾病，因此，应引起重视，及时矫治。

1. 原因

这种行为主要与儿童的心理状态有关，其行为多发生在情绪紧张、焦虑不安的时候。例如，儿童学习压力大，看惊险的影视片，受到成人责骂和惩罚，家庭不和睦，容易诱发咬指甲的行为。

2. 预防和矫治

①消除紧张因素。成人应多关心儿童，不应过于苛责儿童；多引导儿童参加各种活动和游戏，缓解其焦虑情绪；帮助儿童调节好自我心理状态，摆脱紧张情绪，轻松愉快地学习、生活。

②早发现，早矫治。矫正儿童咬指甲的行为需要一个过程，年龄越小越容易矫治。切忌用苦药或辣物涂抹指甲。

③定期修剪指甲，让儿童养成良好卫生习惯，懂得啃咬指甲有一定的危害性。

（三）习惯性阴部摩擦

习惯性阴部摩擦是指儿童用手抚弄自己的性器官，或用其他方式摩擦阴部的习惯性行为，也称为儿童夹腿综合征。这一行为最早发生在1岁左右，5～6岁最为频繁。无论男童还是女童均可发生，以男童为多。发作时，儿童用手抚弄生殖器，或骑坐在被子、桌角、玩具之上进行摩擦，常常伴有双眼凝视、周身肌肉紧张、面红、出汗、气喘等不自然现象。大多发生在入睡前或刚醒来的时候，也有不分场合或避开成人干涉暗自进行的。

1. 原因

这种行为产生的原因主要有3种。

①躯体局部不适。例如，包茎、湿疹、蛲虫病等引起的阴部瘙痒，儿童用手搔痒产生舒适感，形成习惯。

②偶尔刺激性器官引起快感而形成习惯。例如，成人逗弄儿童，尤其是拨弄男童的生殖器，或者内裤太小，不断摩擦刺激性器官，再或者儿童无意中接触性器官，产生不同于其他部位的快感，这些都可能导致这种习惯的形成。

③儿童消除心理紧张的一种方式。例如，父母关系紧张或无暇照顾儿童，儿童便以抚弄自己的性器官来安慰自己。

2. 预防和矫治

儿童偶尔抚摸或玩弄自己的性器官，在其生长发育过程中属于正常现象，不应视为手淫，也不属于性早熟，家长和教师不必过于惊慌和焦虑。不可责骂、恐吓、羞辱儿童，避免其对此行为产生神秘感或罪恶感，使这种行为更难改正。应细致地了解并分析原因，进行预防和矫治。

①讲究个人卫生，及时治疗相关疾病。注意儿童衣着，穿棉质、宽松的内衣裤，尽早穿封裆裤。养成每天清洁外阴的习惯，保持外阴部的清洁和干燥。

②成人不要逗弄儿童的生殖器，看到儿童抚摸生殖器也不要大惊小怪，避免强化儿童的这种行为。

③养成良好的睡眠习惯。早睡早起，上床后使儿童尽快入睡，醒后立即起床。

④应当给儿童足够的关爱，让儿童感受到温暖和爱，减少精神紧张、情绪不安的发生。

⑤儿童偶尔抚弄生殖器时，成人应及时分散其注意力，避免继续之前的行为。

📝 学习笔记

思考与练习

一、多项选择题

①属于学龄前儿童心理健康标志的是（　　　　）。

A. 智力发展正常　　　　　　B. 情绪稳定，反应适度　　C. 人际关系和谐

D. 行为和谐统一　　E. 性格特征良好

②影响学龄前儿童心理发展的因素有（　　　　）。

A. 生理因素　　　　　　　　B. 心理因素　　　　　C. 社会因素　　　　　　D. 营养因素

③学龄前儿童产生攻击性行为的原因是（　　　　）。

A. 与发育有关　　　　　　　　　　　　B. 家庭教育不当

C. 宣泄情绪，保护自己　　　　　　　　D. 不正确地模仿

④预防和矫治学龄前儿童夜惊的措施有（　　　　）。

A. 适当运动　　　　　　　　　　　　　B. 消除紧张情绪

C. 建立良好睡眠环境和习惯　　　　　　D. 预防和治疗躯体疾病

⑤学龄前儿童发生吮吸手指行为的原因是（　　　　）。

A. 喂养方式不当　　　　　　　　　　　B. 缺乏环境刺激

C. 缺乏成人的关爱　　　　　　　　　　D. 心理处于紧张状态

⑥改变学龄前儿童拒绝上幼儿园行为的有效做法有（　　　　）。

A. 使其认识到必须去幼儿园　　　　　　B. 多参加适宜的社交活动

C. 给予更多的爱和关心　　　　　　　　D. 给予积极的鼓励和暗示

⑦改善学龄前儿童分离性焦虑的做法有（　　　　）。

A. 降低亲子依恋强度

B. 提前熟悉幼儿园环境，建立新的依恋对象

C. 家长多抱抱，多哄哄

D. 多和儿童交流，倾听儿童诉说

二、判断题

①良好的环境为学龄前儿童心理发展提供了物质基础。（　　　　）

②学龄前儿童撒谎都与品德有关，是品德不良的表现。（　　　　）

③将苦药或辣物抹在手指上就可以消除儿童啃咬指甲的行为。（　　　　）

三、简答题

小李老师是大一班的班主任。入园的第一天，她让孩子们做自我介绍。小朋友们都很热情地介绍自己，只有林林躲在角落里。小李老师很好奇，就让林林介绍自己。林林僵着身子，梗着脖子，磕磕绊绊地说："我、我、我叫林、林林……"还没说完，小朋友们就哄笑了起来，七嘴八舌地说："李老师，林林是个小结巴！"林林则缩在小椅子上，再也不说话了。

请问：①林林的表现属于哪种行为问题？②如果你是小李老师，你会怎么做？

云测试及
参考答案

◀ 学习反思

模块九
托幼机构安全防护与常见意外伤害应急处理

学习目标

①了解托幼机构安全管理及安全教育基本内容。

②能说出学龄前儿童发生意外伤害的主要原因。

③掌握学龄前儿童发生意外伤害时的急救原则。

④掌握托幼机构常见安全防护措施。

⑤能对学龄前儿童发生的常见意外伤害及突发事件进行应急处理。

⑥能熟练运用常用急救技术进行急救。

⑦具有辨别幼儿园安全隐患和事故的洞察力和责任心。

⑧树立安全意识和风险意识，形成科学严谨的安全管理观。

⑨具有敬畏生命、尊重生命和热爱生命的正确生命观。

学习导航

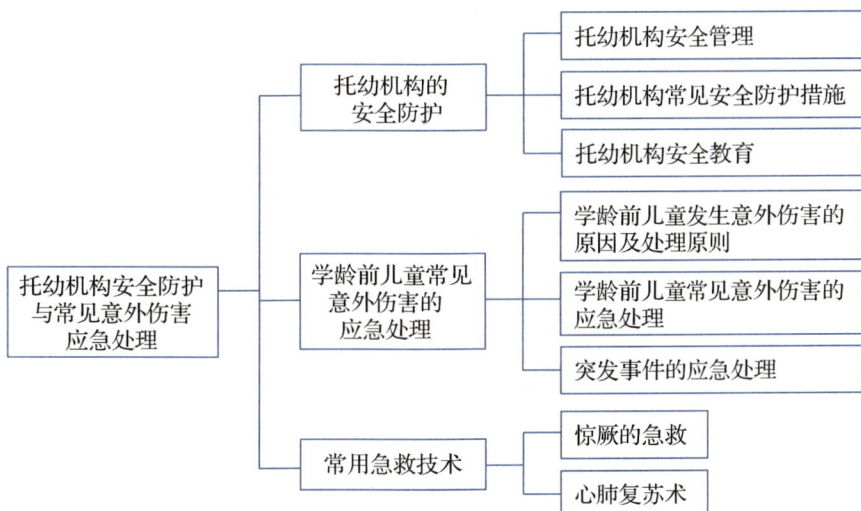

　　意外伤害已取代传染病和呼吸系统疾病，成为导致儿童死亡的首位原因，也是导致儿童严重疾患和残疾的主要因素之一。健康儿童在托幼机构突然发生意外伤害，不仅会使儿童蒙受很大的痛苦，给儿童家庭带来巨大的不幸，也会给托幼机构的正常工作造成冲击和影响。因此，托幼机构应十分重视安全措施，预防意外伤害的发生，及时妥善处置突发的意外伤害。安全防护是托幼机构深入贯彻"以人民为中心"的发展思想，在幼有所育上持续用力的尝试。

单元 1
托幼机构的安全防护

一、托幼机构安全管理 >>>>>>>>>>>>>>>>>>>>>>>>>>>>>>>>>

（一）建立安全排查制度

　　托幼机构的各项活动应当以儿童安全为前提，建立定期全园(所)安全排查制度，落实预防儿童伤害的各项措施。

　　托幼机构应成立安全管理工作领导小组，园(所)长或分管园(所)长为安全管理工作第一责任人，全面负责托幼机构安全工作；后勤主任为园(所)安全工作直接责任人，制定园(所)各阶段的安全目标，并督促落实；保教主任协助后勤主任落实安全管理工作；保健人员、班级教师、厨房人员等成员各司其职。

（二）定期、不定期安全排查

　　托幼机构的房屋、活动场地、家具、玩教具、生活设施等应当符合国家相关安全标准和规定。委派专人定期、不定期地排查园(所)的房屋、活动场地、家具、器械、玩具、电器等，防患于未然。

1. 房屋

　　房屋是否有损坏、开裂、倾斜、变形，门窗是否安全，玻璃是否完好、牢固，门窗的锁扣是否起作用，落地窗是否选用钢化玻璃。房间门不宜装弹簧，避免碰伤儿童，除大门外，房门都可以打开。通往阳台的门平时要关好，锁住。

2. 活动场地

　　检查园(所)内活动场地是否平坦、防滑，有无碎石、碎玻璃等；户外大型玩具下的地面是否松软。

3. 家具

　　家具要牢固，平滑无刺，没有尖角，无裂缝；活动室内的家具宜放在靠墙或角落处。家具边角应包海绵或厚布。

4. 器械

　　活动器械是否糟朽；铁制的运动器械是否生锈，边角有无卷起，焊接处有无脱离，螺扣是否脱落；器械与器械之间、器械与墙壁之间、器械与树木之间要有一定距离，以免儿童因过于拥挤，发生外伤。

5. 玩具

大型玩具，如滑梯、木马、攀登架、秋千、转椅等应经常检查，如有损坏应及时修理，对不能维修、停止使用的玩具要做好标识牌，并及时处理。大型玩具最好设在草坪上，其周围 1 m 内不应有其他物体。儿童玩具要符合安全与卫生要求，凡是有棱角、尖角、缺口、木刺，易脱色，不易清洗、不易消毒的玩具，都不宜给儿童玩。儿童不要拿长枪、长棍玩具边跑边玩。

6. 电器

电源、电线、插座应装在离地面 1.8 m 以上，以免儿童触摸。要经常检查电器、电线是否漏电。

（三）建立突发事件应急预案

托幼机构应当建立应对重大自然灾害、食物中毒、踩踏、火灾、暴力等突发事件的应急预案，发生重大伤害时应当立即采取有效措施，并及时向上级有关部门报告。

（四）普及安全知识

托幼机构应当加强工作人员、儿童及监护人的安全教育和突发事件应急处理能力的培训，定期进行安全演练，普及安全知识，提高自我保护和自救的能力。保教人员应当定期接受预防儿童伤害相关知识和急救技能的培训，做好儿童安全工作，消除安全隐患，预防跌落、溺水、交通事故、烧（烫）伤、中毒、动物致伤等伤害的发生。总之，托幼机构工作人员应具有辨别幼儿园安全隐患和事故的洞察力和责任心，时刻树立安全意识和风险意识，用科学严谨的态度进行安全管理工作。

二、托幼机构常见安全防护措施 >>>>>>>>>>>>>>>>>>>>>>>>>>>>

（一）防烫伤

有热源就容易发生烫伤，热源的管理是预防烫伤的关键。托幼机构中常见的热源有热水、热汤、热饭菜、取暖设施等。

给儿童准备的饮用水和饭菜必须是温热的；为儿童准备的洗手水、洗澡水温度应适宜，给儿童洗澡时应先倒凉水，后加入热水，以免烫伤；热水瓶、热粥、热锅、打火机、消毒柜等不要放在儿童伸手能摸到的地方；园（所）开水间应设在远离儿童的区域，并上锁。室内取暖设施应加装防烫伤装置，如暖气片应加罩，炉火应加防护栏，避免儿童直接接触，造成烫伤。

（二）防跌、摔伤

①儿童居室的窗户、楼梯、阳台、睡床等都应设有防护栏杆，防止发生坠落或跌伤；禁止儿童攀爬自动扶梯和护栏，以防摔伤。

②组织儿童进行户外活动前，应检查器械和活动场地，清除活动场上的砖头、石块、碎玻璃、树枝等。检查儿童的衣服是否符合活动要求，如挽起过长的裤腿，裤腿过宽可扎住，提醒儿童提裤子、系紧鞋带，等等。

③室内活动时活动区尽量宽敞、少障碍物，防止儿童游戏中因拥挤发生绊倒、

✏️ **学习笔记**

跌伤，因争抢玩具发生摔伤。保教人员发现危险苗头时，应及时制止。此外，在盥洗室内也应注意儿童的安全，防止跌倒、滑倒。

（三）防窒息

①不给儿童玩体积较小的玩具和物品，如小珠子、纽扣、棋子、别针、图钉、硬币等，以免塞入耳、鼻或放入口中误吞，造成耳、鼻、气管及食管有异物。

②4岁以下儿童最好不吃颗粒状的花生、瓜子、豆类，不吸食小果冻等。

③培养儿童良好的饮食习惯，如细嚼慢咽，进餐时避免哭、笑、闹，以免异物进入呼吸道。

（四）防中毒

托幼机构各类消毒液、洗涤剂、杀虫剂等化学制品要妥善保管，放置在儿童够不到的位置，平时应上锁保存。严禁使用饮料瓶盛放消毒液、洗涤剂、杀虫剂等，以免儿童误食。冬季室内使用煤炉要注意通风，以免一氧化碳中毒。保证食物的清洁和新鲜；教育儿童不食不洁物，不捡食花草种子及落地果；教育儿童不自己拿药吃，生病时按医嘱按时服药。

（五）防走失

①为了儿童的安全，托幼机构应建立严格的接送制度。家长接送儿童，应持本园接送卡，原则上由儿童父母或祖父母、外祖父母等固定人员接送，如有特殊情况须请他人代接，父母须事先与本班教师联系。身份不明者不能接送。保教人员应认真执行以上规定，每次应把儿童亲自送到家长手中。离园时，保教人员应在教室门口值守，防止儿童擅自离开。

②各班应建立严格的交接班制度，保教人员应严格执行交接班制度。在儿童室外活动及外出前、返回后，保教人员均应清点人数，防止儿童独自离开集体。在工作时间，保教人员不得擅自离开儿童。

③门岗按规定的接送时间及时开园门，其余时间一律关闭园门，防止儿童溜出园外。非接送时间接儿童的家长，应出示证件，并进行登记。

三、托幼机构安全教育 >>>>>>>>>>>>>>>>>>>>>>>>>>>>>>>

（一）对学龄前儿童进行安全自护教育

1. 生活和活动的自我保护

（1）饮食方面

教会儿童识别腐败变质食物和饮料的简单方法及防烫、防噎、防呛、防咬舌和腮的知识。教育儿童安静进食，细嚼慢咽，进食前先看、闻或摸食物或饮料，确定它们是否变质或太热。不喝生水，养成不把不干净的物品放到嘴里的行为习惯。

（2）着装方面

让儿童知道受凉、在烈日下久晒会生病，应随气温变化及时增减衣服；在烈日下活动要戴遮阳帽；鞋不合适要请父母更换，鞋内有沙、石子要及时取出，以防脚受损伤。

（3）居住方面

住楼房时，要让儿童知道以下行为不安全，并养成不做这些行为的习惯：爬窗台，钻爬凉台的护栏，从楼道的护栏上向下滑，从台阶上向下跳，从楼上向下抛物泼水，上下楼不守秩序，开关门时将手伸在门缝里。

（4）交通方面

让儿童了解路面上的障碍物，如坑、洞、临时搭放的木板、石块，以及行驶的车辆、跑动的牲畜、高处掉下的东西、拥挤的人群等都是不安全因素。让儿童学会识别交通安全标志，如红绿灯、人行横道、禁止通行、危险标志。教育儿童在街上行走时集中注意力，注意看路面障碍，不东张西望，遵守交通规则。乘车时遵守乘车安全规则。

（5）疾病知识方面

让儿童知道以下症状是不健康的：发烧、呕吐、腹泻、鼻塞、鼻出血、牙出血、便血、便虫、头疼、头晕、腹疼、眼睛不适。如果感觉身体不适或有疾病症状，应及时告诉大人，以便及时治疗。教育儿童有病应诊治，并主动配合医生，打针、吃药不哭叫；不同的药治不同的病，吃错了药会加重病情；应在成人照看下吃药；发现药味有变化应及时告诉成人。

（6）活动方面

不在马路边、停车场、工地、河边等有危险的地方玩耍；发现游艺娱乐器械有损坏，不要去玩耍；不下河蹚水、游泳或到冰面上玩；不招惹猫、狗等动物；不乱扔石子、沙土和棍棒或用它们互相投击；玩耍时，不远离集体；受到别人欺辱或受到不公平对待，敢于讲道理，表示不满和反抗。

2. 意外情况下的自我保护

①防丢失能力培养。让儿童知道私自外出、离开集体等都可能走失；外出时，提醒儿童要紧跟成人，不远离成人的视线，不独自走开，不跟陌生人走，不吃陌生人给的东西；在公共场所走失时，能向警察或工作人员（如门岗安保人员、售货员等）求救，说出自己家庭的住址、家长的名字、电话号码等简单信息。

②防拐骗和陌生人进家。让儿童知道未经成人允许不给陌生人开门。要有礼貌地拒绝陌生人送的食物、玩具或书画；拒绝陌生人的亲、抱；被人强行抱走或拉走时，要大声呼喊求救。

③紧急情况自护能力的培养。让儿童知道遇到火灾、水灾或其他紧急情况时，不慌张哭叫，要拨打110、120、119等求救电话。与家人失散时，应走向有人声、有灯光的地方呼救；不慎陷进坑洞时，不要惊慌，要倾听，如有人声或脚步声时要大声呼救；同伴不慎落进坑内或溺水要大声呼救。

④心理自护能力的培养。教育儿童在伤心、难过时向他人诉说；不顺心时要愿意向他人诉说，并能用简单的办法转变情绪；有困难时不哭，知道努力克服困难，不气馁。从小培养勇敢、沉着、机智的品质。

（二）安全常识教育

1. 防火知识

教育儿童不玩火，不靠近火源，发现着火了赶快告诉成人；让儿童知道水、土、沙子都能灭火；见到点着的烟头和小火苗时要踩灭它。

2. 防电知识

教育儿童不玩弄电器开关、插销、插座等，不摆弄电器，不靠近电源；让儿童知道遇雷电时不要看电视，并提醒成人拔插销；在室外遇雷雨时不要在大树下避雨，也不要在山坡上或空旷的高地上行走，以免发生被雷击的意外；不要捡拾掉在地上的电线，也不要靠近电线，以防触电。

3. 防水知识

教育儿童不在水边玩耍；游泳时要注意安全，不能到水流湍急处游泳，也不要在饥饿、疲劳的情况下游泳；游泳前要做好充分的准备活动，以免在水中发生腿抽筋，造成溺水事故等；遇到同伴溺水，要正确呼救。托幼机构工作人员应具备面对紧急情况的快速反应和应变能力，在接受安全教育的过程中学会敬畏生命、尊重生命、热爱生命。

4. 预防交通事故知识

教育儿童乘车时要按次序上下车，扶好车上的把手，不将头、手伸出车外；教育儿童不独自过马路；指导儿童认识一般的交通标志，学会靠右行走；告诉儿童简单的交通规则，并教育其遵守交通规则，知道红灯、绿灯、黄灯的含义，知道慢行线、快行道、人行横道和安全岛的含义。

托幼机构安全防护应坚持安全第一、预防为主的原则，应建立安全应急框架，提高防灾、减灾、救灾的能力，同时应加强安全教育，提高幼儿自护能力。

单元 2
学龄前儿童常见意外伤害的应急处理

✎ 学习笔记

一、学龄前儿童发生意外伤害的原因及处理原则 >>>>>>

（一）学龄前儿童发生意外伤害的主要原因

1. 危险意识缺乏

学龄前儿童年龄小，对周围环境缺乏正确的认识，自我保护能力差，因此，经常由于茫然无知发生意外伤害事故。例如：儿童会突然从跷跷板上跳下；挥舞木棒玩耍时，丝毫考虑不到对别人有什么危害；等等。

2. 好奇、好动、好模仿

儿童好奇，对任何事物都想动手去摸，因此很容易发生意外事故。例如：有的儿童用手指去挖电源插座的小孔，可能造成触电事故；喜欢模仿和尝试成人的行为，如玩打火机易造成火灾、烫伤。儿童生性活泼好动，喜欢攀高、下跳、爬窗台、跨护栏，容易发生摔伤或坠落事故。

3. 骨骼和皮肤薄嫩

学龄前儿童的颅骨骨质比成人薄，成人从床上摔下一般不会有严重后果，儿童则容易发生颅骨骨折、颅脑损伤。60 ℃的水，对成人来说可能造成Ⅰ度烫伤，给儿童造成的烫伤则可能为Ⅱ度，使表皮脱落，甚至深入皮下组织。

4. 运动功能不完善

学龄前儿童的骨骼、肌肉、关节以及控制和协调运动的神经系统尚未发育完善，动作的协调性较差，反应不够灵敏，平衡能力弱，加上好动，因此容易发生跌伤、扭伤、骨折等。

5. 其他因素

各种客观的环境因素常会导致学龄前儿童发生意外伤害。例如，托幼机构的用房过分拥挤、活动场地狭小，地面不平整，家具、墙柱不是圆角，玩具的边角锐利，保教人员数量过少和照顾不周，等等。

（二）意外伤害程度的判断

1. 依据发生意外的原因判断

可迅速危及生命的意外有溺水、触电、外伤大出血、气管异物、中毒、车祸等，必须在现场争分夺秒地进行正确而有效的急救，以防止可以避免的死亡发生。烧伤、烫伤、骨折虽不马上致命，但也十分严重，如果迟迟不做处理或处理不当，也可能造成死亡或终身残疾。

2. 依据伤者的情况判断

(1)呼吸的变化

垂危儿童的呼吸由正常节律变得不规则，时快时慢，时深时浅，鼻翼或胸廓也会发生变化，如果鼻翼翕动，胸廓在吸气时反而下陷，都说明呼吸已十分困难。呼吸已停，应立即做人工呼吸。

(2)脉搏的变化

可触摸桡动脉和颈动脉检查脉搏。如果儿童的脉搏由规则节律的跳动变得细而快或节律不齐，说明心脏功能和血液循环出现严重障碍。一旦心跳停止，应立即做胸外心脏按压。

(3)瞳孔的变化

瞳孔直径一般为3 mm，遇到光线后能迅速收缩。垂危儿童眼睛无神，瞳孔已不能随光线的增强而迅速缩小，最后瞳孔会逐渐散大，对光线完全失去反应能力。

（三）意外伤害的处理原则

当儿童发生擦伤等轻微伤害时，保教人员应及时陪同儿童到保健室处理。若发生骨折等较严重的伤害，当班保教人员应及时向保健人员及园长报告。保健人员应尽快到达现场，采取急救措施并拨打急救电话，还应通知家长。必要时与当班保教人员一起陪同受伤儿童前往医院。

二、学龄前儿童常见意外伤害的应急处理 >>>>>>>>>>>>>>

（一）小外伤

1. 蹭伤

儿童在奔跑、跳跃时不慎跌倒，常蹭破肘部、膝盖等处，尤其在夏季更常见。

处理方法：应先仔细检查伤口的大小、深浅，若伤口较浅仅蹭破表皮，只需用凉开水将伤口处的泥沙清理干净即可；若伤口有渗血，可用生理盐水清洗伤口，用碘伏消毒，不须包扎。

2. 划伤

儿童在使用小刀、剪刀等工具时会不慎划伤，或被纸边、草叶、玻璃片等划伤。

处理方法：若伤口较深，有出血，应首先用无菌纱布按压伤口止血。止血后在伤口周围用碘伏由内向外消毒，敷上消毒纱布后用绷带包扎。如果是玻璃器皿扎伤，应先用清水清理伤口，然后用镊子清除碎玻璃片，消毒后进行包扎。

3. 挤伤

儿童的手指被门、抽屉等挤伤。

处理方法：若无破损，可用水冲洗、冷敷。疼痛难忍时，可将受伤的手指高举过心脏以缓解疼痛。若有出血，应止血、消毒、包扎、冷敷。若指甲掀开或脱落，应立即去医院。

4. 刺伤

竹刺、木刺扎入皮肤后，一般会有一部分露出皮肤，受伤的儿童会有刺痛感。

处理方法：用自来水或生理盐水将伤口清洗干净；然后用消过毒的针或镊子顺着刺的方向把刺全部挑拨出来，并挤出瘀血，接着用碘伏消毒。如果刺扎得较深应及时送医院处理。

5. 扭伤

扭伤多发生在四肢的关节部位。损伤的局部充血、皮肤肿胀、疼痛剧烈，伤处周围青紫。

处理方法：首先检查有无骨折、脱臼。判断无骨折、脱臼，应立即在疼痛肿胀部位冷敷，不能搓揉，24 h 后再热敷。

（二）跌落伤

儿童游戏时不慎从大型玩具上跌落或从楼房窗台等处跌落。

处理方法：让受伤儿童平躺，背部伸直，不要移动头部和颈部，更不要让其坐着。将毛巾或衣物等卷成圆筒状放在颈部周围固定，以防止颈部移动。用冷水将毛巾浸湿或将冰块敷在受撞击的部位。如有伤口，可用过氧化氢溶液或生理盐水消毒；若有出血，可用干净的纱布块加压止血。注意密切观察儿童并及时送往医院。

（三）头部摔伤

儿童玩耍时摔伤头部，不为少见，有时出血，有时不出血。

处理方法：若出血，马上用一块清洁的纱布轻轻按压伤口，以达到止血的目的，并及时送医院。若摔伤后未见出血，成人要对儿童进行 24 h 密切观察，如果出现嗜睡、恶心、呕吐、头痛、哭闹、眼耳鼻周围有出血等症状应立即送往医院。

教育儿童摔伤头部后务必告诉成人。在儿童头部摔伤后要立即通知其家人。

（四）异物入体

1. 眼内异物

儿童眼内异物最为多见的是小沙粒、小飞虫等，异物进入眼内最常见的部位是结膜和角膜。异物进入眼结膜，可引起流泪、不适、异物感；如异物嵌入角膜，刺激疼痛症状更为严重。

处理方法：洗净双手，翻开儿童上下眼睑，用温开水或生理盐水冲出异物；或用消毒纱布、干净柔软的手帕轻轻拭出异物；或向儿童眼睛轻轻吹气，刺激产生眼泪，微小异物可随泪水流出。异物嵌入角膜时，应立即送往医院处理。防止儿童用手揉眼，以免损伤角膜，或使异物进入角膜深处，更难取出。

2. 鼻腔异物

儿童出于好奇，常把豆粒、小珠子、纽扣、小纸团等较小的物品塞入鼻中。这不仅会影响呼吸，还会引起鼻腔炎症，甚至引起气管异物。因此，保教人员应仔细观察，及时取出异物。

处理方法：让儿童深吸一口气，用手按住无异物的一侧鼻孔，做擤鼻动作；或用棉花捻、纸捻刺激鼻腔黏膜，使儿童打喷嚏将异物排出。切勿用镊子夹取圆形异物，否则会将异物捅向鼻腔深处，甚至落入气管，危及生命。豆粒等异物在鼻腔内泡涨后，将不容易取出。若异物不能排出，应立即送医院处理。

3. 咽部异物

以鱼刺、骨头渣、瓜子壳、枣核等较多见，常扎在扁桃体或其周围，引起疼痛，吞咽时疼痛加剧。

处理方法：切不可采用喝醋、喝水、吞咽食物的方法处理。这些方法会将异物推向深处，加重损伤，若扎破大血管，更为危险。若无法取出异物，应立即送医院处理。

4. 喉、气道异物(气道堵塞)

儿童进食或口含小物件时哭闹、嬉笑，就可能将食物或小物件吸入喉部或气道内。异物进入喉部、气道，立即引起呛咳、吸气性呼吸困难、憋气、面色青紫等。气道堵塞不能机械地等待医生或送医院抢救，而应在现场立即实施急救，同时拨打急救电话。

处理方法：

(1)背部叩击＋胸部冲击法(适于 0～1 岁婴儿，如图 9-2-1 所示)

①打开气道。让婴儿俯卧在救护者一侧前臂上，同时用手掌托住其下颌(手可放在大腿上)。让婴儿头部轻度后仰，使气道打开。婴儿身体略向前倾，头部低于躯干。

②背部叩击。用另一只手手掌根部在婴儿两肩胛骨中间用力向内向上叩击 5 次，使异物排出。

③胸部冲击。若异物未排出，将婴儿翻转为仰卧位，在婴儿两乳头连线中部向下一横指位置，用两指(示指、中指)快速冲击性按压、冲击胸部 5 次。若异物已经出来，将婴儿侧卧，用小指轻轻将异物拨出，禁止掏取异物。若异物未排出，重复进行背部叩击和胸部冲击，直至异物排出。

(2)立位腹部冲击法(适于意识清醒的 1 岁以上儿童，如图 9-2-2 所示)

救护者可跪在儿童背后(让儿童弯腰，头部前倾)，用两臂环绕儿童腰腹部，一只手握空心拳，拳眼顶在儿童胸骨与肚脐连线的中点，另一只手包握此拳，快速向内向上冲击 5 次。压后放松，反复操作，直至异物排出。儿童应低头张口，以便异物排出。

这种方法同样适用于青少年和成人。救护者可站在青少年或成人背后，用同样的方法施救。注意：力量要大，使胸腔产生巨大的力量，使异物冲出。

急救完成后，为了儿童的健康应立即将其送往医院进行全面检查。

想一想

鱼刺卡喉时为什么不能喝醋软化？

打开气道

背部叩击

胸部冲击

图 9-2-1　背部叩击＋胸部冲击法

图 9-2-2　立位腹部冲击法

扫码看立位腹部冲击法

练一练

请用婴幼儿模型按规范要求和程序，口述并操作0～1岁婴儿、1岁以上意识清醒的儿童气道堵塞的急救处理方法。

5. 外耳道异物

常见的外耳道异物有植物性异物(如豆类、麦粒等)、昆虫类异物、其他异物(如小石子、纽扣、水等)。外耳道异物常引起耳鸣、耳痛、听力下降等，其他较大的异物可引起听力障碍及反射性咳嗽。

处理方法：

①对于植物性异物切不可向外耳道内滴水，防止豆类等遇水膨胀，继发感染引起外耳道炎。应送往医院处理。

②昆虫类异物多在儿童睡眠时进入外耳道，在外耳道内爬动，可引起剧痛。可用强光对着外耳道口照射，诱昆虫爬出。

③其他异物，如水或其他较小异物进入，可嘱儿童头偏向异物侧，单脚跳，让水或异物自行出来。体积较大的异物若不易取出，或上述方法未奏效时，应及时送医院处理，切不可用小棍捅或镊子夹。

（五）出血的处理

1. 血管出血

(1)毛细血管出血

血液从伤口渗出，量少，色红。

处理方法：一般不必包扎，用常规消毒棉球压迫即可。

(2)静脉出血

血液持续不断地缓慢流出，色暗红。

处理方法：可抬高出血肢体以减少流血，然后对出血部位消毒并盖上几层纱布包扎。

(3)动脉出血

血流速度快，出血量多，血液呈节律性喷出，色鲜红。

处理方法：

①指压止血法。作为临时的止血措施，用拇指压住出血的血管上端(近心端)，压闭血管，阻断血流。

面部出血，压迫两侧下颌角。

前臂出血，压迫肘窝处的肱动脉。

手掌、手背出血，压迫桡动脉。

手指出血，将手指屈入掌内，形成握拳状。

大腿出血，屈起受伤大腿，压迫腹股沟中点处的股动脉。

脚出血，压迫足背动脉跳动处。

②加压包扎止血法。小动脉出血，伤口不大，用消毒纱布、棉花等做成软垫放在伤口上，以增加压力，再紧紧绷扎止血。

③止血带止血法。四肢出血严重时，可将止血带扎在伤口的上端。扎前应先垫上毛巾或布片，每隔半小时必须放松1次。绑扎时间总共不得超过2 h，以免肢体缺血坏死。做初步处理后，应立即送医院救治。

2. 鼻出血

儿童鼻出血原因很多，如外伤、鼻黏膜干燥、挖鼻孔、用力擤鼻涕、鼻内异物以及上呼吸道感染、发热等均可引起鼻出血。

学习笔记

处理方法：

①安慰儿童不要紧张，安静地坐着，张口呼吸，头略向前低，防止血液逆流入口腔、咽喉。

②取消毒棉球或卫生纸擦净血液，用手指压住出血一侧的鼻翼或捏住两侧鼻翼5～10 min，同时用湿毛巾冷敷鼻根部、前额，数分钟后多数可止血。

③若不能止血，可用纱布卷、脱脂棉等塞鼻。

④止血后，2～3 h内不要做剧烈运动，避免再出血。

⑤如经常反复鼻出血或经处理出血不止，应去医院做全面检查，进一步查明出血原因并做相应处理。

（六）烧（烫）伤

在儿童烧（烫）伤中，因开水、热粥、热汤等烫伤者占首位，火焰烧伤次之，化学烧伤、电器击伤也时有发生。

1. 评估烧（烫）伤程度

①Ⅰ度烧（烫）伤，仅表皮受损，主要表现为皮肤表面红、肿、痛，但无水疱。一般3～7 d痊愈，不留瘢痕，短期内色素沉着。

②Ⅱ度烧（烫）伤，伤及皮肤真皮层。浅Ⅱ度烧（烫）伤，主要表现为皮肤浅层有明显水疱、局部红肿、疼痛、皮温升高。1～2周完全愈合，偶有色素改变。深Ⅱ度烧（烫）伤，主要表现为水疱小而扁薄，感觉稍迟钝，皮温稍低，创面浅红或红白相间。3～4周可愈合，感染严重时须植皮。

③Ⅲ度烧（烫）伤，伤达真皮深层、皮下组织，神经、血管、肌肉及骨骼等均受到破坏，组织坏死，并伴有全身症状，须植皮。

2. 处理方法

脱离烧（烫）伤源，立即用冷水冲（泡）至少15 min，局部降温；然后脱掉被热源浸透的衣服，若衣服粘在皮肤上，不可强脱，可用剪刀将周边衣服剪掉；再用清洁纱布覆盖创面，以防感染。若为火烧，要将伤者身上余火扑灭，迅速抱离现场。

Ⅰ度烧（烫）伤，可在局部涂獾油或烧伤膏。若为Ⅱ度或Ⅲ度烧（烫）伤，可用消毒纱布或干净床单、保鲜膜等覆盖创面，避免压迫创面。不要挑破水疱，不要剥掉烫伤的死皮，不可涂抹烧伤膏，更不可在创面涂抹牙膏、酱油等物，防止局部感染。应迅速送往医院治疗。

若是强酸、强碱烧伤，应先以大量清水冲洗，然后送医院处理。途中注意观察伤者的呼吸、心跳情况。伤者若口渴，可多次给淡盐水、糖水饮用。强酸将消化道烧伤时，严禁催吐及洗胃，严禁口服碳酸氢钠。立即口服牛奶、蛋清、豆浆或氧化镁、氢氧化铝凝胶，以保护胃黏膜。强碱将消化道烧伤时，严禁催吐、洗胃。立即口服稀释的食醋、5%醋酸或柠檬汁等，也可口服牛奶、蛋清、植物油。

（七）昏厥

昏厥不是由外伤引起的，是由于短时间的大脑供血不足而失去知觉，突然晕倒在地。常由空气闷热、疼痛、精神紧张、站立时间过久等原因引起。与惊厥不同的是，昏厥没有肌肉抽搐的表现。

练一练

用儿童模型练习血管出血后的止血方法。

想一想

左鼻孔出血举右手止血，右鼻孔出血举左手止血，是否有科学依据？

学习笔记

处理方法：

①让儿童平躺，双腿抬高 20～30 cm 以增加头部的血液供应。

②解开衣领，松开衣服。

③若持续数分钟没有反应或抬高双腿后仍没有恢复神志，应通知 120 急救中心。

（八）中暑

日光长时间照射儿童头部，可使儿童中暑。患儿会感到头晕、头疼、耳鸣、眼花、口渴、无力、恶心、脉搏加快，甚至昏迷。

处理方法：

①迅速将儿童移至阴凉通风处，让其平卧，解开衣扣。

②用凉毛巾冷敷头部，用扇子扇风，帮助儿童散热。

③给予清凉饮料。

④对中暑严重、昏迷者，除冷敷降温外，速送医院。

（九）脱臼

因牵拉儿童四肢用力过猛引起，多为肩关节、肘关节及桡骨头半脱位。表现为局部肿胀、疼痛、变形及功能障碍。

处理方法：送医院，请医生复位。

（十）骨折

骨折分为闭合性骨折和开放性骨折。闭合性骨折是指骨折处皮肤表面未损伤，与外界不相通；开放性骨折为骨折处皮肤损伤，与外界相通。骨折处理正确与否，直接影响到骨折处的恢复结果。若处理不当会造成肢体严重残疾，甚至危及生命。

骨折常伴有剧烈疼痛，骨折处肿胀、畸形，骨折的肢体失去功能等。儿童发生"青枝骨折"后疼痛不明显，伤肢仍能活动。因此，这类骨折易被忽视，未送医院治疗，骨折自愈后易致畸形。

处理方法：

①先临时固定伤肢并限制伤肢活动。儿童受伤后未经急救、包扎不要轻易搬动肢体，特别是颈部、腰椎骨折。

②四肢骨折可用木板固定，木板长度应超过骨折部位上下各一关节。在伤肢上垫上棉花或软布，然后用三角巾或绷带把木板固定在伤肢上。检查和包扎时动作轻柔。如找不到合适的板或棍，下肢骨折可将患肢与健肢固定在一起，送往医院进一步处理。对开放性骨折可在伤口处覆盖消毒纱布，包扎伤口止血后再固定，并送往医院。

③对于骨折后的固定，要注意不能捆绑过紧。如有手指、脚趾苍白、发凉，要立刻放松绷带，重新固定。

（十一）咬伤、蜇伤

1. 狗咬伤

人们通常认为只有疯狗才带狂犬病毒，实际上 15％～30％ 的健康狗也带病毒，即使是打过疫苗的狗也不例外。狂犬病的病程十分险恶，治愈率低，一旦发病，病死率极高。

狗咬伤可分为三级：一级，人皮肤和狗有接触，未受伤(如被狗舔了一下)，皮肤是完整的，不须要特殊处理；二级，受伤未出血(如被狗抓了一下)，判断皮肤是否破损，可用乙醇涂抹，若感觉疼痛，说明皮肤有破损；三级，皮肤受伤有出血，或皮肤原本有伤口，又被狗舔了。二级和三级伤口都须要处理。

处理方法：

①挤血。被狗咬伤后，应立即对伤口挤血，而不是忙于止血。

②冲洗。可用肥皂水和流动清水交替冲洗伤口 30 min 以上。流动清水量要大，特别注意对伤口深处的清洗。

③消毒。用纱布擦干后涂上碘伏。(处理后立即送医院治疗，并进行疫苗接种。一般是到疾病预防控制中心接种疫苗。)

④注射疫苗。为了预防狂犬病，必须注射狂犬病疫苗。应在被咬当日注射第一针，然后分别在第 3 天、第 7 天、第 14 天、第 30 天各注射 1 针，共 5 针。

2. 猫、鼠咬伤

猫、鼠口中存在一种螺旋杆菌，因此，除了局部伤口会出现红肿和疼痛外，还会引起淋巴管、淋巴结炎症。

处理方法：清洁伤口后应送医院使用抗生素治疗。

3. 虫蜇(咬)伤

一般蚊虫咬伤可涂清凉油进行处理。若被蜂和洋辣子(黄刺蛾幼虫，俗称洋辣子、八角虫)刺伤，可先用胶布将刺粘出来，然后挤压被蜇伤处，再在伤口涂弱碱性液体，如肥皂水、碱水或 3% 氨水。若是黄蜂蜇伤，可在伤口涂弱酸性液体(黄蜂毒液呈碱性)，如食醋等，还可对伤口进行冷敷，以减轻肿胀和疼痛。如果患儿伤口红肿严重或出现昏迷现象，要及时送医院治疗。

(十二)中毒

1. 食物中毒

食物中毒是进食被细菌及其毒素污染的食物，或摄食含有毒素的动植物食物，如毒蕈、发芽的马铃薯、未烧熟的四季豆等，引起的急性中毒性疾病。食物中毒潜伏期短，可集体发病，以急性胃肠道症状为主，如恶心、呕吐、腹痛、腹泻等，严重者可伴有高热、脱水、酸中毒，甚至休克。

处理方法：可用压舌板或筷子、勺轻轻刺激咽部，引起反射性呕吐，然后将儿童送往医院。

2. 一氧化碳中毒

冬季室内用煤炉取暖，若通风不良、烟囱阻塞或漏气、风倒灌等，常可发生煤气中毒。中毒轻者感到头痛、头晕、耳鸣、眼花、恶心、四肢无力。中毒重者呼吸困难、昏迷，甚至死亡。

处理方法：立即将儿童移至通风、空气新鲜处，解开衣扣，清除呼吸道分泌物，保持呼吸道通畅。同时注意儿童的保暖，以促进血液循环。对中毒严重没有意识者，实施心肺复苏术并送医院急救。

3. 药物中毒

药物中毒多因药品保管不善或儿童服药时查对不仔细误服引起。

处理方法：

①误服腐蚀性很强的药物，对食管和胃黏膜刺激很大，应立即喝生蛋清、牛奶、稠米汤或豆浆等。这类食物可以附着在食管和胃黏膜上，起保护作用。初步处理后立即送往医院进一步处理。

②误服非腐蚀性药物应立即催吐。用压舌板刺激咽部，使其呕吐后送往医院处理。

③送患儿去医院时要把误服药的药瓶带上，供医生抢救时对症用药。

（十三）溺水

无监护状态下，儿童在河边游泳、玩水，是造成溺水的主要原因。

处理方法：

①儿童溺水后，应立即将其救出水面，尽快清除口、鼻内的泥沙、污物，打开气道，保持呼吸道通畅。

②现场根据溺水者的不同情况进行不同的处理。对于意识清楚者，应注意为其保暖；对于意识丧失但有呼吸、心跳者，取"稳定侧卧位"，以防因舌后坠或呕吐物、分泌物堵塞气管而导致窒息；对于意识丧失，呼吸、心跳停止者，应立即进行心肺复苏，同时拨打急救电话或送往医院急救。

（十四）触电

儿童一旦触电，应立即采取各种措施切断和脱离电源，如立即关闭电源或用干木棒等非导电物将肢体与电源接触处分开。救护人员自身也要采取相应的绝缘措施，切不可用手直接拉触电者。

脱离电源后，应立即检查儿童是否有意识。若没有意识，要立即实施心肺复苏术，同时拨打急救电话或送往医院急救。

三、突发事件的应急处理 >>>>>>>>>>>>>>>>>>>>>>>>>>>>>

突发事件通常是指由于各种天灾人祸的突然降临，发生人员伤亡、财产损失、生态环境遭到破坏等危及公共安全、具有重大社会影响的紧急事件。

（一）地震

地震躲避原则：就近选择形成三角空间的地方躲避，逃离危险场所，避开易发生次生灾害处，切断电源，避免人为事故。

1. 在室内避震

①迅速躲在坚固家具附近或内墙墙根、墙角等易形成三角空间的地方。

②如果离厨房、厕所、储藏室等开间小的地方很近，可以迅速躲到里面。

③不要跳楼，不要站在窗边及靠阳台墙边，不要到阳台上去。

2. 在学校避震

①正在上课时，要在教师指挥下迅速抱头、闭眼、躲在各自的课桌旁。

②在操场或室外时，可原地不动蹲下，注意避开高大建筑物或危险物。

③逃离时不要拥挤，不要跳窗、跳楼和在楼梯间停留。

3. 在户外避震

①就地选择开阔地蹲下或趴下。

②避开高大建筑物，如楼房，特别要避开有玻璃幕墙的建筑，避开过街天桥、

立交桥、高烟囱、水塔等。

③避开危险物，如变压器、电线杆、路灯、广告牌、吊车等。

④在行驶的电车、汽车内避震，抓牢扶手，以免摔倒或碰伤；降低重心，躲在座位附近。

（二）火灾

发生火灾后，要立即打119报警。报警的内容有起火单位、地址，燃烧部位，起火原因，火势大小，进入火场路线以及联系人姓名、电话等，并派人到路口接应消防车进入火场。

火灾初起阶段火势较弱，范围较小，应及时采取有效措施迅速将火扑灭。通常可使用灭火器、自来水或盆缸的存水浇火，也可使用拍打等方法扑灭较小的火势。

发生火灾时若被大火围困，应想方设法撤离。逃生时间应在15 min以内。

①匍匐前进，逃出门外。

应弯腰低头或趴在地面上匍匐前进，用湿口罩、毛巾捂住口鼻，逃出门外。若火势来自门外，开门前应先用手探查门把手的温度，如已发烫，不宜开门。

②浸湿衣物，冲下楼梯。

楼梯已着火，火势尚不很猛烈时，披上浸湿的外衣、毛毯或棉被冲下楼梯。

③利用阳台或坚固的绳索下滑。

若房间火盛，门被烈火封住或楼梯已被烧断无法通行时，利用阳台或铁质落水管向下滑，也可将绳子或床单撕成条状连接起来，一端拴在门窗栏杆或暖气设备上，另一端甩向楼下，然后攀附向下滑。

④低楼层跳楼逃生时做好防护。

若楼层不太高，被迫跳楼时，应先扔下棉被、海绵床垫等物，以便缓冲，然后爬出窗外，手扶窗台向下滑，尽量缩小落差。

托幼机构工作人员面对意外伤害应沉着冷静，及时发现问题、分析问题。在意外伤害发生后，托幼机构工作人员应保护儿童的生命安全，要对儿童进行人文关怀。

相关链接

潜心培幼育人

　　落实立德树人根本任务，爱岗敬业，细致耐心；不得在工作期间玩忽职守、消极怠工，或空岗、未经批准找人替班，不得利用职务之便兼职兼薪。

　　引自：《新时代幼儿园教师职业行为十项准则》

单元 3
常用急救技术

在常温下，呼吸、心跳完全停止4 min以上，生命就有危险；超过10 min则很难起死回生。如果儿童呼吸、心搏已很不规律，快要停止或刚刚停止时，不能机械地等待医生或送医院才做抢救，而应在现场立即实施急救，同时拨打急救电话。

学习笔记

一、惊厥的急救 >>>>>>>>>>>>>>>>>>>>>>>>>>>>>>>>>>>>>

惊厥是神经元功能紊乱引起的脑细胞突然异常放电所致的全身或局部肌肉不自主收缩，常伴有意识障碍。热性惊厥是指患儿发热(体温在 38 ℃以上)导致的抽搐，通常发生在体温上升期，排除癫痫、中枢神经系统感染及其他原因的惊厥。儿童神经系统发育不成熟，体温高时会导致大脑兴奋性提高，导致异常放电，引起惊厥。通常发生在 6 个月～5 岁的儿童，高发年龄为 12～18 个月。男童比女童多见。绝大多数 5 岁后不再发作。

(一)惊厥的常见症状

儿童发生惊厥时的主要表现为意识丧失、摔倒、身体僵直、四肢抽动、眼球上翻凝视、牙关紧闭、口吐白沫、口唇发绀。抽搐通常在数分钟内缓解，缓解后一般会出现疲劳、睡觉的情况。儿童热性惊厥发生率较高。另外，低钙、癫痫发作也可引起惊厥。

(二)惊厥的一般处理方法

①就地急救。把儿童放到地板或坚实的平面上(注意铺上被子)。

②侧卧。解开患儿衣领，把 1 岁以下患儿头偏向一侧或是让 1 岁以上患儿侧卧，以防惊厥时口腔分泌物聚积误吸入气管；不要喂水，确保患儿口内无任何食物或物品，防止发生窒息。

③保持呼吸道通畅，及时清除口鼻分泌物。

④热性惊厥可采用物理降温措施。将凉的毛巾或冰袋放到儿童的前额和颈部、用温水擦身进行物理降温，但不要使用冷水和乙醇。具有资质的保健医经患儿家长许可可以使用药物退热。

> **注意事项**
>
> ①不往患儿口腔里塞任何东西。
>
> ②不强压患儿肢体。不要试图使用束缚的方式使患儿停止抽搐，不要按住或抱住患儿，不要把患儿的胳膊扳直。
>
> ③不要掐人中和虎口，那样只会损伤儿童皮肤，没有止抽搐的作用。
>
> ④注意记录惊厥的发作和间隔时间。若惊厥持续 5 min 以上不能缓解，或短时间内反复发作，要尽快送往医院或拨打 120 急救电话。

二、心肺复苏术 >>>>>>>>>>>>>>>>>>>>>>>>>>>>>>>>>>>>

由于各种原因引起的窒息、溺水、触电、中毒等意外伤害，可造成呼吸、心搏骤停。心肺复苏(cardiopulmonary resuscitation，CPR)是指在呼吸、心搏骤停的情况下所采取的一系列急救措施，旨在使心脏、肺脏恢复正常功能，使生命得以维持。随着对保护脑功能和脑复苏重要性认识的深化，更宜将复苏全过程称为心肺脑复苏(cardiopulmonary cerebral resuscitation，CPCR)。

最新徒手心肺复苏程序为心搏与呼吸停止的判断、胸外按压(C，compression)、开放气道(A，airway)、人工呼吸(B，breathing)，适用于成人、儿童和婴儿，但不包括新生儿。新生儿心搏骤停多为呼吸因素所致，其心肺复苏程序是 ABC。

（一）心搏呼吸停止的判断

①判断有无意识。轻拍患者并大声呼唤。

②判断有无呼吸。观察胸廓有无起伏。

③判断有无心跳。触摸一侧颈总动脉搏动(非专业施救者可不触摸一侧总动脉)。完成以上三步，时间应在 10 s 内。

（二）胸外心脏按压法

胸外心脏按压法是使心脏恢复跳动的简便易行的抢救方法。心脏位于胸骨与脊柱之间，于胸骨偏下处即两乳头之间(如图 9-3-1 所示)施加压力，使胸骨下陷挤压心脏，使血液排出。压力解除胸骨自动恢复原位，心脏舒张，血液回流入心脏，血液循环得以维持(如图 9-3-2 所示)。

图 9-3-1　加压部位

1. 婴儿双指按压法

被救护者若为 1 岁内婴儿，救护者一手示指置于婴儿两乳头连线与胸骨交界处，中指、无名指与示指并拢置于胸骨上；将示指抬起，中指、无名指同时用力垂直向下按压，按压深度为使胸骨下陷约 4 cm 或胸廓前后径的 1/3，压后放松。在整个压下与放松的过程中，手指应始终与胸壁接触(如图 9-3-3 所示)。这样能够最好地控制施加于胸骨的压力，同时确保定位准确。按压频率为每分钟 100～120 次。

图 9-3-2　胸外心脏按压法

2. 1～8 岁儿童单手掌根按压法

被救护者若为 1～8 岁儿童，救护者一只手手掌根在其两乳头连线中点按压胸骨，手臂伸直，垂直向下用力，按压深度为使胸骨下陷约 5 cm 或胸廓前后径的 1/3。放松时，掌根不要离开胸壁。按压频率为每分钟 100～120 次(如图 9-3-4 所示)。也可用双手掌根按压，但力量要减小。

单人施救者，胸外按压与人工呼吸比例为 30∶2；双人施救者，胸外按压与人工呼吸比例为 15∶2(婴儿和儿童)。

图 9-3-3　婴儿双指按压法

（三）开放气道

开放气道是人工呼吸前至关重要的一步，其目的是维持呼吸道通畅，保障气体自由出入。首先清理口腔，将其头偏向一侧，用手指探入口腔，清除分泌物及异物。

1. 仰头抬颌法

救护者将一只手手掌外侧缘置于患儿(被救护者)的前额，另一只手示指、中指置于下颌处将下颌骨上提，使其头部后仰(如图 9-3-5 所示)。成人、儿童、婴儿头部后仰的程度为下颌角与耳垂的连线与地面分别呈 90°、60°、30°角。

图 9-3-4　1～8 岁儿童单
手掌根按压法

2. 托颌法

此法用于怀疑头、颈部有外伤者。救护者将手放置在伤者头部两侧，握紧伤者下颌角，用力向上托下颌(如图 9-3-6 所示)。如伤者紧闭双唇，可用拇指将口唇分开。如果须要口对口人工呼吸，则将下颌持续上托，面颊贴紧伤者口鼻。

（四）人工呼吸

开放气道后要马上检查有无呼吸，如果没有，应立即进行人工呼吸。最常见、最方便的人工呼吸方法是口对口人工呼吸和口对鼻人工呼吸。

图 9-3-5　仰头抬颌法

图 9-3-6 托颌法

想一想

心搏骤停为什么不能单纯等待医护人员到现场抢救?

1. 1 岁内婴儿

人工呼吸前可将 CPR 人工呼吸膜或纱布等透气性强的物品放在婴儿口部进行隔离。保持气道开放,施救者先吸一口气,用双唇包住婴儿的口鼻,再均匀缓缓吹气。吹完一口气,口松开,用眼睛余光观察婴儿胸廓有无起伏。连续吹气 2 次。

2. 1~8 岁儿童

人工呼吸前可将 CPR 人工呼吸膜或纱布等透气性强的物品放在儿童口部进行隔离。施救者用放在儿童前额手的拇指、示指捏紧儿童的鼻翼,先吸一口气,用双唇包严儿童口唇四周,再缓慢持续将气体吹入,吹气时间持续 1 s。吹完一口气,口松开,用眼睛余光观察儿童胸廓有无起伏,同时松开紧捏儿童鼻翼的手指。连续吹气 2 次。如果儿童牙关紧闭,可采用口对鼻吹气法。

(五)判断心肺复苏有效的指征

如救护人员实施心肺复苏救护方法正确,又有以下征兆,表明心肺复苏有效:患儿面色、口唇由苍白、青紫变红润;能触摸到动脉搏动,自主呼吸逐渐恢复;瞳孔由大变小,对光反射恢复;患儿眼球能活动,手脚抽动、呻吟。

扫码看《2020 年美国心脏学会心肺复苏及心血管急救指南摘要》

🔗 **相关链接**

1~8 岁儿童心肺复苏操作步骤

1. 评估环境

确认现场及周边环境安全,做好自我防护。

2. 判断有无意识和呼吸

轻拍重喊(轻拍双肩,在儿童两耳边呼唤:"孩子! 你怎么了?"),观察儿童有无反应来判断儿童有无意识,同时通过观察口唇、鼻翼和胸腹部起伏情况判断其有无呼吸或有效呼吸,以上操作须在 10 s 内完成。

3. 快速呼救

如儿童无反应、无呼吸,立即高声呼救(来人啊! 救命呀!),请现场人员帮忙施救,拨打 120 并告知携带 AED(自动体外除颤器)。

4. 摆放体位

将儿童置于心肺复苏体位。

5. 实施心肺复苏

(1)胸外心脏按压

施救者跪于儿童一侧,一只手手掌根部在儿童两乳头连线中点胸骨处按压,按压深度为使胸骨下陷约 5 cm 或胸廓前后径的 1/3。

(2)打开气道

施救者解开儿童的衣服,将其头偏向一侧,清除口腔分泌物、异物等。清理后施救者将儿童的头平放。对于头和颈无外伤的儿童,采用仰头抬颌法开放气道,下颌角与耳垂连线与地面成 60°。

(3)人工呼吸

若儿童无呼吸或无有效呼吸,立即进行口对口人工呼吸。注意在口上垫 CPR 人工呼吸膜或纱布。

注意事项:单人施救,每做 30 次胸外按压,须做人工吹气 2 次。再重新定位，重复做胸外按压。连续做 5 个周期（约 2 min）后，重新评估儿童的呼吸、循环体征。如无反应、无呼吸，继续实施心肺复苏。双人施救，每做 15 次胸外按压，须做人工吹气 2 次。

　　6.判断心肺复苏有效

　　方法略。

思考与练习

一、选择题

①某儿童跌倒蹭破肘部表皮，伤口较浅，处理的方法是（　　）。

A. 凉开水冲洗　　　　　　　B. 包扎伤口　　　　　　C. 乙醇消毒　　　　　D. 无须处理

②某儿童踝关节扭伤时首先要对患处进行（　　）。

A. 冷敷　　　　　　　　　　B. 热敷　　　　　　　　C. 揉搓　　　　　　　D. 理疗

③某儿童鱼刺卡喉，正确的处理方法是（　　）。

A. 喝醋软化　　　　　　　　B. 吞咽食物　　　　　　C. 喝水　　　　　　　D. 用镊子取出

④某婴儿异物卡入喉部，立即急救的方法是（　　）。

A. 拍打喉部　　　　　　　　B. 用力叩击背部　　　　C. 将婴儿倒立拍背　　D. 腹部冲击

⑤某儿童外耳道进入一只小飞虫，正确的处理方法是（　　）。

A. 手电筒紧贴外耳道口照射　　　　B. 手电筒离外耳道口稍远照射

C. 镊子夹出　　　　　　　　　　　D. 向外耳道内滴植物油

⑥某儿童鼻中隔为易出血区，出血后正确的处理方法是（　　）。

A. 鼻根部涂紫药水然后安静休息　　B. 让儿童略低头，按压出血侧鼻翼

C. 止血后半小时内可剧烈运动　　　D. 让儿童仰卧休息

⑦烫伤用冷水浸、冲的时长至少是（　　）min。

A. 3　　　　　　　B. 6　　　　　　　C. 10　　　　　　　D. 15

⑧被狗咬伤后，正确的处理方法是（　　）。（多选题）

A. 立即用肥皂水反复冲洗伤口　　　B. 立即挤压出血

C. 立即将伤口压迫止血后包扎好　　D. 及时注射狂犬病疫苗

⑨心肺复苏的有效指征是（　　）。（多选题）

A. 面色、口唇变红润　　　　　　　B. 瞳孔由大变小

C. 能触摸到动脉搏动　　　　　　　D. 自主呼吸逐渐恢复

⑩一只小飞虫飞进某儿童眼内，正确的处理方法是（　　）。（多选题）

A. 立即用手揉　　　　　　　　　　B. 温开水冲

C. 眼泪冲　　　　　　　　　　　　D. 手帕轻拭

二、简答题

①托幼机构应对儿童进行哪些安全常识教育？应采取哪些必要的安全措施？

②儿童易发生气管堵塞的原因是什么？

③列表比较 1 岁内婴儿、1～8 岁儿童心肺复苏术的异同。

云测试及
参考答案

学习反思

模块十
托幼机构基本设施设备卫生

学习目标

①了解托幼机构的基本规划和规模。

②熟悉托幼机构室内采光和照明要求。

③熟悉托幼机构室内通风和采暖要求。

④掌握托幼机构基本设施及环境卫生要求。

⑤掌握托幼机构基本用具与设备卫生要求。

⑥能根据儿童的生理特点，为儿童选择符合卫生要求的家具、文具、学具、教具及体育器械等。

⑦尊重儿童身心发展特点，具有对学龄前儿童的人文照护关怀精神。

⑧具备环保意识。

学习导航

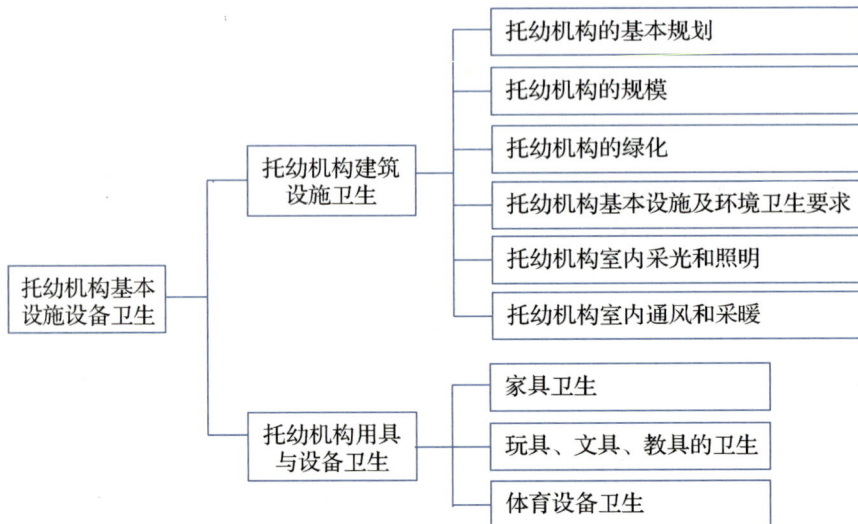

单元 1
托幼机构建筑设施卫生

在规划新的托儿所、幼儿园时，应考虑其合理布局并按照一定的卫生标准和卫生要求进行规划，以保证儿童有良好的生活和学习环境，并方便家长接送。

一、托幼机构的基本规划 >>>>>>>>>>>>>>>>>>>>>>>>>>>>>

托儿所是用于哺育和培育 3 岁以下婴幼儿的场所。幼儿园是对 3～6 岁儿童进行集中保育、教育的场所。托儿所可以单独建设，若与幼儿园合建，托儿所应单独分区，并应设独立、安全的出入口，室外活动场地宜分开。

托儿所、幼儿园的服务半径宜为 300 m。4 个班及以上的托儿所、幼儿园，建筑应独立设置。3 个班及以下时，可与居住、养老、教育、办公建筑合建，但合建的建筑应经有关部门验收合格，符合抗震、防火等安全方面的规定，应设独立的疏散楼梯和安全出口。建筑出入口及室外活动场地应采取防止物体坠落的措施。

托幼机构应选在日照充足、交通方便、场地平整且干燥、排水通畅、环境优美、基础设施完善的地段；不应置于易发生自然地质灾害地段；周围环境安全、安静，不应与大型公共娱乐场所、商场、批发市场等人流密集的场所毗邻；远离医院、工业区；远离喧闹的交通要道、车站、码头、机场、工厂等；避开噪声、污水、毒气、各种烟尘等污染源。托幼机构内部不应有高压输电线、燃气、输油管道主干道等穿过。

学习笔记

二、托幼机构的规模 >>>>>>>>>>>>>>>>>>>>>>>>>>>>>>>>

托儿所、幼儿园的规模应符合《托儿所、幼儿园建筑设计规范》(JGJ 39—2016)及局部修订条文(2019 版)的有关规定(表 10-1-1 和表 10-1-2)。托幼机构规模过大，不利于管理、教育、安全和后勤保障，特别是在发生传染病时难以控制。

想一想

托幼机构选址的基本原则是什么？

表 10-1-1　托儿所、幼儿园的规模

规模	托儿所(班)	幼儿园(班)
小型	1～3	1～4
中型	4～7	5～8
大型	8～10	9～12

注：18 个月以上的儿童可混合编班，每个班不超过 18 人。

表 10-1-2　托儿所、幼儿园的每班人数

名称	班别	人数(人)
托儿所	乳儿班(6～12 月)	10 以下
	托小班(12～24 月)	15 以下
	托大班(24～36 月)	20 以下
幼儿园	小班(3～4 岁)	20～25
	中班(4～5 岁)	26～30
	大班(5～6 岁)	31～35

三、托幼机构的绿化 >>>>>>>>>>>>>>>>>>>>>>>>>>>>>

托幼机构的绿化要结合自身条件合理设计,要根据儿童的生活、生理、心理特点进行布局,给儿童营造安全、卫生、舒适、优美的活动环境。

托幼机构场地内绿地率不应小于 30%,宜设置集中绿化用地。绿地内不应种植有毒、带刺、有飞絮、病虫害多、有刺激性、有异味以及引起儿童过敏反应的树种,如月季、玫瑰、花椒、黄刺梅、漆树等。临窗 5 m 内不宜种植高大的乔木,以免影响室内通风、日照和采光。

托幼机构四周应种植高大的乔木和灌木,以形成一个防尘、防噪声的隔离绿化带。园内可种植一些树木、花草以及常见的农作物。在种植的树木与花草中,最好既包括常绿树木,又包括落叶树木,以使园所内一年四季都能见到绿色,同时又能体会到季节的变化。在活动器械附近,以种植遮阴的落叶乔木为主,角隅处适当点缀花灌木,场地应开阔通畅,不能影响儿童活动。有条件的托幼机构,可铺设一定面积的草坪,让儿童在草坪上自由自在地玩耍。若托幼机构的场地较为宽敞,在场地的边缘,还可设置一些凉亭、回廊、较缓的小山坡等,便于儿童休息和满足多种活动的需要。

托幼机构园区绿化花木应乔、灌、草、花合理配置。灌木可选择春天开花的迎春花、连翘、贴梗海棠、榆叶梅,夏季开花的石榴、木槿、常山、珍珠梅,秋季开花的紫薇、胡枝子等。乔木应选择树冠大,遮阴面积大,耐修剪,易管理的法国梧桐、龙爪槐、垂柳、合欢、核桃等。草坪可选择抗寒性和耐践踏性较强的早熟禾、细叶羊茅、狗牙根、斑点雀稗等草类。花卉可选择如凤仙花、紫茉莉、半枝莲、石竹、蜀葵、菊花、美人蕉等花期较长、色彩艳丽的品种。

托幼机构还可以利用绿化带、菜园、果园及小动物饲养地,培养儿童对大自然的兴趣以及热爱大自然的情感。

四、托幼机构基本设施及环境卫生要求 >>>>>>>>>>>>>>

(一)室外活动场地

托幼机构室外活动场地分为每班专用活动场地和全园共用活动场地。托儿所室外活动场地人均面积不应小于 3 m²,城市人口密集地区改、扩建的托儿所,设置室外活动场地确有困难时,室外活动场地人均面积不应小于 2 m²。幼儿园每班应设专用室外活动场地,人均面积不应小于 2 m²,各班活动场地之间宜采取分隔

措施；全园共用活动场地人均面积不应小于 2 m²。应设置游戏器具、沙坑、30 m 跑道等，宜设戏水池，储水深度不应超过 0.3 m。游戏器具下的地面及周围应设软质铺装；宜设洗手池、洗脚池。

室外活动场地地面应平整、防滑、无障碍、无尖锐突出物，并宜采用软质地坪；室外活动场地应有 1/2 以上的面积在标准建筑日照阴影线之外。

（二）房舍建筑物

托幼机构建筑物以 2～3 层为宜，主要由生活用房、服务管理用房和供应用房等部分组成。房舍各室的配置应能保证托幼机构生活和卫生制度的顺利执行，便于儿童进餐、饮水、睡眠、游戏、户外活动的进行，便于控制传染病。

1. 生活用房

生活用房是托幼机构的主体建筑，供婴幼儿班级生活和多功能活动使用。托幼机构的生活用房不应设置在地下室或半地下室。

（1）托儿所生活用房

托儿所生活用房应由乳儿班、托小班、托大班组成，各班应有独立使用的生活单元。宜设公共活动空间。托儿所生活用房应布置在首层。当布置在首层确有困难时，可将托大班布置在二层，其人数不应超过 60 人，并应符合防火安全疏散的有关规定。

①乳儿班房间的设置应包括睡眠区、活动区、配餐区、清洁区、储藏区等，各区最小使用面积见表 10-1-3。

表 10-1-3　乳儿班各区最小使用面积（m²）

各区名称	最小使用面积
睡眠区	30
活动区	15
配餐区	6
清洁区	6
储藏区	4

②托小班生活用房应包括睡眠区、活动区、配餐区、清洁区、卫生间、储藏区等，各区最小使用面积见表 10-1-4。

表 10-1-4　托小班各区最小使用面积（m²）

各区名称	最小使用面积
睡眠区	35
活动区	35
配餐区	6
清洁区	6
卫生间	8
储藏区	4

注：睡眠区与活动区合用时，其使用面积不应小于 50 m²；乳儿班和托小班宜设喂奶室，使用面积不宜小于 10 m²，托大班生活用房的使用面积及要求宜与幼儿园生活用房相同。

③托儿所睡眠区、活动区，幼儿园活动室、寝室、乳儿室，多功能活动室的室内最小净高要求见表10-1-5。

表 10-1-5　室内最小净高(m)

房间名称	净高
托儿所睡眠区、活动区	2.8
幼儿园活动室、寝室、乳儿室	3.0
多功能活动室	3.9

注：改、扩建的托儿所睡眠区和活动区室内净高不应小于2.6 m。

(2)幼儿园生活用房

幼儿园生活用房应布置在三层及以下。幼儿园生活用房由幼儿生活单元、公共活动空间、多功能活动室组成。公共活动空间可根据需要设置。生活单元是供婴幼儿班级独立生活的空间，幼儿园生活单元应设置活动室、寝室、卫生间、衣帽储藏间等基本空间。

①活动室是儿童日常生活、开展各种室内活动的主要场所，每班一间。为了保证儿童各项活动的顺利进行，以及促进儿童身心健康发展，幼儿园活动室的要求包括：足够的空间，良好的通风，良好的自然采光条件，良好的人工照明，干燥、清洁的地面。

学习笔记

幼儿生活单元房间的最小使用面积要求见表10-1-6，当活动室与寝室合用时，其房间最小使用面积不应小于 105 m²。如果活动室与寝室分开，活动室的使用面积不小于 70 m²。同一个班的活动室与寝室应设置在同一楼层内，若将寝室设在活动室的上一层会有很多安全隐患。

表 10-1-6　幼儿生活单元房间的最小使用面积(m²)

房间名称		房间最小使用面积
活动室		70
寝室		60
卫生间	厕所	12
	盥洗室	8
衣帽储藏间		9

②寝室是保证儿童有充足睡眠的基本保障条件。为了促进儿童身心健康发展，寝室要有足够的空间，足够的床行间距，良好的通风和空气净化设施，有窗帘等遮光设施，有采暖设施，有干燥、清洁的地面。

最好单设儿童寝室(如图10-1-1所示)，寝室的使用面积不小于 60 m²。应保证每一儿童设置一张床铺的空间，不应布置双层床。床位侧面或端部距外墙距离不应小于 0.60 m，以使儿童身体避开冬季寒冷的外墙面或外墙窗下的暖气片，防止儿童受凉或被烫伤。不提倡通铺，通铺不能保证儿童的睡眠安静，且容易发生疾病的传染，也不便于教师的巡视和照料。

寝室内应保持整洁与安静，经常开窗通风。每日至少开窗通风 2 次，每次至少 15 min。寝室内应安装紫外线灯或空气净化器等，便于经常进行室内消毒，用紫外线灯消毒时应确保室内无人。

图 10-1-1　儿童寝室

寝室的窗户上应配置颜色较深的窗帘，以利于儿童午睡。地面最好铺设木制地板，以增加保温性。

③卫生间应由厕所、盥洗室(如图10-1-2所示)组成，并宜分间或分隔设置。儿童使用厕所和盥洗室的次数相对频繁，使用时间也比较集中，因此每个班应有独立的厕所和盥洗室。贯通的厕所和盥洗室应分间或分隔并采取有效的通风设施。无外窗的卫生间，应设置防止回流的机械通风设施。

卫生间应临近活动室或寝室，且开门不宜直对寝室或活动室。盥洗室与厕所之间应有良好的视线贯通，便于教师随时观察到儿童的情况。保教人员不应与儿童合用厕所，最好是就近集中设置，如果设在班级内，应分隔设置。

卫生间应通风良好；厕所、盥洗室、淋浴室地面不应设台阶，地面干燥、清洁、防滑、易于清洗；男女分厕。良好的通风条件有利于空气流通，减弱盥洗室和厕所异味；干燥、清洁、防滑的地面既有利于卫生也可以防止儿童在盥洗、如厕时因滑倒而产生意外伤害；男女分厕对培养儿童的性别意识有重要作用。

每班卫生间的卫生设备数量不应少于表10-1-7的数量，且女厕大便器不应少于4个，男厕大便器不应少于2个。卫生间内应设有专门的污水池，用于冲洗抹布、拖把或倒污水。盥洗室内应有教师洗涤池。设排水坡和地漏，墙裙一般用瓷砖。

厕所

盥洗室
图10-1-2　卫生间

表 10-1-7　每班卫生间卫生设备的最少数量

污水池(个)	大便器(个)	小便器(沟槽)(个或位)	盥洗台(水龙头)(个)
1	6	4	6

卫生间设施的配置、形式、尺寸均应符合儿童人体尺度和卫生防疫的要求。洁具布置应符合下列规定：盥洗池距地面的高度宜为0.50~0.55 m，宽度宜为0.40~0.45 m，水龙头的间距宜为0.55~0.60 m；大便器宜采用蹲式便器，大便器或小便槽均应设隔板，隔板处应加设儿童扶手。厕位的平面尺寸不应小于0.70 m×0.80 m(宽×深)，坐式便器的高度宜为0.25~0.30 m。

夏热冬冷和夏热冬暖地区，托幼机构建筑的幼儿生活单元内宜设淋浴室；寄宿制幼儿生活单元内应设置集中的或分散式的热水洗浴设备。热水温度必须事先由教师调至适宜温度，使之保持恒定温度后，方可放水给儿童洗浴，确保儿童洗浴的安全。

(3)多功能活动室

多功能活动室是供全园儿童共同进行文艺、体育、家长集会等多功能活动时使用的空间。天气不好时还可以作为临时游戏室，因此多功能活动室的位置宜临近生活单元，其使用面积宜每人0.65 m²，且总体面积不应小于90 m²。单独设置时宜与主体建筑用连廊连通，连廊应做雨篷，严寒地区应做封闭连廊。

2. 服务管理用房

服务管理用房与供应用房是托幼机构内的附属建筑物。服务管理用房是用于对外联系、对内为儿童提供保健和教育服务管理的空间。服务管理用房宜包括晨检室(厅)、保健观察室、教师值班室、警卫室、储藏室、园长室或所长室、财务室、教师办公室、会议室、教具制作室等房间。服务管理用房各房间最小使用面

想一想

托儿所、幼儿园中的幼儿生活用房为什么不应设置在地下室或半地下室，且不应布置在四层及以上？为什么托儿所部分应布置在一层？

积要求见表10-1-8。

表10-1-8　服务管理用房的最小使用面积(m²)

房间名称	规　模		
	小型	中型	大型
晨检室(厅)	10	10	15
保健观察室	12	12	15
教师值班室	10	10	10
警卫室	10	10	10
储藏室	15	18	24
园长室、所长室	15	15	18
财务室	15	15	18
教师办公室	18	18	24
会议室	24	24	30
教具制作室	18	18	24

注：①晨检室(厅)可设置在门厅内。
②寄宿制幼儿园应设置教师值班室。
③房间可以合用，合用的房间面积可适当减少。

①托幼机构应根据《托儿所幼儿园卫生保健管理办法》要求，设立保健室或卫生室。卫生室有医疗机构执业许可证。

保健室与儿童生活用房应有适当距离，并与儿童活动路线分开，宜设单独出入口，面积不少于12 m²。应设有儿童观察床、桌椅、药品柜、资料柜、流动水或代用流动水等设施。保健室应配备杠杆式体重秤或电子体重秤(最大称量为60 kg，最小分度值为50 g)、身高计(供2岁以上儿童使用，最小分度值为0.1 cm)、量床(供2岁及以下儿童使用，最小分度值为0.1 cm)、国际标准视力表或标准对数视力表灯箱、体围测量软尺(无伸缩性软尺，最小分度值为0.1 cm)等设备，以及消毒压舌板、体温计、手电筒等晨检用品。保健室应配备常用消毒剂、紫外线灯或其他空气消毒装置。保健室应设独立的厕所，厕所内应设儿童专用蹲位和洗手盆。

②晨检室(厅)是供儿童入园时进行健康检查的空间。托幼机构建筑应设门厅，门厅内可设置晨检室。

3. 供应用房

供应用房是供托幼机构人员饮食、饮水、洗衣等后勤服务使用的空间。供应用房宜包括厨房、消毒室、洗衣间、开水间、车库等。

(1)厨房

厨房中的油烟、气味和噪声会对儿童产生不良影响，因此厨房应自成一区，并与儿童生活用房有一定距离，但又不宜过远。

托幼机构厨房区域可根据使用功能设置主食加工区(间)、副食加工区(间)、备餐区(间)、餐用具洗涤消毒间、餐用具存放区(间)。辅助区域可根据实际需要选择设置食品库房、非食品库房、工作人员更衣室、办公用房、卫生间、垃圾及清扫工具存放场所等。

①主食加工区(间)包括主食制作区(间)、主食热加工区(间)。主食制作区(间)是将米、面、豆类及杂粮等食材制作成待熟制半成品加工场所，主食热加工区(间)是对主食半成品进行蒸、煮、烤、烙、煎、炸等熟制加工的操作场所。

②副食加工区(间)包括副食粗加工区(间)、细加工区(间)、热加工区(间)等。副食粗加工区(间)是对蔬菜、肉类、水产等副食品原料进行挑拣、整理、解冻、清洗、剔除不可食用部分等的加工处理场所；细加工区(间)是把经过粗加工的副食品食材进行洗、切、称量、拼配等加工处理成为半成品的操作场所，也称切配区(间)；热加工区(间)是对经过细加工、切配的原料或半成品进行煎、炒、炸、焖、煮、烤、蒸及其他熟制加工处理的操作场所，也称烹饪区(间)或烹调热加工区(间)。

③备餐区(间)是主、副食成品的整理、分装、分发及暂时放置直接入口食品的专用场所(如图 10-1-3 所示)。包括主食备餐、副食备餐、食品留样区(间)。备餐区(间)有玻璃隔断和纱门纱窗，有对外发放食物的窗口。托幼机构不得制售冷荤凉菜。食品在烹饪后至出售前一般不超过 2 h，若超过 2 h 存放的，应当在高于 60 ℃或低于 10 ℃的条件下存放。

图 10-1-3　备餐间

④餐用具洗涤消毒间是对餐饮用具和接触直接入口食品的工具、容器进行清洗、消毒的操作场所。餐用具洗涤消毒间应单独设置。有条件的托幼机构餐用具宜集中清洗、消毒。

⑤餐用具存放区(间)是存放经清洗、消毒后的餐饮用具和接触直接入口食品的工具、容器的场所。

厨房区域应按原料进入、原料处理、主食加工、副食加工、备餐、成品供应、餐用具洗涤消毒及存放的工艺流程合理布局，食品加工处理流程应按生进熟出单一流向。副食粗加工应分设蔬菜、肉禽、水产工作台和清洗池。粗加工后的原料送入细加工区，不应返流。

厨房使用面积宜每人 0.4 m²，且总面积不应小于 12 m²。厨房区域是进行主副食加工的主要场所，加工间室内净高不应低于 3.0 m。当托幼机构建筑为二层及以上时，应在适当位置设提升食梯，通往各层的小备餐间或各班生活单元，食梯呼叫按钮距地面高度应大于 1.7 m。

厨房室内墙面、隔断及各种工作台、水池等设施的表面应采用无毒、无异味、无污染、光滑、易清洁的材料；墙面阴角宜做弧形；地面应防滑，并应设排水设施，地面不宜设台阶。

顶棚应选用无毒、无异味、不吸水，表面光洁、耐腐蚀、耐湿的材料。水蒸气较多的房间顶棚宜有适当的坡度，减少凝结水滴落。

厨房室内应有良好的照明、通风、排烟、排气、排水装置和有效的防蝇、防尘、防鼠、防蟑螂等设备；厨房区域各加工区(间)内宜设置洗手设施，厨房区域应设拖把池和清扫工具存放空间。

(2)库房

库房包括食品库房和非食品库房。食品库房包括主食库房、副食库房等，非食品库房包括杂品库房等。

主、副食库房应整洁卫生，干燥通风。库房内食品贮存应当分类、分架、隔墙、离地存放，鸡蛋要及时倒箱，出现破损及时处理。定期检查、及时处理变质或超过保质期限的食品。禁止存放有毒、有害物品及个人生活物品。用于保存食品的冷藏设备，必须贴有标志，生食品、半成品和熟食品应分柜存放。

(3)洗衣间

寄宿制托儿所、幼儿园应设置集中洗衣间。

(三)其他配套设施卫生要求

1. 门

活动室、寝室、多功能活动室等儿童使用的房间应设双扇平开门，门净宽不应小于 1.2 m。活动室、寝室的门上应设观察窗，观察窗应安装安全透明玻璃。为了方便儿童自己开启或关闭房间门，门扇距离地面 0.6 m 处宜加设儿童专用垂直拉手，内外皆装置；当使用玻璃材料时，应采用安全玻璃；门下不应设门槛；平开门距离地面 1.2 m 以下部分应设防夹手设施；门的双面均应平滑、无棱角；不应设置旋转门、弹簧门、推拉门，不宜设金属门；生活用房通向疏散走道的门均应向人员疏散方向开启，开启的门扇不应妨碍走道疏散通行；严寒地区托幼机构建筑的外门应设门斗，寒冷地区宜设门斗。

2. 窗

活动室、多功能活动室的窗台面距地面高度不宜大于 0.6 m；当窗台面距楼地面高度低于 0.9 m 时，应采取防护措施，防护高度应从可踏部位顶面起算，不应低于 0.9 m；窗距离楼地面的高度≤1.8 m 的部分，不应设内悬窗和内平开窗扇；外窗开启扇均应设纱窗。

3. 防护栏杆、楼梯、踏步、扶手等

①防护栏杆。托幼机构的外廊、室内回廊、内天井、阳台、上人屋面、平台、看台及室外楼梯等临空处应设置防护栏杆，栏杆应以坚固、耐久的材料制作，防护栏杆的高度应从可踏部位顶面起算，且净高不应小于 1.3 m。防护栏杆必须采用防止儿童攀登和穿过的构造。当采用垂直杆件做栏杆时，其杆件净距不应大于 0.09 m。

②楼梯、踏步、扶手(如图 10-1-4 所示)。楼梯间的首层应直通室外；严寒地区不应设置室外楼梯。儿童使用的楼梯井净宽度不应大于 0.11 m，防止儿童头部、身体穿越栏杆，造成儿童高空坠落安全事故。当楼梯井净宽度大于 0.11 m 时，必须采取防止儿童攀滑措施。楼梯栏杆应采取不易攀爬的构造，当采用垂直杆件做栏杆时，其杆件净距不应大于 0.09 m。

图 10-1-4 楼梯、踏步、扶手

儿童使用的楼梯不应采用扇形、螺旋形踏步；楼梯踏步面应采用防滑材料，踏步踢面不应漏空，踏步面应做明显警示标识；供儿童使用的楼梯踏步高度宜为 0.13 m，宽度宜为 0.26 m；建筑室外出入口应设雨篷，雨篷挑出长度宜超过首级踏步 0.5 m 以上，出入口台阶高度超过 0.3 m，侧面临空时，应设置防护设施，防护设施净高不应低于 1.05 m。

楼梯除设成人扶手外，应在梯段两侧设幼儿扶手，其高度宜为 0.6 m。

4. 走廊、走道

托幼机构建筑走廊最小净宽要求见表 10-1-9。儿童经常通行和安全疏散的走道不应设有台阶，当有高差时，应设置防滑坡道，其坡度不应大于 1：12。疏散走道的

墙面距地面 2 m 以下不应设壁柱、管道、消火栓箱、灭火器、广告牌等突出物。

表 10-1-9　走廊最小净宽度(m)

房间名称	走廊布置	
	中间走廊	单面走廊或外廊
生活用房	2.4	1.8
服务、供应用房	1.5	1.3

5. 插座

托幼机构的房间内应设置插座,且位置和数量根据需要确定。活动室插座不应少于四组,寝室插座不应少于两组。插座应采用安全型,安装高度不应低于 1.8 m。插座回路与照明回路应分开设置,插座回路应设置剩余电流动作保护,其额定动作电流不应大于 30 mA。

儿童活动场所不宜安装配电箱、控制箱等电气装置;当不能避免时,应采取安全措施,装置底部距地面高度不得低于 1.8 m。

五、托幼机构室内采光和照明 >>>>>>>>>>>>>>>>>>>>>>>>>>>>

(一)天然采光

天然采光以太阳光为光源。托幼机构活动室、寝室及具有相同功能的区域,应布置在当地采光最好的朝向,冬至日底层满窗日照不应小于 3 h。需要获得冬季日照的儿童生活用房窗洞开口面积不应小于该房间面积的 20%。

室内天然采光的状况,除了与太阳光强弱(纬度、地区、季节、天气状况等)有关外,还与房间窗户的面积、窗户的位置、棚壁的色调以及室外遮挡物的状况等多种因素有关。

托幼机构的生活用房、服务管理用房和供应用房中的厨房等均应有天然采光。其采光系数标准值和窗地面积比见表 10-1-10。

表 10-1-10　采光系数标准值和窗地面积比

采光等级	场所名称	采光系数最低值(%)	窗地面积比
Ⅲ	活动室、寝室	3.0	1/5
	多功能活动室	3.0	1/5
	办公室、保健观察室	3.0	1/5
	睡眠区、活动区	3.0	1/5
Ⅴ	卫生间	1.0	1/10
	楼梯间、走廊	1.0	1/10

(二)人工照明

人工照明以人工光源作为光线的来源。冬季、阴雨天或室外有遮挡物时,由于天然采光不足,就需要使用人工照明来调节室内光线。

活动室、寝室、图书室、美工室等儿童用房宜采用细管径直管形三基色荧光灯,配用电子镇流器,也可采用防频闪性能好的其他节能光源,不宜采用裸管荧

✎ 学习笔记

光灯灯具；保健观察室、办公室等可采用细管径直管形三基色荧光灯，配用电子镇流器或节能型电感镇流器，或采用 LED 等其他节能光源。睡眠区、活动区、喂奶室应采用漫光型灯具，光源应采用防频闪性能好的节能光源。寄宿制幼儿园的寝室宜设置夜间巡视照明设施。

托幼机构的房间照明标准值见表 10-1-11。

想一想

　　影响托幼机构各室采光的因素有哪些？

表 10-1-11　房间照明标准值

房间或场所	参考平面及其高度	照度标准值(lx)	UGR	Ra
活动室	地面	300	19	
多功能活动室	地面	300	19	
寝室、睡眠区、活动区	0.5 m 水平面	100	19	
办公室、会议室	0.75 m 水平面	300	19	80
厨房	台面	200	—	
门厅、走道	地面	150	—	
喂奶室	0.5 m 水平面	150	19	

六、托幼机构室内通风和采暖 >>>>>>>>>>>>>>>>>>>>>>>>>>>

儿童机体对气温、气湿等变化进行调节的机能尚不完善，对于氧的需要量相对较大，因此托幼机构应根据季节和儿童身体状况，科学合理地通风和采暖。

（一）通风

通风的目的是通过空气的流动，排出室内的污浊空气，送入室外的新鲜空气，调节室内的气温、气湿和气流，以保证室内有适宜的小气候。

①通风的形式可分为自然通风和人工通风两种。托幼机构生活用房应有良好的自然通风，为了加强自然通风，平时尽可能打开门窗。冬季可利用儿童室外活动时间及时开窗通风，每次开窗通风时间不少于 15 min。夏季，在采用自然通风后室温仍在 30 ℃以上时，可采用机械通风设施(如电扇、空调、排风扇等)和空气消毒装置。公共淋浴室、无外窗卫生间等应设置带防止回流措施的机械排风装置。托幼机构建筑通风要求见表 10-1-12 和表 10-1-13。

学习笔记

表 10-1-12　房间的换气次数

房间名称	换气次数(次/h)
活动室	3～5
卫生间	10
多功能活动室	3～5

表 10-1-13　人员所需最小新风量

房间名称	新风量[m³/(h·人)]
活动室、寝室、活动区、睡眠区	30
保健观察室	38
多功能活动室	30

②对于夏热冬暖地区、夏热冬冷地区的托幼机构建筑，当夏季依靠开窗不能实现基本热舒适要求，且幼儿活动室、寝室等房间不设置空调设施时，每间幼儿

活动室、寝室等房间宜安装具有防护网且可变风向的吸顶式电风扇。

③最热月平均室外气温≥25 ℃地区的托幼机构建筑，宜设置空调设备或预留安装空调设备的条件，并应符合下列规定。

A. 空调房间室内设计参数应符合表 10-1-14 的规定。

表 10-1-14　空调房间室内设计参数

参数		冬季	夏季
温度(℃)	活动室、寝室、保健观察室、晨检室(厅)、办公室	20	25
	睡眠区、活动区、喂奶室	24	25
风速(v)(m/s)		0.10≤v≤0.20	0.15≤v≤0.30
相对湿度(%)		30~60	40~60

B. 当采用集中空调系统或集中新风系统时，应设置空气净化消毒装置和供风管系统清洗、消毒用的可开闭窗口；当采用分散空调方式时，应设置保证室内新风量满足国家现行卫生标准的装置。

④设置非集中空调设备的托幼机构建筑，应对空调室外机的位置统一设计。空调设备的冷凝水应有组织排放。空调室外机应安装在室外地面或通道地面 2 m 以上且儿童无法接触的位置。

(二)采暖

严寒季节，托幼机构既要保持室内一定的气温，又要保证室内空气新鲜，因此在注意室内通风的同时，还要考虑合理的采暖方式。具备条件的托幼机构的建筑供暖系统宜纳入区域集中供热管网，具备利用可再生能源条件且技术经济合理时，应优先利用可再生能源为供暖热源。符合现行国家标准《民用建筑供暖通风与空气调节设计规范》的，可采用电供暖方式。

不具备集中采暖条件的托幼机构，宜就地取材，采用可靠的能源形式供暖，并应保障环境安全。

采用低温地面辐射供暖方式时，地面表面温度不应超过 28 ℃。严寒与寒冷地区应设置集中供暖设施，并宜采用热水集中供暖系统；夏热冬冷地区宜设置集中供暖设施；对于其他区域，冬季有较高室温要求的房间宜设置单元式供暖装置。用于供暖系统总体调节和检修的设施，应设置于儿童活动室和寝室之外。当采用散热器供暖时，散热器应暗装。供暖系统应设置热计量装置，并在末端供暖设施设置恒温控制阀进行室温调控。

托幼机构房间的供暖设计温度要求见表 10-1-15。

表 10-1-15　托幼机构房间的供暖设计温度

房间名称	室内设计温度(℃)
活动室、寝室、保健观察室、晨检室(厅)、办公室	20
睡眠区、活动区、喂奶室	24
盥洗室、厕所	22
门厅、走廊、楼梯间、厨房	16
洗衣房	18
淋浴室、更衣室	25

✎ 学习笔记

单元 2
托幼机构用具与设备卫生

托幼机构设备主要有家具、文具、玩具、教具及体育器械。托幼机构各种设备与用具是儿童生活以及开展各种活动所必需的物质条件，为了保证儿童的身心健康与发展，这些设备与用具必须适合儿童的生理特点，符合基本的卫生要求。

学习笔记

一、家具卫生 >>>>>>>>>>>>>>>>>>>>>>>>>>>>>>>>>>>>

家具在材料性质、款式、大小等方面都应符合儿童的身心发展特点，让儿童在使用时感觉舒适，杜绝导致外伤的各种因素。

（一）桌椅

桌椅是儿童在园(所)使用时间较长的家具，合适的桌椅有助于培养儿童良好的姿势，防止脊柱弯曲，保护视力，防止疲劳，有利于儿童的生长发育。

儿童桌椅应为木制品。托幼机构不宜采用钢木结构桌椅，也不宜采用折叠式或翻板式桌椅；桌椅的尺寸要符合儿童的身高及身体各部的比例。椅子的重量要适宜。儿童桌椅的外表和内表以及儿童手指可触及的隐蔽处，均不得有锐利的棱角、毛刺以及小五金部件露出的锐利尖端；儿童桌椅的涂层、漆膜同对玩具的要求一样，不含有过量的有毒物质，符合国家有关系列标准的规定。色调浅淡、柔和。

根据《学校课桌椅功能尺寸及技术要求》(GB/T 3976－2014)，儿童桌椅各分为 6 种大小型号，见表 10-2-1；儿童桌椅的主要尺寸见表 10-2-2。

表 10-2-1　儿童桌椅的品种与型号

儿童桌(多人用)	儿童椅(单人用)
幼 1 号	幼 1 号
幼 2 号	幼 2 号
幼 3 号	幼 3 号
幼 4 号	幼 4 号
幼 5 号	幼 5 号
幼 6 号	幼 6 号

表 10-2-2　儿童课椅的主要尺寸　　　　　　　　　　　单位：mm

指标	幼 1 号	幼 2 号	幼 3 号	幼 4 号	幼 5 号	幼 6 号
桌面高(h_1)	520	490	460	430	400	370
桌下净空高(h_2)	≥450	≥420	≥390	≥360	≥330	≥300
座面高(h_4)	290	270	250	230	210	190

续表

指标	幼1号	幼2号	幼3号	幼4号	幼5号	幼6号
座面有效深(t_4)	290	260	260	240	220	220
座面宽(b_3)	270	270	250	250	230	230
靠背上缘距座面高(h_5)	240	230	220	210	200	190

1. 儿童桌

①要求。儿童应使用平面桌，每个儿童占用桌面的宽度不宜小于书写时两肘间的距离，为50～55 cm，桌面深度为35～50 cm。儿童在进行桌面活动时，采光的方向以及光线的强弱等均应符合基本的卫生要求。桌面不应倾斜，四角成圆弧形。桌面下方不设放置书、物用的搁板、抽屉等，以免影响儿童下肢的正常摆放与活动。桌下净空内也不设踏板及其构件。

②术语。桌面高指的是桌面近胸缘距离地面的高度，桌面宽指的是坐人侧桌面左右方向的尺寸，桌面深指的是坐人侧桌面前后方向的尺寸，桌下净空指的是课桌屉箱下的空间。

2. 儿童椅

①要求。托幼机构的儿童椅，个人专用，贴附儿童可辨认的图片或名签；托儿所儿童用椅重量不宜超过2.0 kg，幼儿园儿童用椅重量不宜超过2.5 kg。儿童椅应座面平，或向后下倾斜2°角以内，靠背从垂直面向后倾斜6°角以内。座面和靠背面不加装软垫。

②术语。座面高指的是椅前缘最高点离地面的高度，座面深指的是椅面前缘中点至靠背下缘中点之间的水平距离，靠背点指的是在椅正中线上靠背向前最凸的点。

3. 桌椅高差

桌椅高差指的是桌面高与座面高之差。适宜的桌椅高差应为儿童坐高的1/3。儿童就座后，两臂能很自然地平放在桌面上，两肩齐平，背部挺直。若桌椅高差太大，儿童在就座时会两肩上提或单臂横架在桌面上，易造成脊柱侧弯。若桌椅高度差过小，则会使儿童上体过度前倾，易形成驼背(如图10-2-1所示)。

注：A. 高差充分；B. 高差过小；C. 高差过大

图10-2-1　儿童坐姿取决于高差

4. 预置儿童桌椅

根据当地儿童身高组成状况预置儿童桌椅(表10-2-3)。

学习笔记

练一练

某幼儿园准备为小班儿童定做一批新桌椅，请提出订购要求，并说明订购的科学依据。

表 10-2-3　儿童桌椅各型号的标准身高、身高范围及颜色标志　　单位：cm

桌椅型号	桌面高	座面高	标准身高	学生身高范围	颜色标志
幼 1 号	52	29	120.0	≥113	紫
幼 2 号	49	27	112.5	105～119	浅橙
幼 3 号	46	25	105.0	98～112	橙
幼 4 号	43	23	97.5	90～104	浅灰
幼 5 号	40	21	90.0	83～97	灰
幼 6 号	37	19	82.5	75～89	白

注：①标准身高系指各型号课桌椅最具代表性的身高。对正在生长发育的儿童而言，常取各身高段的中值。

②儿童身高范围厘米以下四舍五入。

③颜色标志即标牌的颜色。

（二）床具

床的卫生要求是：床的尺寸要适合儿童身材，床不宜太高，多层床的周围要有栏杆，寝具要经常消毒。

托幼机构应给每个儿童配备一张小床，以便培养儿童自己整理床铺的习惯。床的长度略长于其身长 15～25 cm，约 150 cm，大班、中班、小班儿童用床长度可略有区别；床的宽度为儿童肩宽的 2～2.5 倍，约 70 cm。床不宜太高，一般为 30～40 cm。儿童床必须坚固稳定，床四周应有栏杆，一般以木板床、藤绷床或棕绷床为好，应避免使用弹簧床、帆布床，以免导致儿童脊柱发育异常。为了节省空间，幼儿园通常使用折叠床、伸缩床、双层床。但出于儿童安全考虑，小班不宜使用双层床。儿童床的规格要求见表 10-2-4。

表 10-2-4　儿童床规格要求　　单位：cm

项目	托小班 （1～2 岁）	托大班 （2～3 岁）	小班 （3～4 岁）	中班 （4～5 岁）	大班 （5～6 岁）
睡床高度	30	35	35	35	40
睡床宽度	60	60	60	65	65
睡床长度	120	125	130	135	140
上下铺高	不设	不设	110	120	130

（陈荣华、赵正言、刘湘云：《儿童保健学》，5 版，179 页，南京，江苏凤凰科学技术出版社，2017。）

（三）柜橱

活动室和卧室内可适当设置玩具柜、教具柜、饮水杯子柜、衣帽柜、被褥柜等。活动室不宜设置过多的家具，以免影响儿童活动的空间与安全。各种柜橱的高度要与儿童身高相适应，为 100～115 cm，深度应相当于儿童的手臂长，为 35～50 cm。柜橱不应有尖锐的棱角，表面应光滑。柜橱内外应经常打扫，定期曝晒，防止蛀虫。

学习笔记

二、玩具、文具、教具的卫生 >>>>>>>>>>>>>>>>>>>>>>>>>>

（一）玩具卫生

玩具是供儿童游戏和学习时使用的必备物品。符合卫生要求的玩具对儿童身体、智力、情绪情感和人格的健康发育具有积极的作用。对玩具的卫生要求主要是不易传染疾病、无毒和安全等。

选购玩具时，要考虑到玩具的材料无毒、安全，便于清洗和消毒。聚乙烯塑料玩具、橡胶玩具较为理想，其表面光滑，不易污染，又容易消毒。木质、金属玩具也较为理想，如积木、小卡车等。布玩具、毛皮制的玩具易污染，又不易消毒，幼儿园不宜购置。陶瓷、玻璃制的玩具容易破碎，只宜观赏或装饰。

玩具的颜色要鲜艳，但要注意所涂颜料含有的铅、砷、汞及其他有毒物质都必须低于有关卫生指标，最好在有颜料处涂刷2～3层透明漆，以形成安全牢固的保护薄膜，而颜料和透明漆都必须无毒、无味、不褪色、不溶于唾液和水。

玩具的大小与轻重应符合儿童的年龄特点，积木、拼板、串珠等玩具不应过小，过小的玩具儿童易误吞，而过重的玩具又容易造成砸伤。

玩具对儿童应是安全的。玩具的表面必须无锐利的尖角或棱角，以免刺伤儿童。可能对儿童身体产生危害的玩具应禁用，如玩具钢珠手枪、喷水手枪、手铐、刀具等。

玩具应符合儿童生理、心理发展特点，外形和功能应能引起儿童的兴趣，并具有较好的教育作用。不应选购容易引起儿童视觉、听觉、触觉不安的、看似可怕的、噪声很大的玩具；也不易选购容易传染疾病，如口琴、哨子、小喇叭等直接用嘴吹的玩具。

托幼机构对玩具应有严格的管理制度。玩具应有规定的存放场所，要培养儿童爱护玩具、保持玩具清洁的好习惯。对已经损坏的玩具要及时修复，对无法修复的、过于陈旧的玩具应报废处理。玩具应经常清洗和定期消毒。

（二）图书、文具卫生

供儿童阅读的书籍、图片，其画面应大而清晰，读物的文字、插图、符号等与纸张的颜色之间应有鲜明的对比，但色彩要协调和柔和，避免对视觉造成过度的刺激。图书所用纸张的质地应结实、耐用，纸面光滑且不反光，字行间距不宜太小，书本大小适宜、厚薄适中。托幼机构的儿童读物阅读频率高，容易污染并传播疾病，因此应定期进行紫外线消毒或在日光下翻晒。儿童读物如果有破损，应及时进行修补，残破严重或脏污的图书应及时废弃。

托幼机构常用的文具有练习纸、蜡笔、铅笔、水彩笔、绘画颜料、橡皮泥等。

儿童所用练习纸质地要结实、色彩以白色或浅色为宜；儿童使用的各种笔、绘画颜料、橡皮泥等不应含有毒物质，笔杆外的涂料应有一层不宜脱落、不溶于水、不溶于唾液的透明漆膜。笔杆的粗细、长短以及轻重，都应适合于不同年龄阶段儿童手部小肌肉、关节、骨骼发育的特点，以便儿童使用起来较省力、自然和协调。

（三）教具卫生

托幼机构常用的教具有黑板、粉笔、电子产品、贴绒板以及各种直观教具等。

学习笔记

托幼机构最好选用磁性黑板。磁性黑板平整、无裂缝、不反光，而且使用方便、卫生。书写时应尽量使用无尘粉笔，少用彩色粉笔，擦黑板宜用湿布或吸尘黑板擦，避免儿童吸进粉笔灰。使用黑板时要注意粉笔颜色、字体、贴绒教具等与黑板颜色之间的反差度以及避免反光，以便儿童能看清楚、不刺眼。

托幼机构选用的电视大小要适宜，电视摆放的高度应该与儿童的坐高持平，为54～64 cm。儿童距各种电子产品荧光屏的距离一般为屏面对角线的5～7倍，屏面略低于眼高。

教师使用挂图及直观教具，其画面、尺寸要大，色彩应明快、鲜艳、和谐，并具有一定的对比和反差。

托幼机构大班儿童使用的书包以双肩背包为宜，书包的重量一般不超过儿童体重的1/10。

三、体育设备卫生 >>>>>>>>>>>>>>>>>>>>>>>>>>>>>>>>>>>>>

儿童体育锻炼以发展动作为主。体育设备大多为平衡设备、攀登设备、跳跃设备及投掷设备。大中型体育器械有平衡板、攀登架、滑梯、秋千、转椅、荡船、摇马等，小型体育器械有手推车、哑铃、藤圈、沙包、体操棒、各种球等。

托幼机构体育器械的高低、大小、坡度等均应适合儿童的年龄特点；能促进儿童身体素质的发展，促进动作的平衡性、协调性及灵敏性。各种器械要坚固、耐用、平滑、安全，便于修理和保养；大型体育器械一般安置在草坪上，并有专门的防护措施，部分体育器械(如攀登类器械)应设有沙坑或软垫。

体育器械要定期清洁与检修，每次活动前要仔细检查器械的关键部位是否安全，如有破损、脱落、生锈等现象，应立即停止使用并及时处理。

体育活动场地以草地、塑胶或泥地为宜，场地要清洁、平坦，不得留有积水、不得留有玻璃、石块、碎砖、木桩等会给儿童带来损伤的异物。

思考与练习

一、选择题

①托幼机构的服务半径宜为(   )m。

A. 300 B. 500 C. 600 D. 800

②托幼机构保健室面积不少于(   )m^2。

A. 8 B. 10 C. 12 D. 14

③幼儿园生活用房应布置在(   )层及以下。

A. 2 B. 3 C. 4 D. 5

④幼儿园儿童用椅重量不宜超过(   )kg。

A. 2.0 B. 2.5 C. 3.0 D. 3.5

⑤托幼机构活动室与寝室合用时，其房间最小使用面积不应小于(   )m^2。

A. 70 B. 95 C. 105 D. 125

⑥托幼机构的儿童活动室插座安装高度不应低于(   )m。

A. 1.2 B. 1.5 C. 1.8 D. 2.0

⑦托幼机构选址应选在（　　）地段。（多选题）

A. 日照充足、交通方便　　　　　　　　B. 场地平整、干燥、排水通畅

C. 紧邻大型公共娱乐场　　　　　　　　D. 环境优美

⑧托幼机构绿化用地内不应种植（　　　）的植物。（多选题）

A. 有毒、带刺　　　　　　　　　　　　B. 有飞絮

C. 病虫害多　　　　　　　　　　　　　D. 有刺激性

⑨托幼机构不宜采用（　　）桌椅。（多选题）

A. 钢木结构　　　　　　　　　　　　　B. 折叠式

C. 翻板式　　　　　　　　　　　　　　D. 木制品

⑩托幼机构各种体育器械要（　　　），便于修理和保养。（多选题）

A. 坚固　　　　　　　　　　　　　　　B. 耐用

C. 平滑　　　　　　　　　　　　　　　D. 安全

二、简答题

①儿童活动室、寝室有哪些卫生要求？

②如何为托幼机构选购玩具？

云测试及
参考答案

📖 **学习反思**

管理篇

为提高托幼机构保育与保健工作的管理效果，应根据托幼机构保育与保健工作内容、任务、目标，提出实施计划，安排工作重点，组织落实。在此过程中需要合理的、符合实际情况的科学管理，以达到效果。

模块十一
托幼机构卫生保健工作管理

学习目标

① 了解托幼机构卫生保健工作管理机构及管理内容。
② 熟悉托幼机构人员配备要求。
③ 掌握托幼机构各类人员保育保健工作职责。
④ 能做好托幼机构保育保健档案整理工作。
⑤ 爱岗敬业，严格遵守岗位要求，具有高度的岗位责任意识。
⑥ 具有沟通能力和团队协作精神。

学习导航

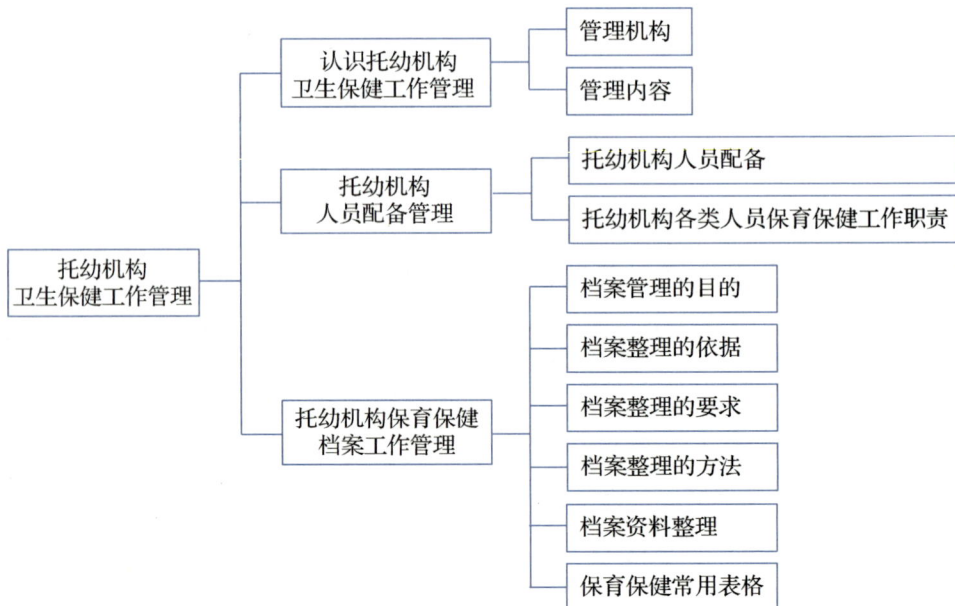

单元 1
认识托幼机构卫生保健工作管理

一、管理机构 >>>>>>>>>>>>>>>>>>>>>>>>>>>>>>>>>>>>

《托儿所幼儿园卫生保健管理办法》提出，县级以上各级人民政府卫生行政部门负责监督和指导托幼机构的卫生保健工作。县级以上各级人民政府教育行政部门协助配合，督促托幼机构落实卫生保健工作，并将卫生保健工作质量纳入托幼机构的年度考核和分级定类管理。县级以上妇幼保健机构负责对辖区内托幼机构卫生保健工作进行业务指导，业务指导的内容包括膳食营养、体格锻炼、健康检查、卫生消毒、疾病预防等。

疾病预防控制机构定期为托幼机构提供疾病预防控制咨询服务、卫生监测等服务和指导；及时收集、分析、调查、核实托幼机构的传染病疫情，发现问题及时通报托幼机构，并向卫生行政部门和教育行政部门报告。

卫生监督执法机构依法对托幼机构的饮用水卫生、传染病预防和控制等工作进行监督检查。食品药品监督管理部门等负责餐饮服务监督管理的部门应当依法加强对托幼机构食品安全的指导与监督检查。

托幼机构设有食堂提供餐饮服务的，应当按照《中华人民共和国食品安全法》《中华人民共和国食品安全法实施条例》以及有关规章的要求，认真落实各项食品安全要求。

乡镇卫生院、村卫生室和社区卫生服务中心(站)应通过妇幼卫生网络、预防接种系统以及日常医疗卫生服务等多种途径掌握辖区中的适龄儿童数，并加强与托幼机构的联系，取得配合，做好儿童的健康管理。

托幼机构应当严格按照《托儿所幼儿园卫生保健工作规范》开展卫生保健工作。托幼机构应当在疾病预防控制机构指导下，做好传染病的预防和控制管理工作。托幼机构发现传染病患儿应当及时按照法律法规和国家卫生健康委员会的规定进行报告，在疾病预防控制机构的指导下，对环境进行严格消毒管理，在传染病流行期间，托幼机构应当加强预防控制措施。

二、管理内容 >>>>>>>>>>>>>>>>>>>>>>>>>>>>>>>>>>>>

（一）监督管理

省级妇幼保健机构协助同级人民政府卫生行政部门对全省托幼机构的卫生保健工作进行业务指导和监督管理。

（二）制订计划

市级妇幼保健机构协助同级人民政府卫生行政部门制定全市托幼机构卫生保健工作相关政策及工作计划并组织实施；建立质量控制制度，并定期组织检查；

负责组织辖区内托幼机构卫生保健业务培训和指导；掌握、收集和上报托幼机构卫生保健管理相关信息。

（三）开展培训

省级妇幼保健机构负责全省托幼机构卫生保健师资培训，市(地)级及以上妇幼保健机构负责对辖区内托幼机构卫生保健人员进行岗前培训及考核，对在岗托幼机构卫生保健人员定期开展疾病预防、卫生消毒、传染病防治、膳食营养、食品卫生、饮用水卫生等方面的培训。通过业务培训，不断提高托幼机构卫生保健工作人员的理论水平和实践技能。

（四）定期例会

县级妇幼保健机构应定期召开托幼机构卫生保健工作例会，交流信息，研讨工作计划，介绍工作经验，部署工作任务，培训新知识、新技术。通过定期例会，加强横向联系，提高工作质量。

（五）交流活动

县(区)级及以上妇幼保健机构每年至少组织一次相关知识的经验交流和现场观摩活动。以示范性托幼机构为基地，对各项保健工作进行实验研究，不断总结经验，以点带面，逐步提高业务水平，还可组织观摩、评比等活动，以激励各个单位做好保健工作。

（六）检查评估

协调教育部门定期进行检查，评估或分级分类验收，对未达标的托幼机构提出整改意见，指导、帮助、督促限期进行整改。对新设立的托幼机构进行招生前的卫生评价，并出具卫生评价报告。对取得办园资格的托幼机构，每2～3年进行一次卫生保健工作检查评估，并将结果上报卫生行政主管部门。

（七）信息管理

收集辖区内托幼机构卫生保健工作和儿童生长发育、传染病常见病等信息，掌握所管范围内教育部门办园、企业办园、集体办园、私人办园等各类型托幼机构的基本情况、卫生保健工作水平以及在园儿童健康状况，为卫生行政部门制定相关措施及时提供依据。

（八）健康检查

托幼机构工作人员上岗前须经县(区)级以上人民政府卫生行政部门指定的医疗卫生机构进行健康检查。托幼机构在岗工作人员每年应当进行一次健康检查，发现疾病及时治疗。

单元 2
托幼机构人员配备管理

托幼机构教职工包括专任教师、保育人员、卫生保健人员、行政人员、教辅人员、工勤人员。幼儿园保教人员包括专任教师和保育人员。

一、托幼机构人员配备 >>>>>>>>>>>>>>>>>>>>>>>>>>>>>

（一）教职工与幼儿的比例

托幼机构应当根据《幼儿园教职工配备标准(试行)》的要求按照服务类型、教职工与儿童以及保教人员与儿童的一定比例配备教职工，满足保教工作的基本需要。不同服务类型托幼机构教职工与幼儿的配备比例见表 11-2-1。

表 11-2-1　不同服务类型托幼机构教职工与儿童的配备比例

服务类型	全园教职工与儿童比	全园保教人员与儿童比
全日制	1∶5～1∶7	1∶7～1∶9
半日制	1∶8～1∶10	1∶11～1∶13

（二）卫生保健人员配备

1. 岗位要求

《托儿所幼儿园卫生保健管理办法》第十一条规定：托幼机构应当聘用符合国家规定的卫生保健人员。卫生保健人员包括医师、护士和保健员。在卫生室工作的医师应当取得卫生行政部门颁发的《医师执业证书》，护士应当取得《护士执业证书》。在保健室工作的保健员应当具有高中以上学历，经过卫生保健专业知识培训，具有托幼机构卫生保健基础知识，掌握卫生消毒、传染病管理和营养膳食管理等技能。

2. 人员配备

《托儿所幼儿园卫生保健管理办法》第十二条规定：托幼机构聘用卫生保健人员应当按照收托 150 名儿童至少设 1 名专职卫生保健人员的比例配备卫生保健人员。收托 150 名以下儿童的，应当配备专职或者兼职卫生保健人员。

托幼机构卫生保健人员应当定期接受当地妇幼保健机构组织的卫生保健专业知识培训。建议全托及寄宿制托幼机构设置卫生室。儿童在 100 名以上的设专职卫生保健人员 1～2 名，营养员 1 名，炊事员 2～3 名；儿童在 200 名以上的，每增加 100 名儿童，可增设专职卫生保健人员及炊事员各 1 名。

（三）专任教师和保育人员配备

托幼机构应根据服务类型、儿童年龄和班级规模配备数量适宜的专任教师和保育人员，寄宿制幼儿园每班儿童数酌减。幼儿园班级规模及专任教师和保育员

学习笔记

想一想

托幼机构卫生保健人员配备的要求是什么？

配备标准见表 11-2-2。

表 11-2-2　幼儿园班级规模及专任教师和保育员配备标准

年龄班	班级规模(人)	全日制		半日制	
		专任教师	保育员	专任教师	保育员
小班(3～4 岁)	20～25	2	1	2	有条件的应配备 1 名保育员
中班(4～5 岁)	26～30	2	1	2	
大班(5～6 岁)	31～35	2	1	2	

托儿所每班配备 1 名专任教师和 2 名保育员。全日制幼儿园每班配备 2 名专任教师和 1 名保育员，或配备 3 名专任教师；半日制幼儿园每班配备 2 名专任教师，有条件的可配备 1 名保育员。寄宿制幼儿园应在全日制幼儿园基础上每班至少增配 1 名专任教师和 1 名保育员。

单班学前教育机构，如村学前教育教学点、幼儿班等，一般应配备 2 名专任教师，有条件的可配备 1 名保育员。

对所辖社区或村级幼儿园(班)负有管理和指导职责的中心幼儿园，应根据实际工作任务和需要增配巡回指导教师。

招收特殊需要儿童的幼儿园应根据特殊需要儿童的数量、类型及残疾程度，配备相应的特殊教育教师，并增加保教人员的配备数量。

幼儿园应根据当地学前教育发展的实际情况，增设教师岗位类别和数量，满足本园发展和保教工作的需要，并确保在教师进修、支教、病产假等情况下有可供临时顶岗的保教人员。

(四)其他人员配备

1. 园长

岗位要求：具有《教师资格条例》规定的教师资格、具备大专以上学历、有 3 年以上幼儿园工作经历和一定的组织管理能力，并取得幼儿园园长岗位培训合格证书。托幼机构园长由举办者任命或者聘任，并报当地主管的教育行政部门备案。

人员配备：6 个班以下的托幼机构设 1 名园长，6～9 个班的不超过 2 名，10 个班及以上的可设 3 名。

2. 炊事人员

岗位要求：具有营养烹饪学校学历或初中以上毕业经过专业培训，上岗前必须经过儿童营养烹饪专业和保健培训，取得合格证，每年进行复训。

人员配备：托幼机构应根据餐点提供的实际需要和就餐儿童人数配备适宜的炊事人员。

提供每日三餐一点的托幼机构炊事人员与儿童配备比例应达到 1∶50，提供每日二餐一点或一餐二点的炊事人员与儿童配备比例应达到 1∶80。在园儿童人数少于 40 名的供餐园(班)应配备 1 名专职炊事员。

3. 财会人员

根据国家和地方有关财会工作规定配备。

4. 安保人员

根据国家和地方有关安保工作规定配备。

托幼机构应根据实际需要配备数量适宜的教职工，积极实行一岗多责，提高用人效益。

二、托幼机构各类人员保育保健工作职责 >>>>>>>>>>>>>>

托幼机构教职工应当贯彻国家教育方针，具有良好品德，热爱教育事业，尊重和爱护儿童，具有专业知识和技能以及相应的文化和专业素养，为人师表，忠于职责，身心健康。

（一）园（所）长主要工作职责

①认真执行《托儿所幼儿园卫生保健管理办法》，负责管理园（所）内的卫生保健工作。

②在工作中接受卫生行政部门的业务指导，负责制定园（所）全年的卫生保健工作计划并做总结；主持召开园（所）的各种卫生保健会议，检查各班的保育保健工作落实情况，协调园（所）内外关系。

③参与制定人员编制，明确岗位分工及人事的聘任、调离、晋升考核，合理安排保健、保育、炊事人员的工作。

④组织园（所）保教人员参加保健知识业务学习，提高保教人员的保健知识水平。

⑤管理园（所）的财力、物力，统筹园（所）各种经费的合理开支。保证伙食费专款专用，指定专人负责采购物品的验收。

⑥重点抓好园所内的疾病预防、膳食管理，做好清洁、消毒、隔离工作的管理。

⑦实施科学化、规范化管理，及时了解国内外有关托幼机构卫生保健工作的信息动态，吸取经验，不断改进，定期参加卫生保健知识的培训，提高自身的管理水平。

⑧检查卫生保健制度的落实情况及园（所）内的安全保卫工作，杜绝意外伤害的发生。

（二）卫生保健人员主要工作职责

①协助园长组织实施有关卫生保健方面的法律、规章和制度，并监督执行情况。

②严格执行儿童入园及定期健康检查工作，做好儿童的体格发育测量及评价工作，做好儿童健康档案管理。

③认真做好晨检，深入各班巡视，发现问题及时处理。加强对体弱儿童的管理及患病儿童的全日观察工作。

④负责全日健康观察，及时发现儿童的异常征象，通知家长或护送至医院诊治及采取措施，预防儿童意外伤害，进行伤害的紧急处理。

⑤负责指导调配儿童膳食，每周制定带量食谱，均衡营养，保证按量供给。每月做一次营养计算并分析。指导炊事员做好饮食卫生及餐具消毒，负责检查食品、饮水卫生。

⑥指导班级开展卫生消毒工作，并做好监督管理；做好传染病管理工作，发

学习笔记

现传染病要早隔离、早报告、早治疗，加强隔离室患儿的护理；做好发生传染病班级的消毒、隔离、检疫。密切与当地卫生保健机构联系，协助做好疾病防控和计划免疫工作。

⑦负责组织工作人员每年体检及新上岗人员体检，合格后方可就职。发现患某种病不宜留园工作的应及时反馈给园(所)长，及时调离。

⑧负责检查园(所)内环境卫生及安全工作，发现事故隐患，及时采取措施，避免发生事故。

⑨填写各项保育保健记录表格，积累资料，做好各种统计分析。

⑩对园(所)内的工作人员进行卫生知识宣传教育，组织保教人员学习卫生保健知识。定期向家长宣传卫生防病知识，指导保教人员做好体格锻炼工作。

⑪妥善管理医疗器械、消毒用具和药品。

(三)保育人员主要工作职责

①在园(所)长的领导下、保健人员的指导下做好本班保育工作，严格遵守园(所)内的生活作息制度。

②认真做好本班房舍、设施、环境的卫生清洁工作。

③在教师指导下，管理照料儿童一日生活(进餐、饮水、睡眠、起床、盥洗、如厕、户外活动等)，并配合本班教师组织教育活动；对患病和体弱儿童做好特殊护理和全日观察。

④在保健人员指导下，严格执行园(所)制定的各项安全制度，留心各种事故隐患，及时排除。

⑤严格执行卫生保健制度中规定的消毒要求，掌握消毒液的配比方法和浓度，熟练掌握园所内常用物品的清洗、消毒时间和方法，并防止消毒后的再污染。

⑥妥善保管好本班使用的各种物品，负责班级儿童的饮水工作。

(四)教师主要工作职责

①观察、了解儿童，依据国家有关规定，结合本班儿童的发展水平和兴趣需要，制订和执行教育工作计划，合理安排儿童一日生活。

②创设良好的教育环境，合理组织教育内容，提供丰富的玩具和游戏材料，开展适宜的教育活动。

③严格执行幼儿园安全、卫生保健制度，指导并配合保育员管理本班儿童生活，做好卫生保健工作。

④与家长保持经常联系，了解儿童家庭的教育环境，商讨符合儿童特点的教育措施，相互配合共同完成教育任务。

⑤参加业务学习和保育教育研究活动。

⑥定期总结评估保教工作实效，接受园(所)长的指导和检查。

(五)炊事人员主要工作职责

①认真按照带量食谱选择食品的种类和数量，不得随意更改。准确掌握儿童出勤人数，做到每日按量供给食品，有食品进出账目。

②讲究烹饪技术，保持食物的营养素，菜要先洗后切，急火快炒。食品的色、香、味、形要适合儿童需要。

③保证点心、饭菜按时供给，做好餐前服务。炊事人员要送饭菜到各班级，并按照各班人数的需要，均匀分配饭菜。

④按照卫生保健制度的要求，做好厨房、用具、餐具的清洁、消毒工作，做到无灰尘、无油腻。备餐间只能存放消毒后的餐具容器及熟食品，并有专用消毒灯。

⑤严格按照《中华人民共和国食品安全法》要求，由专人按要求采购食品，杜绝腐烂变质食品入园(所)。由专人负责验收食品，并建立验收账目，认真填写每日食品用量记录。

⑥注意安全，防止食物中毒，不给儿童吃隔夜剩饭菜，不吃凉拌菜，不外购熟菜。避免饭菜过烫，冬季注意饭菜保暖。

⑦做好伙食费的核算，每月派代表参与园(所)内膳食管理委员会的讨论，定期研究儿童膳食情况，提高儿童膳食质量。

⑧注意个人卫生，操作时穿工作服、戴帽，如厕时脱工作服，操作食品前洗手，尝菜时应备有尝菜勺，取熟食应用食品夹子或筷子，不得用手抓。

⑨做好厨房、库房各种用品及食品的保管工作，库房由专人负责，储存食品要有标签，建立入库账目，库房保持整洁，防止霉变、过期、丢失或鼠咬。

⑩在儿童进餐时，可去班上观察儿童的进食状况，以便合理改进。

> **🔗 相关链接**
>
> **坚定政治方向**
>
> 　　坚持以习近平新时代中国特色社会主义思想为指导，拥护中国共产党的领导，贯彻党的教育方针；不得在保教活动中及其他场合有损害党中央权威和违背党的路线方针政策的言行。
>
> 　　引自：《新时代幼儿园教师职业行为十项准则》

单元 3
托幼机构保育保健档案工作管理

一、档案管理的目的 >>>>>>>>>>>>>>>>>>>>>>>>>>>>

通过有计划的信息收集、档案管理，了解托幼机构儿童总的健康状况、患病情况，查找原因，及时采取有助于健康的保护性措施，确保儿童健康。

二、档案整理的依据 >>>>>>>>>>>>>>>>>>>>>>>>>>>

主要依据是 2010 年 11 月 1 日由卫生部(现为国家卫生健康委员会)、教育部联合发布的《托儿所幼儿园卫生保健管理办法》，2012 年卫生部颁布的《托儿所幼儿园卫生保健工作规范》，2016 年教育部发布的《幼儿园工作规程》。

扫码看
《幼儿园工作规程》

三、档案整理的要求 >>>>>>>>>>>>>>>>>>>>>>>>>>>>>

档案资料要真实、准确、完整、规范、系统，原始资料要充足。各类档案要有封面、目录、内容，内容要与目录对应。

四、档案整理的方法 >>>>>>>>>>>>>>>>>>>>>>>>>>>>>

托幼机构档案从时间上分为永久、长期、短期 3 种存在形式。制度职责永久保存，计划、总结长期保存，其他资料根据需要确定保存时间。工作记录应当及时归档，至少保存 3 年。

为了便于统计及查阅，一般按学年立卷、连年续建、分类归档、统一装订。一般按学年分类建档装订，如 2018 年 9 月－2019 年 6 月。

保健人员负责此项工作，指导园(所)保教人员正确填写相关卫生保健登记册(表)；按照工作要求及时做好登记册(表)、统计表及年报表的填写与上报工作；应用统计结果分析园(所)内相关问题，写出每年工作总结，指导实际工作。

五、档案资料整理 >>>>>>>>>>>>>>>>>>>>>>>>>>>>>>>

托幼机构整理档案资料时可参考本部分内容，并根据园(所)实际情况具体实施。

（一）保育保健管理工作

①成立保育保健工作管理组织，分工明确，责任到人。

保育保健管理组织要明确领导小组(组长、副组长)、具体分工及职责。

②保育保健制度齐全。卫生保健十项制度包括一日生活安排、膳食管理、体格锻炼、卫生与消毒、入园(所)及定期健康检查、传染病预防与控制、常见疾病预防与管理、伤害预防、健康教育、卫生保健信息收集的制度。也可制定符合本园(所)实际情况的保育保健制度，要求内容科学、具体可行。(卫生保健十项制度具体内容参见《托儿所幼儿园卫生保健工作规范》)

③保育保健年度工作计划、工作总结。年度计划要具体到月工作内容，年度总结要和计划前后呼应。

④上级主管部门下发的政策性较强、对托幼机构保育保健工作有指导意义的相关文件。

（二）健康检查管理工作

1. 教职工健康检查

①园(所)教职工花名册、健康证原件。建议健康证按花名册顺序排列。

②教职工健康证持有率统计。

2. 儿童入园(所)儿童健康检查

儿童入园(所)时，托幼机构应查验"儿童入园(所)健康检查表""0～6 岁儿童保健手册""预防接种证"。

①儿童保健手册。

为便于查阅，儿童保健手册按班存放到档案盒中，建议一个班放一个档案盒，附儿童花名册，花名册可以按性别分栏、加序号，儿童保健手册按花名册序号排列，便于查找。

②保健手册上附原始检查资料。粘贴儿童入园健康体检表、化验单，登记每年体检的记录及评价。

③统计特殊资料。保健人员复检保健手册，重点检查儿童既往病史、过敏史、肥胖情况、贫血以及家长签字等，保健人员统计过敏史(药物、食物过敏史)、惊厥等，总的统计资料张贴于保健室墙壁，班级留有各班的资料。

④统计新生入托体检情况。

3. 儿童健康检查

(1)"六一"体检(每年全面体检)

①体检计划、全园体检总结、体检汇总表、班级体检结果评价表、家长反馈证明资料(附照片)。

②班级"六一"体检原始记录表。

(2)秋季体检(下半年体检)

①体检计划，体检总结，全国下半年体检统计分析表，班级儿童身高、体重、视力体检结果评价表。

②班级下半年体检原始记录表。

4. 晨、午检及全日健康观察

做好儿童每日晨间或午间入园(所)检查。做好全日健康观察，发现问题及时处理。

①晨、午检及全日健康观察记录表。

②儿童用药委托交接制度，在园(所)儿童带药、服药记录表。

(三)儿童常见疾病(体弱儿)管理

①营养性疾病管理。对健康检查筛查出的患营养性疾病的儿童，制定儿童营养性疾病管理方案及措施，登记管理儿童名单；对患营养性疾病的儿童进行专案管理并做好管理过程记录。

②对视力低常、听力异常、龋齿等问题进行登记管理。

③统计食物、药物过敏史儿童名单，统计既往病史儿童名单。

④日常疾病登记。

(四)传染病预防与控制管理

1. 开展入托接种查验工作，做好免疫接种情况统计

做好儿童入托预防接种查验情况汇总和班级儿童预防接种证查验登记，根据班级儿童接种情况，筛选未完成接种儿童名单并及时通知补种。

2. 传染病防控资料

制定传染病防控应急预案、传染病管理制度，做好园(所)儿童传染病发病情况汇总统计、班级儿童传染病情况记录、传染病儿童返园证明材料等。

3. 儿童出勤情况

①全园儿童年出勤率汇总表、全园儿童月出勤率统计表、班级出勤登记表。

②因病缺勤汇总表，班级儿童缺勤追踪表。

(五)卫生消毒管理

①建立托幼机构室内外环境卫生清扫和检查制度，每周全面检查1次并记录；建立卫生消毒制度。

②做好班级卫生检查记录、班级消毒记录。

③做好保健室、洗消间、公共设施设备、大型玩具等消毒记录。

④做好食堂消毒记录。

⑤做好紫外线灯消毒记录。

（六）膳食管理

1. 相关证件

餐饮服务许可证、食品经营许可证、食堂卫生许可证、从业人员健康证、培训证等。

2. 相关制度

食品安全管理制度、食品安全应急预案、食物中毒应急预案，食堂卫生管理制度，食品采购索证、进货验收和台账记录制度，食品采购出入库制度、食品留样制度、餐具消毒制度、饮用水管理制度、食品库房管理制度等。

3. 相关资料

①食品安全：食品采购供货商资质证明、食品生产许可证、食品流通许可证、采购协议(合同)、食品采购索证、食品采购与进货验收台账、出入库台账等。

②食品留样：食品留样制度、食品留样记录。

4. 膳食营养

①膳食计划、带量食谱。每学期制订儿童膳食计划；根据膳食计划制定营养均衡的带量食谱，按人按量配餐，食谱每1~2周更换1次，并及时向家长公布。

②膳食营养计算及膳食分析、食物量登记、班级就餐人数统计、食物消耗量统计。

③班级膳食质量评价、膳食调查问卷等。

5. 职工膳食与儿童膳食要严格分开

职工伙食应有台账。

6. 膳食管理委员会

膳食管理委员会记录要完整，附有照片，要有参会人员签名。

（七）伤害预防管理

1. 安全教育培训计划、总结、培训记录、签到、照片

托幼机构应当加强对工作人员、儿童及监护人的安全教育和突发事件应急处理能力的培训，定期进行安全演练，普及安全知识，提高自我保护和自救的能力。

2. 儿童伤害登记表

保教人员应当定期接受预防儿童伤害相关知识和急救技能的培训，做好儿童安全工作，消除安全隐患，预防跌落、溺水、交通事故、烧(烫)伤、中毒、动物致伤等伤害的发生。

（八）健康教育管理

1. 计划及内容

托幼机构应当根据不同季节、疾病流行等情况制订全年健康教育工作计划，并组织实施；健康教育的内容包括膳食营养、心理卫生、疾病预防、儿童安全以及良好行为习惯的培养等。

2. 形式及途径

举办健康教育课堂、发放健康教育资料、宣传专栏、咨询指导、家长开放日等，采取多种途径开展健康教育宣传。每季度对保教人员开展1次健康讲座，每学期至少举办1次家长讲座。每班有健康教育图书，并组织儿童开展健康教育活动；做好健康教育记录，定期评估相关知识知晓率、良好生活卫生习惯养成、儿

📝 学习笔记

童健康状况等健康教育效果。

3. 相关资料

健康教育年度工作计划、总结，健康教育工作记录，儿童心理行为发育问题个案管理记录，教职工安全教育培训内容记录、PPT、照片，儿童安全教育相关资料。

（九）体格锻炼管理

托幼机构应当根据儿童的年龄及生理特点，每日有组织地开展各种形式的体格锻炼，掌握适宜的运动强度，保证运动量，提高儿童身体素质。

①儿童一日活动安排。

②班级户外活动安排、户外活动记录。

（十）班级交接班记录管理

早、晚班教师需要交接儿童出勤人数、健康情况、服药情况、中途接走儿童姓名等，做好交接班记录。

六、保育保健常用表格 >>>>>>>>>>>>>>>>>>>>>>>>>>>>>>

（一）健康检查

扫码看 园（所）教职工 登记表	扫码看 园（所）教职工 健康证持有率 统计表	扫码看 儿童入园（所） 健康检查表	扫码看 儿童入园（所）体 检统计分析表	扫码看 托幼机构"六 一"体检汇总表
扫码看 班级"六一"体 检结果评价表	扫码看 班级"六一"体 检原始记录表	扫码看 园（所）"六一" 体检结果对比	扫码看 园（所）下半年体 检统计分析表	扫码看 班级下半年体 检结果评价表
	扫码看 班级下半年体 检原始记录表	扫码看 晨、午检及全 日观察记录表	扫码看 在园（所）儿童带 药服药记录表	

（二）疾病管理

扫码看
营养性疾病（体弱儿）登记表

扫码看
营养性疾病（体弱儿）个案管理记录表

扫码看
视力低常儿童登记表

扫码看
龋齿儿童登记表

扫码看
儿童过敏史、既往病史登记表

扫码看
儿童日常发病情况登记表

（三）传染病预防与控制

扫码看
入园（所）儿童预防接种证查验汇总表

扫码看
入园（所）儿童预防接种证查验登记表（班级）

扫码看
传染病发病统计表

扫码看
园（所）儿童传染病发病情况汇总表

扫码看
传染病记录表

扫码看
全园儿童年出勤率统计分析表

扫码看
全园儿童月出勤率统计表

扫码看
班级儿童日出勤登记表

扫码看
班级儿童缺勤原因追踪表

（四）卫生消毒

扫码看
班级卫生检查
记录表

扫码看
班级消毒记录表

扫码看
食堂消毒记录表

扫码看
紫外线灯消毒
记录表

（五）膳食管理

扫码看
食品采购与进
货验收台账

扫码看
食品留样记录表

扫码看
班级就餐人数
登记表

扫码看
食物每日消耗
量登记表

扫码看
食堂日清单

扫码看
膳食营养分析表

扫码看
膳食质量评价表

扫码看
膳食管理委员
会记录表

扫码看
膳食费收支明
细表

（六）伤害预防

扫码看
日常意外伤害处
理方法登记表

扫码看
儿童意外伤害
记录表

学习笔记

（七）健康教育

扫码看
健康教育记录表

扫码看
培训记录表

扫码看
心理卫生保健
记录表

（八）户外活动

扫码看
户外活动记录表

（九）交接班记录

扫码看
交接班记录表

思考与练习

一、选择题

①对辖区内托幼机构卫生保健工作进行业务指导的主要部门是（　　）。

A. 教育行政部门　　　B. 妇幼保健机构　　　C. 卫生行政部门　　　D. 机构所在社区

②食品药品监督管理部门应当依法加强对托幼机构（　　）的指导与监督检查。

A. 传染病预防　　　B. 饮用水卫生　　　C. 食品安全　　　D. 教育教学

③托幼机构应当严格按照（　　）开展卫生保健工作。

A.《幼儿园工作规程》　　　　　　　　B.《幼儿园教育指导纲要（试行）》

C.《3-6岁儿童学习与发展指南》　　　D.《托儿所幼儿园卫生保健工作规范》

④托幼机构应密切配合卫生防疫部门，贯彻（　　）的方针。

A. 保教结合　　　B. 预防为主　　　C. 严格消毒　　　D. 加强锻炼

⑤托幼机构应按照收托（　　）名儿童至少设1名专职卫生保健人员比例配备卫生保健人员。

A. 100　　　B.150　　　C. 200　　　D. 300

⑥提供每日三餐一点的托幼机构，炊事人员与儿童配备比例应达到（　　）。

A.1：50　　　B. 1：80　　　C. 1：100　　　D.1：150

⑦托幼机构卫生保健人员工作职责是(　　　)。(多选题)

A. 制订园(所)卫生保健工作计划　　　　B. 健康检查及体格测量与评价

C. 班级卫生消毒及传染病管理工作　　　D. 儿童膳食管理工作

二、判断题

①托幼机构应每季度对保教人员开展 1 次健康讲座，每学期至少举办 1 次家长讲座。(　　　)

②托幼机构应根据实际需要配备数量适宜的教职工，积极实行一岗多责，提高用人效益。(　　　)

三、简答题

①托幼机构保健室应该配备哪些设备和设施？

②概述托幼机构卫生保健人员的主要工作职责。

云测试及
参考答案

学习反思

综合云测试

亲爱的同学：

祝贺你顺利完成本门课程的学习！想必在这门课程的学习过程中，你一定收获颇丰。下面，让咱们一起来检测一下学习效果吧。如果你全会，那恭喜你！如果你未能全部答对，也没有关系，请从教材中找到相应的内容复习一下吧。这里一共有九套测试题，现在开始咱们的自我检测之旅吧。

编号	扫描二维码答题	自我检测记录与改进计划
卷一		
卷二		
卷三		
卷四		
卷五		
卷六		
卷七		
卷八		
卷九		

参考文献

［1］杨月欣．中国食物成分表标准版：第一册［M］．6 版．北京：北京大学医学出版社，2018.

［2］杨月欣．中国食物成分表标准版：第二册［M］．6 版．北京：北京大学医学出版社，2019.

［3］吴坤．营养与食品卫生学［M］．5 版．北京：人民卫生出版社，2004.

［4］中国营养学会．中国居民膳食指南 2016［M］．北京：人民卫生出版社，2016.

［5］中国营养学会．中国居民膳食营养素参考摄入量：2013 版［M］．北京：科学出版社，2014.

［6］中华人民共和国国家卫生和计划生育委员会．中国居民膳食营养素参考摄入量第 1 部分：宏量营养素［S/OL］．［2021-02-25］．http：//www.nhc.gov.cn/ewebeditor/uploadfile/2017/10/201710171152901174，pdf.

［7］范志红．食物营养与配餐［M］．北京：中国农业大学出版社，2010.

［8］杨月欣．公共营养师：国家职业资格二级［M］．2 版．北京：中国劳动社会保障出版社，2014.

［9］刘迎接，贺永琴．学前营养学［M］．上海：复旦大学出版社，2014.

［10］杨月欣，葛可佑．中国营养科学全书［M］．2 版．北京：人民卫生出版社，2019.

［11］邓祖丽颖．学前儿童保育学［M］．郑州：郑州大学出版社，2015.

［12］陈荣华，赵正言，刘湘云．儿童保健学［M］．5 版．南京：江苏凤凰科学技术出版社，2017.

［13］崔焱，仰曙芬．儿科护理学［M］．6 版．北京：人民卫生出版社，2017.

［14］王卫平，孙锟，常立文．儿科学［M］．9 版．北京：人民卫生出版社，2018.

［15］万钫．婴幼儿生理卫生解剖图谱［M］．北京：人民教育出版社，2009.

［16］金扣干．学前保健学［M］．上海：复旦大学出版社，2011.

［17］万钫．学前卫生学［M］．3 版．北京：北京师范大学出版社，2012.

［18］黄桃英，曾志琳．学前卫生学［M］．镇江：江苏大学出版社，2014.

［19］王来圣．学前卫生学［M］．3 版．北京：科学出版社，2015.

［20］康松玲．学前儿童卫生与保育［M］．上海：华东师范大学出版社，2015.